国家社科基金后期项目批准号：18FSS010

# 马歇尔计划的历史真相
## ——一种基于史实的解读

**THE TRUTH OF THE MARSHALL PLAN**

—AN INTERPRETATION BASED ON HISTORICAL FACTS

王新谦　著

世界知识出版社

图书在版编目（CIP）数据

马歇尔计划的历史真相：一种基于史实的解读／王
新谦著. -- 北京：世界知识出版社，2023.12（2025.6重印）
　ISBN 978-7-5012-6647-0

　Ⅰ. ①马… Ⅱ. ①王… Ⅲ. ①经济扩张－研究－美国
Ⅳ. ①F171.255

中国国家版本馆CIP数据核字(2023)第055329号

| | |
|---|---|
| 书　　名 | 马歇尔计划的历史真相<br>——一种基于史实的解读<br>MAXIEER JIHUA DE LISHIZHENXIANG<br>—YIZHONG JIYU SHISHI DE JIEDU |
| 作　　者 | 王新谦 |
| 责任编辑 | 范景峰 |
| 责任出版 | 李　斌 |
| 责任校对 | 陈可望 |
| 出版发行 | 世界知识出版社 |
| 地址邮编 | 北京市东城区干面胡同51号（100010） |
| 网　　址 | www.ishizhi.cn |
| 电　　话 | 010-65233645（市场部） |
| 经　　销 | 新华书店 |
| 印　　刷 | 北京中科印刷有限公司 |
| 开本印张 | 787毫米×1092毫米　1/16　15¼印张 |
| 字　　数 | 288千字 |
| 版次印次 | 2023年12月第一版　2025年6月第二次印刷 |
| 标准书号 | ISBN 978-7-5012-6647-0 |
| 定　　价 | 120.00元 |

# 目　录

# 绪　论

马歇尔计划，即欧洲复兴计划（ERP），是美国在战后初期通过向西欧国家提供经济援助，旨在重建西欧经济，维护和巩固西欧资本主义制度的一个重大战略计划。马歇尔计划也是美国对苏东阵营发动"冷战"的三大支柱之一。它以经济援助计划的面目出现，实则是一项包含政治、经济、军事、外交、文化和意识形态等多重战略意图在内的重大谋略，不仅对战后美国外交政策的形成与发展，也对战后国际冷战格局的形成与发展产生了深刻而持久的影响。

## 一、国内外研究现状综述

马歇尔计划自酝酿（1947年春天，也有学者认为是从1946年开始）到正式宣布结束（1951年底），距今已70余年。由于马歇尔计划对战后世界所产生的深刻而持久的影响，70多年来，国内外学界对该计划的研究经久不衰。到目前为止，国外有关马歇尔计划的专著和论文不可谓不多，概括起来看，主要有四类：一是政治分析类的研究。该类研究主要是从政治学角度入手，将马歇尔计划与美国外交政策的政治战略意图结合起来加以分析，着重强调美国实施马歇尔计划的重大政治意图及其意义。二是个案研究。主要是从马歇尔计划参与国如何与美援接轨、如何利用美援走出困境以及在接受美援过程中国家主权与美国霸权的碰撞方面进行研究。近年来也有学者尝试就东欧国家如何间接参与欧洲整体复兴进行研究。三是从官僚政治，尤其是从精英人物对马歇尔计划这一重大外交政策制定与实施之间的关系角度进行研究。四是侧重从经济分析的角度来研究马歇尔计划。这类研究主要是利用经济学的观点和方法对马歇尔计划试图达到的经济目标、产生的实际结果进行数据统计、分析和评估，进而得出结论。然而，这最后一类的论著实可谓凤毛麟角，这多半缘于经济的"低政治"地位和历史学家在经济学方面知识的欠缺。相比较而言，后两类研究是近年来出现的新趋势，它对正确认识经常被历史学家忽视的国内政治因素对外交政策的作用以及用经济学方法研究马歇尔计划开拓了新的视域。

到目前为止，尽管西方学界关于马歇尔计划的研究成果蔚为壮观，且各有特色，但这些研究都存在着这样或那样的不足，主要表现在以下几个方面：

其一，到目前为止，由于马歇尔计划的出台具有极其复杂的历史背景以及它丰富的内涵，关于马歇尔计划的权威性全景式研究成果仍没有面世，这不能不说是一种缺憾。众所周知，马歇尔计划是一项涉及政治、经济、军事、外交、意识形态、文化、战略等领域的宏大计划，单从一个侧面来解读马歇尔计划，难免有以偏概全之嫌，从而难以全面地评估马歇尔计划的历史地位及其作用。其二，西方对马歇尔计划的研究成果仍带有浓厚的意识形态色彩，赞歌多于批判，对马歇尔计划的缺失和遗憾一笔带过，对其功绩则着墨太多，缺乏客观立场。当然，近年来，西方学界也陆续推出了一些反思性的论著，这是难能可贵的。其三，西方学界始终存在意识形态偏见，对共产主义认识偏激，认同反共是杜鲁门政府出台马歇尔计划的第一诱因，忽视了对美国为摆脱经济危机而启动马歇尔计划这一真实意图的历史考察。其四，由于许多马歇尔计划史研究学者经济学方面知识的欠缺，因而对作为经济计划的马歇尔计划论述偏少，难以令人信服地评估马歇尔计划的经济地位和价值。其五，西方关于马歇尔计划如何实现西欧政治中右化、经济自由化、意识形态和文化价值美国化方面的研究始终惜于笔墨，尤其是对马歇尔计划在促进西欧政治中右化、干预西欧国家内政、打压西欧国家的民族主义情绪等方面的研究论及寥寥，欲说还休。这多半是因为以美国为首的马歇尔计划史研究专家不愿自曝家丑，而这恰恰又是应当引起马歇尔计划史研究学者足够重视的一个领域。其六，对涉及马歇尔计划的一些隐性、敏感性问题研究不够。比如，美国国内舆论，尤其是诸多利益集团、非政府组织在马歇尔计划形成过程中的作用和影响如何；美国是如何假借援助之名干预西欧国家内外政策的；美国中央情报局、国家安全委员会等强力部门在多大程度上参与了马歇尔计划等。其七，在资料遴选方面，多侧重于使用美国解密档案，对马歇尔计划参与国、苏联、东欧国家的资料重视不够。

就国内而言，改革开放以来，随着学界与西方同行交流的日益展开，尤其是随着美国外交档案的陆续解密，中国学者开始有意识地、系统地接触西方的研究成果和研究方法，尤其是加强了国外权威档案的使用，在马歇尔计划史研究领域陆续取得了一些可圈可点的成果。然而，由于起步相对较晚，更由于一些认识上的局限，国内马歇尔计划史的研究仍存在着一些问题，具体表现在以下几个方面：一是理论批判多于客观、理性的评析；

二是多把马歇尔计划放在冷战史研究的大框架内，缺乏专题性研究；三是对二手资料使用太多，对一手资料的挖掘和使用仍然不够，缺乏实证性考证；四是一些研究成果似过于笼统，许多具体问题或语焉不详，或一笔带过，大而化之，不够细化。

## 二、本课题学术价值

长期以来，基于马歇尔计划出台的复杂历史背景以及美国不愿自曝家丑等主客观原因，涉及马歇尔计划的许多问题至今依然迷雾重重，尤其是一些隐性和敏感问题并没有得到学界足够的重视和深入细致的研究。本课题是作者在博士论文个别章节的基础上，结合前期出版的《马歇尔计划：构想与实施》，近期发现的新材料、新思考以及近年来积累的对马歇尔计划细化研究的最新成果，对本人前期研究成果进行的必要补充和完善，本著可以看作《马歇尔计划：构想与实施》的姊妹篇，但本成果在研究思路、研究内容、结构编排和写作风格上又相对独立，自成体系。在撰写的过程中，笔者充分挖掘、梳理了美国、英国政府陆续解密的外交档案和俄罗斯解密的苏联时期的档案，东欧国家档案以及当年美国核心决策层、计划亲历者、主要当事人的回忆录、口述史等资料，坚持以文本为依托，对马歇尔计划形成和实施过程中一些尚未涉猎、需要深入研究或需要澄清的问题进行了细化研究，包括尝试对一些未解谜团和存在争议问题的解读，相信这种尝试对国内学界深入研究马歇尔计划具有重要的学术参考价值。本人更希冀通过该成果为马歇尔计划史研究者和感兴趣的读者提供一些研究思路和线索，以期起到抛砖引玉的作用。

## 三、研究方法

本成果主要运用美国、英国、苏联、联合国、部分东欧国家公开的外交档案以及多个当事人的回忆录、口述史等权威资料对马歇尔计划形成与实施过程中诸多被有意无意忽视或存在争议的问题进行了研究。在研究方法上，坚持唯物史观，力求用辩证唯物主义和历史唯物主义的立场、观点和方法去发现问题，分析、解决问题。本著的研究方法主要采取了档案分析法、文献梳理法、考据法、统计分析法和比较研究法，在资料的遴选和引证方面，坚持以文本为依托，坚持历史学的实证研究方法，重一手资料，慎用二手资料，不以好恶取舍资料，力争引证具有权威性，整个论述过程尽可能做到客观、科学、严谨，经得起历史检验。

## 四、学术创新

其一，本著侧重于对马歇尔计划酝酿和实施期间的一些遗留问题，尤其是对一些隐性、尚未涉猎的问题进行研究，譬如，战后初期西欧经济困顿与美国对欧政策之间是否存在逻辑关联；美国国内精英集团、利益集团如何参与并推进美国重大外交政策的制定与实施；西欧主要国家是如何走向政治中右化的；马歇尔计划是否是美国"新政"资本主义的逻辑延伸；东欧国家如何间接参与欧洲整体复兴进程等。

其二，从实证学角度加强对马歇尔计划经济后果的分析和评估，目的主要是回答两个问题：一是马歇尔计划设计者最初为实现西欧复兴所设定的总目标和具体目标究竟在多大程度上实现了，依据是什么；二是如果没有马歇尔计划，西欧国家能否最终实现复兴，或者说，西欧国家的复兴在多大程度上是欧洲国家自身努力的结果。

其三，尝试对一些"禁区"的研究，比如，马歇尔计划是如何实现西欧经济自由化和政治中右化的；美国在西欧工业、农业、海运业、贸易等领域的霸道做派具体表现在哪些方面；西欧国家在接受援助的过程中其国家主权在多大程度上受到了冲击和贬损；美国是如何借援助之名打压西欧各国的左派和民族主义势力，干预西欧国家内政的；美国中央情报局、国家安全委员会、新闻出版署、心理战委员会等在配合马歇尔计划实施的过程中分别扮演了何种角色等。

# 第一章　战后初期美国对欧援助新政策出台的背景

二战结束后，在动荡、嬗变的国际环境中登上西方世界"领袖"宝座的美国面临着一系列亟待解决的问题。随着法西斯轴心国被打败，美苏这两个战时最重要的盟国之间的矛盾和分歧迅速浮出水面。就政治层面而言，随着冷战在欧洲徐徐拉开帷幕，为了遏制苏联这个意识形态上最大的对手潜在的政治野心，争夺处于美苏之间的广大中间地带，美国迫切需要一个强大的西欧作为其政治盟友。就经济层面而言，由于战后初期美国国内出现了严重的生产过剩危机，美国迫切需要一个广阔而稳定的欧洲自由市场。与此同时，战后初期的西欧一片凋敝，经济重建缓慢乏力。经济不景气迅速诱发政治危机，西欧各国政局动荡不安，社会形势日趋恶化。在这一国际大背景下，杜鲁门政府及时抓住时机，主动出击，从遏制战略和维护国家利益出发，相继祭出了对苏遏制政策、杜鲁门主义、马歇尔计划以及牵头组建北约（NATO）。这一系列重大外交政策和行动的出台标志着美国外交政策开始向右转，美苏之间在欧洲的战略博弈正徐徐拉开帷幕。

## 一、战后初期美、苏围绕欧洲展开的博弈

1945年4月12日，在世界反法西斯战争取得决定性胜利的前夜，罗斯福总统溘然长逝。在听到这一噩耗时，时任副总统的哈里·杜鲁门对报人说："我感到好像整个宇宙都压在了我的肩上。"[1] 当时，这位来自密苏里州拉马尔的民主党参议员担任副总统也不过三个月。在此之前，"他缺乏实质的外交经验，未曾参与过任何重大外交政策决策，而此时的他不得不填补主宰美国乃至世界事务十几年的时代巨头罗斯福留下的权力真空，独自担负起结束战争并建立国际新秩序的任务"。[2] 众所周知，罗斯福逝世之前的国际声望几近神话，尽管杜鲁门十分崇拜罗斯福，但他必须从罗斯福的身影后走出来，凭自己的认知和价值观来确立自己的施政风格。于是，这位没有多少外交经验的副总统在接任总统后不久便重组了内阁，很快将罗斯福政府过渡到杜鲁门政府，并将罗斯福政府的"对苏和平缓进战略"迅速

---

[1]　John M. Blum, et al., *The National Experience: A History of the United States since 1865* (Troy: Harcourt Brace Jovanovich, Inc., 1977), p.712.

[2]　Henry Kissinger, *Diplomacy* (New York: Simon & Schuster, 1994), p.424.

过渡到"对苏遏制战略"。

美苏之间的矛盾和分歧在战争后期已初露端倪。杜鲁门继任总统后，美苏两国之间摩擦不断，关系迅速恶化。尽管自1945年秋天开始，在伦敦、巴黎、纽约和莫斯科等一系列外长会议上，两国外交家都在试图弥合分歧，寻求两国和平相处之道，但收效并不大。在两国之间诸多分歧上，最根本的一个分歧就是"由谁来控制战后的欧洲"。[①]

在战争后期和战后初期，美国人在与苏联人打交道时总是感到困惑和沮丧。在战争后期，强大的苏联红军在将德军赶出国土后越过国境，相继占领了东欧、中欧的广大地区，包括德国的东部、奥地利、波兰、捷克斯洛伐克和除希腊以外的巴尔干国家，南欧、东地中海广大地区也有成为苏联势力范围的潜在风险。1945年7月底的波茨坦会议是斯大林与西方领导人之间的最后一次会晤。同年11月，当匈牙利共产党在匈牙利选举中仅得到了17%的选票时，斯大林决定不再考虑匈牙利人和西方人的感受，开始加强东欧国家共产党的地位。1946年1月，苏联在波兰扶植的亲苏政权开始实行工业国有化。2月，苏联驻德国占领军加快了对其他盟国管理官员的管理。此举导致美国驻德占领军司令卢修斯·克莱在2月24日向美国国务院发出警告："莫斯科可能做好了将德国统一到苏联控制之下的准备。"[②]克莱的警告显然引起了美国决策层的警觉。

随着苏联人在东欧扶植亲苏势力步伐的不断加快，美国人突然意识到，他们必须以自己的占领区为跳板，控制经济上一蹶不振、政治上孱弱的西欧和中欧，遏制苏联的扩张势头。实事求是地讲，在战后初期，苏联在欧洲对西方的威胁并不是军事上的，但苏联在其周边地区，特别是在中东欧地区的行为促使西方固执地认为斯大林未来在西欧可以利用的工具就是法、意、德、比等国强大的共产党势力，认为斯大林就是要通过这些势力来实现对整个欧洲大陆的"斯大林化"，"在不需要军事行动的情况下，（斯大林）通过一只手便可在希特勒没有实现的地方实现苏联对欧洲力量的掌控"。[③]

① Robert A. Divine, et al., *America: Past and Present* (New York: Scott, Foresman & Company, 1990), p.477.

② Gregory A. Fossedal, *Our Finest Hour: Will Clayton, the Marshall Plan, and the Triumph of Democracy* (Stanford: Hoover Institution Press, 1993), p.195.

③ John M. Blum, et al., *The National Experience: A History of the United States since 1865*, p.715.

美苏之间的第一次正面冲突是关于波兰问题。早在1945年4月23日，即雅尔塔会议之后，当斯大林开始加快在波兰建立亲苏政权时，杜鲁门这位刚上任几个星期的美国总统就用粗俗的语言向前来参加旧金山会议的苏联外长莫洛托夫表达了自己的不满。杜鲁门在接见莫洛托夫时以训斥的口气当面指责苏联不履行雅尔塔会议关于波兰问题的决议，并在给斯大林的亲笔信中声称："这将严重动摇美苏合作的基础。"针对杜鲁门的粗暴指责，斯大林在第二天复信指出，他不同意美国的看法。他说："波兰同苏联是接壤的，但它同英国或美国并不接壤。波兰问题对于苏联的安全意义正如比利时和希腊对于英国的安全意义一样。"斯大林接着说："看来，你并不同意苏联有权利使波兰有一个同苏联友好的政府，但是，苏联政府不能同意波兰有一个敌视苏联的政府。"①

尽管杜鲁门的强硬态度被斯大林用更加强硬的语言顶了回去，但杜鲁门显然无退让之意，他随后表示："我们必须对俄国人强硬起来。他们不知进退行止，有点像水牛闯进瓷器店……我们得教会他们如何行止。"②然而，由于当时的亚洲战事依然没有结束，同盟国还需要苏联参加对日作战。同时，在成立联合国以及对战后世界做出安排等问题上也需要取得苏联的合作，美国只好在波兰问题上暂时作罢。

然而，美国在波兰问题上并未彻底死心。1945年5月，杜鲁门派特使哈里·霍普金斯赶赴莫斯科，旧事重提，向苏联人说明美国在继续执行罗斯福政策，强调波兰问题已成为美苏解决彼此之间存在问题能力的"象征"，并警告说："如果目前的势头继续得不到遏制，整个世界的合作体系……就会遭到破坏。"③然而，斯大林却对美国人的警告置若罔闻。

针对苏联的上述做法，英国首相丘吉尔与杜鲁门的看法高度一致。他在描述1945年夏天的欧洲形势时煽风点火，推波助澜，称："雅尔塔会议达成的协定和谅解已被克里姆林宫破坏或冷落在一边，新的危险正在悄悄逼近，（苏联）正用充满敌意的眼神盯着这个破败而苦难的世界。"④

---

① 苏联外交部编《1941—1945年苏联伟大卫国战争期间苏联部长会议主席同美国总统和英国首相通信集》（第二卷），宗伊群译，世界知识出版社，1963，第221页。

② Richard J. Walton, *Henry Wallace, Harry Truman, and the Cold War* (New York: The Viking Press, 1976), p.119.

③ John M. Blum, et al., *The National Experience: A History of the United States since 1865*, p.714.

④ John M. Blum, et al., *The National Experience: A History of the United States since 1865*, p.714.

　　总之，在二战后期和战后初期，苏联在中东欧、中东、远东等地区的强势存在及其所作所为显然对杜鲁门政府外交政策的逆转产生了催化作用，美国人开始关注并担心经济和社会极度混乱的西欧国家会滑入苏联的势力范围，从而威胁到西欧资本主义制度的维系和美国在欧洲的战略利益。美国人开始了在欧洲的布局，其中就包括调整美国的对欧政策。

## 二、对战后初期西欧国家经济困顿的现实考察：以英国为例

　　作为二战的主战场之一，欧洲在战争期间遭到了空前浩劫。战后初期，欧洲各国经济一片凋敝，经济重建工作进展缓慢。屋漏偏遇连阴雨，1946年夏秋，由于持续干旱，欧洲粮食生产出现了大面积歉收。同年冬天，百年不遇的严寒冰冻天气又接踵而至，突然袭击了欧洲大陆和英伦三岛，使得欧洲本来就不景气的经济雪上加霜。欧洲各国的经济困难随之诱发了政治危机，政治危机又加深了社会危机。到1947年初，战争结束近两年后的欧洲仍然满目疮痍，整个欧洲依旧笼罩在一片悲凉和绝望之中，丝毫看不到重建与复兴的希望。

　　英国的悲惨境遇也许最能说明1947年初的西欧局势。1947年初春，美国国务院不断接到有关英国已陷入麻烦之中的报告。1月20日，英国政府就国内经济形势发表白皮书，公开印证了这一事实。英国政府在其白皮书中公开表示，大不列颠正处在非常危险的境地。在战时，英国将至少一半国外资产卖掉，并积累了巨额外债。如今，随着进口大于出口以及1946年从美国和加拿大接受的50亿美元临时贷款迅速消耗殆尽，英国已债台高筑，而由此造成的后果是生产和出口受到了劳动力不足和生产力低下的严重制约。英国政府认为，如果美国和加拿大愿意继续予以援助，为英国提供喘息机会，英国的生产和出口就会提高，进而实现自立。具体点说，如果英国能提高75%的出口，人民的生活水平就能达到战前水平。该白皮书还暗示，迫于压力，英国将不得不削减国外军事开支，并进一步降低生活水平，以渡过难关。[①]

---

　　① Joseph M. Jones, *The Fifteen Weeks: February 21–June 5, 1947* (New York: The Viking Press, 1955), p.78.

实际上，英国政府于1947年1月20日发布的经济形势白皮书并没有提到英国当时最紧缺的生产和生活物资——煤炭。1947年初，英国煤炭的储备量远低于许可的临界点。就生产环节而言，当时英国煤矿挖出的煤十分有限，根本无法满足工业复兴对煤的需求，结果许多工厂因煤不到位而被迫暂时关门停产。为了缓解压力，1月13日，英国政府只好将向各工厂配给的煤炭减少一半，一些地区甚至出现了因缺煤而不得不限电或拉闸停电的现象。更糟糕的是，不仅煤矿挖不出足以满足生产、生活急需的煤，就算有能力挖出煤，也没有足够的运输工具将煤运出来。就整个欧洲而言，西欧又是世界煤炭资源相对紧缺的地区。1947年，整个欧洲燃煤的供需缺口至少在3600万吨。欧洲主要的煤炭进口国包括英国、法国、意大利、比利时、丹麦、荷兰、瑞典和挪威，而西欧的煤炭产量只能满足这些国家大约40%的需求，余下的则要从美国或东欧国家进口。[①]

燃煤的供需矛盾已经够麻烦的了，然而，祸不单行。1946年冬天，欧洲突然遭遇百年不遇的严寒袭击，导致本来就十分凋敝的经济雪上加霜。1947年1月25日，在正常年份气候温和的英伦三岛突然遭到一连串暴风雪袭击，积雪高达20英尺。[②] 极度的寒冷和冰冻导致英国冬小麦全被冻死，海陆运输也全面停顿。许多居民区被大雪分割开来，成为一个个孤岛。商铺一家接一家关门。由于煤矿被迫关闭，燃煤供应极度紧张，各工厂、公司被迫切断电源，停止煤气供应。英国原本燃料就捉襟见肘，储备不足，过一天算一天，现在连维持下去都很难了。英国人度日如年地苦熬了10天。到了2月7日，暴风雪再次光临，结果一多半英国的工业完全停顿。同一天，时任英国能源大臣伊曼纽尔·欣韦尔在惊慌失措的下院宣布，将对伦敦、英格兰东南部、英国中西部和英格兰西北部除约克郡和兰克夏郡以外的所有工业用户拉闸断电，对家庭用电也要限制供应。由于大量工厂停产，英国失业人数激增。用美国学者艾伦·布洛克的话说："英国工业实实在在地停产了三周，这在英国历史上还是第一次，德国人的轰炸也没有做到这一点。仅登记在册的失业工人就从40万人一下子上升到2300万

---

① U.S. Department of State, *Foreign Relations of the United States, 1947*, Vol.III (Washington D.C.: Government Printing Office, 1972), p.212.

② Gregory A. Fossedal, *Our Finest Hour: Will Clayton, the Marshall Plan, and the Triumph of Democracy*, p.202.

人。"① 恶劣的天气持续了一个月后，接着又是洪水泛滥。据估算，这场天灾实际上给英国造成了接近10亿美元的经济损失，相当于它从美国贷款的三分之一。②

由于大量工厂停产歇业，1947年初，英国的出口势头也被完全阻遏。据保守估计，英国因为此次天灾造成的出口实际损失可能接近8亿美元。在战后美元奇缺的英国，这一损失几乎可以决定这样一个大国的生死存亡。即使英国人勒紧裤带，不吃不喝，也无法完成收支相抵的目标。而英国财政的进一步拮据还在后头。1947年初，英国财政大臣休·道尔顿与美国国务院副国务卿威廉·克莱顿和美国驻英大使刘易斯·道格拉斯进行了秘密会谈。在会谈中，道尔顿特别提到了1946年12月2日美、英就双占区经济合并所签订的《贝尔纳斯协定》。根据这一协定，从1947年1月开始的18个月内，预计双占区的占领费用为8.6亿美元，其中，英国必须担负4.6亿美元，估计至少对英国的美元消耗在2亿美元。到1947年6月，因价格因素的波动，这一数字很有可能达到2.75亿美元。随着为德国人提供追加食品所带来的费用的增加，双占区的总账单又增加1.5亿美元，其中，英国至少应分摊7500万美元。这样，加上原来的2.75亿美元，英国的德国占领费用将达到大约3.5亿美元。英国财政本来就十分紧张，美元储备已捉襟见肘，这笔额外开支无异于雪上加霜。也难怪道尔顿当着美国人的面惊呼："这简直太可怕了。"③

因囊中羞涩，曾经不可一世的大英帝国竟然连3.5亿美元都拿不出来！这不仅让全世界突然看到战后的英国是如此脆弱，也引起了世界各地新闻媒体的关注，评论家们几乎无法找到合适的词汇来恰当描绘英国的这种虚弱。例如，路透财经新闻这样评论道："这是自君士坦丁堡——一个帝国的心脏——崩溃以来悬在人们头上最大的灾难。这不单单是几场暴风雪的问题，而是一种可怕的虚弱，一种几场暴风雪就能带来的虚弱。"④《纽约时报》对英国的形势也表示"震惊"，称："它在我们的想象中凸显出了一幅没有英国的世界画卷。这种经济和政治领域的真空令我们感到惶恐

---

① Alan Bullock, *Ernest Bevin: Foreign Secretary, 1945–1951* (New York: W. W. Norton & Company, 1983), p.361.

② Alan Bullock, *Ernest Bevin: Foreign Secretary, 1945–1951*, p.361.

③ U.S. Department of State, *Foreign Relations of the United States, 1947*, Vol.III, p.277.

④ Joseph M. Jones, *The Fifteen Weeks: February 21–June 5, 1947*, p.80.

不安。"①

迫于无奈和压力，英国政府于1947年2月21日公开发表了题为《1947年经济概览》的第二份白皮书。伦敦《泰晤士报》随后称其为"英国政府有史以来发表的最令人不安的声明"。②根据这份白皮书，1946年英国赤字不是先前估计的3.28亿英镑，而是4.5亿英镑。即使英国政府根据1947年前几周工业瘫痪情况对该年度赤字进行了修正性评估，估计1947年英国的收支赤字仍为3.5亿英镑。另据该白皮书，英国的美元赤字实际上比这一赤字更大，原因有两个：其一，英国必须从西半球购买42%的食品和原材料，而且必须用美元支付，而它对西半球的出口仅为14%。在东欧，虽然英国的出口大于进口，但这些国家大多没有可用来支付的黄金、美元或紧缺物资，结果英国不得不接受无法兑换的货币或者允许这些国家将从英国进口的产品卖掉，以抵销英国在战时拖欠这些国家的债务。由于英国人手中的剩余货币无法兑换成美元，因而就无法支付巨额美元赤字。其二，根据英国于1946年与美国签订的贷款协定，英国必须在1947年7月15日之前实现英镑自由兑换。英国认为，这一规定"可能导致（英国）损失一些美元"。③

据当时美、英一些观察家的分析，为了避免收支逆差在国内引起恐慌，英国政府实际上刻意低估了英国的实际赤字。据估计，1947年初英国的美元贸易赤字很可能在20亿美元（约合5亿英镑）上下。至于英镑兑换，《泰晤士报》称其具有"无法估量的、甚至是灾难性的后果"，因而最终证明是"不可能实现的"。据《观察家报》预测，英镑兑换将"注定英国破产"。1947年1月1日，美国、加拿大先前的贷款还剩9.55亿英镑。而如果实行了英镑自由兑换，当年英国的实际损失恐怕就不是3.5亿英镑，而是接近这一数字的两倍。④与此同时，英国还要用剩余的那点贷款为1948年持续扩大的赤字融资。在这种背景下，英国要想迅速实现经济自立，谈何容易。面对这一局面，英国政府官员私下纷纷议论并建议，英国是否考虑放弃在中东维持秩序的任务，从德国占领区撤军，从联合国粮农组织（FAO）、世界银行（WB）和国际货币基金组织（IMF）获取帮助，放弃所

---

① Joseph M. Jones, *The Fifteen Weeks: February 21–June 5, 1947*, p.80.

② *The Times* (London), February 22, 1947.

③ Joseph M. Jones, *The Fifteen Weeks: February 21–June 5, 1947*, pp.81–82.

④ *Ibid.*, p.82.

有对外援助，建立严格的贸易限制，推迟偿还外债，以此来挽救垂危的大英帝国。

总之，一夜之间，全世界突然发现大英帝国已不再是一个世界大国，它已完全沦落为"以美国经济资源和陆海军实力为核心的新盎格鲁-撒克逊帝国主义的小伙伴"。[①] 从国际政治角度看，一旦英国从海外撤军，减少对海外的财政、经济援助，放弃曾经的政治承诺，必将导致大英帝国在世界各地的威信扫地。而作为大英帝国体系最为坚强堡垒的印度、缅甸、埃及和巴勒斯坦也必将纷纷弃英国而去。然而，今非昔比的英国已经顾不得这些了。既然英帝国大本营已债台高筑，无力自保，放弃对海外的承诺也实在是不得已之举。当然，对于这一无奈之举，曾经不可一世的英国人也是心有不甘的。例如，1947年2月15日，落魄的英国外交大臣厄内斯特·贝文在英国下院发出如下哀叹：如果他有4000万吨煤，他在欧洲议会中说话的分量就会强三倍。如果有可供出口的产品，他缔造和平的工作就会做得更好。[②] 对于像贝文这样一位一向以傲慢著称的"日不落帝国"外交大臣而言，发出如此无奈的感叹实在是情势所迫，也是当时英国国力式微的真实写照和英国人矛盾心理的真实流露。

战后初期，英国的窘境不过是一个相对比较典型的例子。事实上，法国、意大利、比利时等西欧国家的境遇也大致如此，东欧国家也存在着类似的状况。这固然与战争的破坏和天灾的叠加有直接关系，但战争期间以及战后初期美国的对欧政策对此也负有不可推卸的责任。

## 三、战后初期西欧经济困顿与
## 美国长期对欧政策之关联

战后初期，欧洲国家的困境是有目共睹的。单就西欧国家而言，除了战争和天灾因素外，美国人对于战后初期西欧国家的经济困顿也是难辞其咎的。众所周知，在二战期间，尤其是在美国参战之前，美国通过《租借法》和大批军火订单，大发战争横财，刮尽了各国的"黄金桶"。这里仅以英国为例。1941年3月11日《租借法》由罗斯福总统签字生效后，为

① 金重远：《20世纪的世界——百年历史回溯》（上卷），复旦大学出版社，1999，第285—286页。

② Joseph M. Jones, *The Fifteen Weeks: February 21–June 5, 1947*, p.81.

了加快《拨款法案》在美国国会通过，当时的财政部长亨利·摩根索约见新任英国驻美大使洛德·哈利法克斯，催促他动议将英国在美国有代表性的资产卖给美国，以换取美国国会的信任。于是，隶属英国古尔陶公司的一家分公司——美洲黏胶股份公司被选中，以远远低于市场的价格卖给美国，换取了被丘吉尔称为"人类历史上最高尚法案"——《拨款法案》的通过。[①] 同年，在《英美互惠贸易协定》中，美国要求英国开放市场，取消国际贸易中的各种歧视性待遇，消除关税壁垒和其他贸易障碍。当时，许多英国人就担心，美国制造商会乘机入侵英国和英联邦市场。[②] 到战争结束时，新上任的英国工党政府突然发现自己在海外债台高筑，总债务高达270亿美元，其中主要是欠美国的债务。[③]

就在二战结束前夕（即1945年4月），美国国会又通过了一个《〈租借法〉修正案》，明令禁止盟国将租借用于重建目的。战争结束后，美国又故技重演。同年9月，在杜鲁门政府突然宣布停止《租借法》后，面对国内严重的经济困难，英国政府委派经济学家、财政部经济顾问约翰·凯恩斯赶赴美国谋求援助。凯恩斯不虚此行，杜鲁门政府答应向英国提供高达37.5亿美元的临时贷款，但有个前提条件：英国政府必须加入美国主导的世界银行和国际货币基金组织。此举意味着英国工党政府必须担负起战后建立多边贸易体系的义务。更令英国人难以接受的是，英国必须在接受临时贷款一年内恢复英镑可自由兑换。此后的结果是可想而知的。由于英国英镑持有者拼命将英镑兑换成美元，这种挤兑进一步加深了英国政府的支付危机。

为了改变这一被动局面，1947年7月7日，英国外交大臣贝文不得不向首相艾德礼发出吁请，呼吁英国不能再作为"哀求者"，必须制定新的对美贸易政策，在满足国内工业需求的同时，优先开发并向美国出口美国短缺的创汇资源，因为这些创汇资源不会与美国产品形成竞争，容易赚取美元。[④] 7月底，由于英镑兑换造成的灾难性后果，贝文对美国驻英大使刘易斯·道格拉斯抱怨说："如果美国能为我们补偿由于美元升值造成的贷

---

① Henry Pelling, *Britain and the Marshall Plan* (Houndmills: The Macmillan Press Ltd., 1988), pp.2–3.

② *Ibid.*, p.3

③ *Ibid.*, p.4.

④ Henry Pelling, *Britain and the Marshall Plan*, p.16.

款购买力差额10亿美元，就能帮英国渡过难关。"[1] 8月2日，贝文再次对美国迟迟不肯出手援助发出警告，他对道格拉斯大使说："时间因素至关重要。法国到12月底将困难重重。如果美国和加拿大贷款用完，英国在1948年1月左右也会如此。如果美国援助来得太迟，后果将是可悲的。"[2] 由于美国的援助遥遥无期以及英镑兑换造成的持续压力，出于无奈，8月20日，英国财政大臣休·道尔顿不得不宣布停止英镑自由兑换。日益恶化的财政危机给英国带来了政治危机，英国工党政府出现了严重的信任危机，国内对政府财政经济政策的批评日益尖锐。同年12月，对工党政府极度失望的英国贸易委员会主席斯塔福德·克里普斯甚至"冒天下之大不韪"，公然要求艾德礼首相辞职，支持外交大臣贝文组阁。[3] 克里普斯的这一举动再次表明，到1947年底，英国的财政危机依然十分严重，已经导致了工党政府的信任危机。

有意思的是，类似的剧情也在法国上演。同样是在1946年，为了得到美国政府的临时紧急援助，当时的法国总理莱昂·布卢姆亲自跑到华盛顿，为法国争取到了6亿美元的贷款，但前提条件是，法国必须购买美国战后滞留在法国的剩余物资。后来法国人发现，美国贷给法国的这6亿美元刚好够支付美国在法国境内的这批剩余物资。[4]

需要强调说明的是，在战后初期，虽然美国向西欧国家陆续提供了价值90亿美元左右的紧急援助，然而，仅仅在1946—1947财年，美国就通过向这些国家大量出口而实现贸易顺差75亿美元，而西欧主要国家同年的总赤字则高达50亿美元，这还不算较小的国家。这一赤字主要源于从美国进口的3000万吨煤，每吨交货价为20美元，折合6亿美元；从美国进口的1200万吨细粮，每吨交货价超过100美元，折合14亿美元。所有这些进口货物的运费平均占总费用的22%～23%。[5]

还需要说明的是，虽然战后的西欧国家需要财大气粗的美国伸出援助

---

[1]　"Bevin: Conversation with U. S. Ambassador," July 31, 1947, United Kingdom, Foreign Office, FO 800/514.

[2]　"Bevin: Conversation with U. S. Ambassador," August 2, 1947, United Kingdom, Foreign Office, FO 800/514.

[3]　Henry Pelling, *Britain and the Marshall Plan*, p.6.

[4]　〔苏联〕列昂节夫：《金元帝国主义》，葛辛译，三联书店，1953，第267页。

[5]　U.S. Department of State, *Foreign Relations of the United States, 1947*, Vol.III, pp.230–231, p.234.

之手，但这并不意味着欧洲人甘愿做这个"冤大头"，明知从美国进口的产品贵、运费高，却还要从美国进口。事实上，西欧国家早就意识到了这一点，并一再声言要尽量少从美国进口。这里有两个证据。第一，1947年6月13日，法国驻美大使亨利·博内在会见马歇尔国务卿时就明确表现出了对欧洲赤字因进口美国产品可能进一步加剧的担心。他认为，欧洲由于进口食品和原料而造成国际收支赤字，因此，进口这些产品不应再对这些国家的国际收支增加负担。他毫不顾忌地告诉马歇尔："重要的是，在重建期间，欧洲国家应尽量减少从美国进口煤，从而减轻国际收支压力。"① 第二，1947年4月21日，新成立不久的美国国务院—陆军部—海军部部际协调委员会（SWNCC，简称"美国国务院部际协调委员会"）专门委员会提交了一份报告，博内的上述顾忌在该报告中得以证实。该报告在总经济方案中明确写道："1947年，美国进出口盈余75亿美元。在这75亿美元中，私人短期贷款和私人与政府短期贷款仅占大约4.5亿美元，大部分盈余都是由于政府融资和从国外套购的现金和黄金。"②

战后初期，美国不仅从西欧大量套购黄金和美元，而且还落井下石，限制东西欧之间的贸易，卡西欧国家的脖子。从传统上看，由于东西欧在进出口产品上可以优势互补，东欧农产品和原料的出口价格也远较美国低，因此，西欧国家更愿意与东欧国家贸易。但出于冷战需要和阵营利益的考虑，美国不断打压东西欧之间的贸易。例如，美国国务院部际协调委员会（SWNCC）专门委员会在1947年明确声明："不同国家经济之间的相互依赖可能导致亲西方地区的经济复兴，尤其是欧洲。这样做必然会扩大西欧与苏联控制区的贸易，但这种贸易所依据的条件必须是保证亲西方地区的经济政治独立，如此方可进行。"③ 1948年4月美国国会通过的《1948年对外援助法》更是明令规定："禁止向受援国提供那种可用来为任何非受援欧洲国家生产产品的产品。美国拒绝向这些国家发放这种产品出口许可证是出于（维护）国家安全利益的需要。"④ 这样，西欧国家本打算通过与东欧传统贸易伙伴互通有无，并借此降低对美贸易逆差、减轻美元短缺压

---

① *Ibid.*, pp.252–253.

② *Ibid.*, pp.209–210.

③ *Ibid.*, p.215.

④ Arthur M. Schlesinger, Jr., *The Dynamics of World Power: A Documentary History of the United States Foreign Policy, 1945–1973*, Vol.I, Part I, *Western Europe* (New York: Chelsea House, 1983), p.87.

力的希望就彻底破灭了。

总之，在马歇尔计划出台之前，出于维护自身国家利益的现实考虑，美国政府推行的对欧政策有意或无意地牺牲了西欧各国的国家利益。对此，就连罗伯特·洛维特（时任美国国务院副国务卿）也不得不承认，虽然战后初期"导致欧洲复兴希望破灭的诸多因素非任何人所能控制"，但"美国也负有一定的责任"。[①] 洛维特在此所谓的"一定的责任"是什么呢？其中显然与美国利用经济优势大量套购欧洲传统盟友的外汇和黄金有关，也与美国打压东西欧传统贸易有关。

---

① U.S. Department of State, *Foreign Relations of the United States, 1947*, Vol.III, p.248.

# 第二章　美国国内政治、民意、精英团体与马歇尔计划

二战结束后，美国国内政治发生了重大变化。战后初期，美国国内政治出现的第一个突出变化就是孤立主义和保守主义思潮的重新抬头。国会内以罗伯特·塔夫脱① 参议员为代表的共和党保守派主张美国退回到战前的孤立主义，反对美国过多地卷入国际事务。面对国内政治的这一新变化，杜鲁门政府的外交政策必须做出回应和调整，其中就涉及美国新的援助欧洲政策问题。从另一方面看，杜鲁门政府推出对欧新政策也存在一些有利因素：一是美国国务院出现了一支以中下层官员为主的支持欧洲联合自救的力量，这一力量显然对杜鲁门政府倚重国务院推出马歇尔计划是十分有利的；二是来自美国政府内的上层精英人士在整个马歇尔计划形成过程中发挥了不可替代的作用，作为上层精英集团的典型代表，乔治·凯南、威廉·克莱顿等人闻鸡起舞，迅速行动起来，随之成了杜鲁门总统、马歇尔国务卿的左膀右臂，成了马歇尔计划的坚定倡导者、支持者和执行者。

## 一、战后初期美国国内对欧洲联合自救的态度

在战后初期的美国国务院不仅存在着一个具有共同理想的反苏精英团体，还存在着一股支持欧洲联合的强大力量。这股力量主要由中下层官员组成，其中包括：保罗·波特（美国派驻伦敦的经济代表团成员）、沃尔特·罗斯托（国务院德奥经济司副司长）、哈罗德·范·克利夫兰（国务院投资与经济开发司副司长）等人。在这些人看来，欧洲的联合与区域合作可以为欧洲走向和平与稳定铺平道路。他们反对美国此前那种旨在复兴单一国家经济的做法，认为这样做只能是重复一直"妨碍生产力发展"的碎片结构，无法实现欧洲的整体复兴。他们的基本想法是在欧洲建立一种包括德国在内，尽可能缩小欧洲国家闭关自守，可以解放欧洲企业潜在生产力的联合统一的大陆经济。在他们看来，不管有没有苏联的支持与合

---

① 罗伯特·塔夫脱，共和党人，战后初期美国国会著名的保守派代表，1939—1953年担任俄亥俄州参议员，以反对美国在战后国际事务上的扩张而闻名。

作，美国都应该、也有能力担负起建立这样一种经济的领导责任。①

1947年1月15日，保罗·波特在写给其顶头上司查尔斯·金德尔伯格的一份备忘录中代表他的同僚提出了他们的这一共同想法。在波特看来，欧洲经济一体化之所以能为欧洲缔造和平，提供复兴希望，就是因为它在德国问题上开辟了新的视角。从根本上说，德国问题可以被看作是欧洲不团结的症结之所在。只有当各自为政的主权国家框架让位于一个能够充分利用德国资源、拥有"大陆经济"的联合的欧洲时，德国问题才能得到最终解决。为了让德国在欧洲整体复兴中发挥作用，波特在其备忘录中敦促美国政府立即采取行动，尽快实现鲁尔国际化，对德国主要资源实行国际控制。波特认为，这样做可以收到一箭双雕的效果，既可以确保不致德国大国的复活，从而消除德国邻国，尤其是法国的安全和经济担忧，又能为德国的经济复兴、回归国际社会扫清道路。这些措施，连同"四大国"安全协定，可以为欧洲实现更自由的贸易、货币兑换、合作投资和劳动力流动打下基础，而所有这一切无疑将有助于实现欧洲经济联合，提高生产力，最终实现全欧洲的平衡复兴。波特最后在备忘录中警告说："要警惕另一种可能，即法国和其他欧洲国家可能会限制德国生产并谋求自给自足，这在实践中是有害的。这样做只能再次唤起自给自足幽灵的复活，阻碍欧洲的复兴，并助长有利于共产主义分子的政治动荡。"②

1947年春天，美国国务院中下层官员关于欧洲复兴的上述想法不仅很快得到了美国最高决策层的支持，也得到了国会内共和党领袖的积极回应。为了表明自己的态度，作为共和党外交政策顾问兼发言人的约翰·杜勒斯参议员在事先征得共和党领袖阿瑟·范登堡和托马斯·杜威的同意后，就美国对欧政策在美国全国出版商协会（NPA）发表讲话。他在讲话中称，战胜国在为德国的未来计划时，应同时为欧洲的经济联合制订一个计划。"一个分裂成碎片的欧洲不可能是一个健康的欧洲，而一个采用美国联邦方式建立起来的欧洲大市场就可以享受一个大得足以和廉价的现代生产方式相适应的市场带来的好处，美国必须对欧洲予以鼓励和指导。"③和

---

① Harold V. B. Cleveland, "The United States and Economic Collaboration among the Countries of Europe," Department of State Bulletin, No.16, January 5, 1947, pp.3–8.

② Paul R. Porter to Charles Kindleberger, January 15, 1947, Records of the Department of State, Record Group 59, 501. BD Europe/1-1647, National Archives, Washington D.C., 1947.

③ Joseph M. Jones, The Fifteen Weeks: February 21–June 5, 1947, p.220.

保罗·波特的想法一样，杜勒斯也支持对德国资源进行某种国际控制。他说："这样做不仅是朝着欧洲大陆经济一体化目标迈进了一步，还可以使欧洲人为了复兴事业而控制德国的资源，从而使德国不致再次成为欧洲的负担。"[①] 两个月之后，杜勒斯陪同马歇尔赶赴莫斯科参加莫斯科外长会议。在莫斯科期间，美国代表团提议建立一个国际特别机构，用来监督鲁尔的资源。根据这一提议，鲁尔将继续作为德国的一部分，但德国的邻国有权使用其资源。如此可能引起的争议可以通过国际授权，在"大欧洲基础"上加以解决。在莫斯科外长会议上，马歇尔坚定地告诉俄国人："真正需要的欧洲解决方案是一个包括德国在内的解决方案。"[②]

1947年4月底，马歇尔、杜勒斯率美国代表团从莫斯科参加完外长会议回国后，两人先后发表广播讲话，调子仍未改变。马歇尔指出，西方的对苏政策已经越过一个"不归之点"。他回顾了在莫斯科会议上"四大国"在欧洲联合、中央管理、赔款和安全等问题上的争议，指责苏联反对欧洲经济的平衡复兴。他强调指出，对鲁尔的国际控制仍是一个需要讨论的问题，并特别强调了把一个复兴后的德国纳入欧洲经济的重要性。他说："这样做既能刺激欧洲生产力，又可减轻占领国的占领开支负担，还可抵御欧洲大陆的经济分裂势力。"[③] 杜勒斯在讲话中也解释了为什么美国代表团认为鲁尔是欧洲而不是某一个国家的财产。他建议全欧洲都来参与监督，以确保各国进入该地区的平等权，并阻止这一地区再次成为"德国人控制的经济俱乐部"。他的结论是："随着我们对德国问题的研究，我们越发相信，走纯粹的国家路线找不到经济问题的解决方案。以欧洲的福祉计，加强经济联合绝对必要。"[④]

与此同时，美国国内其他一些有影响的共和党国会议员、报人和民意领袖也都得出了同一结论：欧洲必须联合起来。就在杜勒斯发表演讲后不久，一向保守的共和党参议员哈罗德·史塔生也一改初衷，开始对鼓励

---

① John Foster Dulles, "Europe Must Federate or Perish: America Must Offer Inspiration and Guidance," *Vital Speeches of the Day*, No.13, February 1, 1947, pp.234–236.

② U.S. Department of State, Germany 1947–1949: The Story in Documents, Washington D.C., 1950, pp.329–330.

③ George C. Marshall, "Address by Marshall," Department of State Bulletin, No.16, May 11, 1947, pp.919–924.

④ John Foster Dulles, "We Cannot Let Ourselves Be Stymied: Report on Moscow Conference," in *Vital Speeches of the Day*, No.13, May 15, 1947, pp.450–453.

欧洲经济一体化和在欧洲建立关税同盟的援助方案表示支持。[①] 与此同时，美国国会参议员威廉·富布赖特、埃尔伯特·托马斯和众议员黑尔·博格斯也联名提出了一个决议案，呼吁欧洲联合起来。[②] 1947年4月中旬，81名美国社会名流联名在《纽约时报》发表了题为《联合的欧洲》的文章，呼吁欧洲联合起来以自救。[③] 美国的报人也不甘落后，纷纷在美国著名媒体，如《圣·路易斯邮报》《华尔街杂志》《华盛顿邮报》《基督教科学箴言报》《华盛顿星报》等报刊上发表文章，支持欧洲联合自救。美国著名专栏作家、中间势力的代表人物沃尔特·李普曼还为此专门在《华盛顿邮报》上开辟了两个重要专栏，集中发表专题文章，支持美国劝导"欧洲联合"的运动。[④]

这里需要强调说明的是，李普曼对马歇尔计划的最重要贡献在于他认为美国提供的大量援助不能再像过去那样零敲碎打地、一点一滴地分给各个国家。美国必须整合这种援助资源，用来支持欧洲经济重组和实现整体复兴。他还提议，欧洲人不仅应在一个总的生产和交换计划上达成一致，而且还应尽欧洲大陆之所能，在处理共同赤字问题上达成一个共同计划。而美国在支持这一计划时，应首先鼓励欧洲的联合。[⑤] 从马歇尔计划形成的过程看，李普曼的上述看法和提议契合并加强了美国政界支持欧洲联合自救的想法，也成了后来马歇尔哈佛倡议的一项重要原则。

这样，在马歇尔哈佛演讲之前，美国上下在欧洲联合复兴问题上达到了空前一致。不仅如此，主张欧洲联合的美国人还希望美国政府能拿出更多的援助资金来帮助欧洲提高生产力，挽救多边主义理想，化解德国与其邻国之间的矛盾，并帮助西欧抵抗共产主义的威胁，最终实现马歇尔计划的多重外交政策目标。简而言之，尽管在1947年春天还没有人提出一个详细的蓝图或计划，但美国国务院的中下层官员、共和党人、美国各主要媒体、有影响的报人和社会名流都在竭力兜售这一主张。毋庸置疑，美国国

---

[①] Harold E. Stassen, "Production for Peace," in *Vital Speeches of the Day*, No.13, June 15, 1947, pp.521–523.

[②] Tristram Coffin, *Senator Fulbright: Portrait of a Public Philosopher* (New York: E. P. Dutton and Co., 1966), pp.101–102.

[③] *The New York Times*, April 18, 1947, p.12.

[④] Ernst H. Beugel, *From Marshall Aid to Atlantic Partnership: European Integration as a Concern of American Foreign Policy* (New York: Elsevier Pub. Co., 1966), pp.101–102.

[⑤] Walter Lippmann, "Cassandra Speaking," *The Washington Post*, April 5, 1947, p.9.

内的这一股支持欧洲联合的政治势力成了美国政府决策层制订新的对欧政策的一个重要促动因素，也为马歇尔哈佛演讲提供了重要的舆论基础。马歇尔在后来的哈佛演讲中提出的许多援助原则以及后来马歇尔计划在美国国会的顺利通过，都基于这一欧洲联合运动的巨大影响。

## 二、乔治·凯南与马歇尔计划

战后初期，美国全球战略最根本的一条就是对苏联在战时，尤其是战后初期的一系列行为做出一个最基本的估计和判断，并提出相应的对策，以确定此后的对苏路线。一般认为，美国遏制政策的总设计师、资深外交官乔治·凯南的"长电报"和此后署名"X先生"的文章是战后美国对苏联意图的两份重要文件。这两份文件进一步强化了战后杜鲁门政府逐步形成的反共主义和业已确定的外交指导方针，为此后陆续出台的杜鲁门主义、马歇尔计划和"北约"组织提供了政策导向和理论依据。由此，美国政府开始对苏联推行全方位遏制政策，在政治、经济、军事、外交、意识形态、宣传等诸领域与苏联展开了激烈较量。

1946年2月22日，美国驻苏联大使馆临时代办乔治·凯南从莫斯科向美国国务院发回了一份长达8000字的电报，即著名的"长电报"，对战后苏联行为的根源、意图、目标、行为规律、民族心理以及美国应如何应对提出了全面的分析和建议。[①] 亨利·基辛格后来在评论这一电报时表示，这一文件为美国即将对苏采取强硬政策提供了一个完美的"哲学与理念上的架构"[②] 和逻辑依据，足见这一文件的重要价值。

乔治·凯南的这份电报正中美国决策者的下怀，为此，美国国务院还专门表扬了乔治·凯南。当时的美国海军部长詹姆斯·福里斯特尔在读到乔治·凯南的这份电报时，如获至宝。他要求海军部立即复印这份电报，让海军部高级军官们相互传阅。据乔治·凯南后来在《回忆录》中回忆，这份电报发出的时机恰到好处，"早半年，晚半年，都不合适"。[③] 正是由于福里斯特尔的赏识和推荐，他先是进了美国陆军学院执教鞭，随后不久又被十分欣赏他的马歇尔国务卿任命为国务院政策设计委员会

---

① U.S. Department of State, *Foreign Relations of the United States, 1946*, Vol.VI, pp.666–709.

② Henry Kissinger, *Diplomacy*, p.447.

③ George F. Kennan, *Memoirs: 1925–1950* (Boston: Little, Brown and Company, 1967), p.295.

（PPS）主席。[①]

为了让美国人进一步对苏联外交行为有一个更加系统的了解，在杜鲁门主义和马歇尔哈佛演讲之后，乔治·凯南又以"X先生"署名，在1947年7月刊发的美国著名的《外交》杂志上发表了一篇长篇文章，即《苏联行为的根源》。乔治·凯南在该文中对此前的"长电报"进行了必要的补充和进一步阐释，提出了一整套遏制苏联的理论和政策。乔治·凯南也由此成为美国对苏遏制政策和理论的奠基人。

1947年春天，美苏围绕着如何处理德国问题陷入僵局。还在莫斯科外长会议期间，对乔治·凯南颇为器重的马歇尔国务卿指示当时还在陆军学院教书的乔治·凯南开始研究欧洲重建问题。这件事也从另一个侧面证明，马歇尔当时已对莫斯科外长会议不抱太大希望，转而指望在国务院新成立一个政策设计班子，目的是"找到一个解决德国大难题的一劳永逸的办法"。[②]

1947年4月底从莫斯科回国后，马歇尔要求还在陆军学院教书的乔治·凯南重返国务院，组建国务院政策设计委员会。5月5日，美国国务院政策设计委员会正式挂牌成立，马歇尔亲点乔治·凯南任该机构负责人，政策设计委员会随即投入紧张工作。5月15日，乔治·凯南召集该委员会会议，就美国当前外交政策进行讨论并提出建议。在这次会议上，设计人员就以下各个涉及美国安全的问题发表了看法：（1）必须将国外的经济困难和美国有效而迅速地对付这一问题的能力和愿望令人满意地结合起来；（2）日益引起美国注意的希腊、土耳其危机只是欧洲问题的一部分，美国面临的最大、最关键性问题是西欧，其中最需要引起美国关注的地区是英国、法国、意大利、德国和奥地利西占区；（3）目前的问题是出在政治和经济领域，而不是军事领域；（4）当前解决政治问题的途径在经济；（5）在短期之内，美国不可能设计出解决这一问题的任何方案，但从心理干预角度看，美国必须立即对西欧采取某种实际行动；（6）考虑到德国的煤资源对西欧至关重要，美国应立即尽一切可能保证这一资源有利于欧洲复兴。[③] 根据这次会议的精神，乔治·凯南于第二天草拟出了著名的《五

---

① George F. Kennan, *Memoirs: 1925–1950* (Boston: Little, Brown and Company, 1967), p.354.

② Charles E. Bohlen, *The Transformation of American Foreign Policy* (New York: W. W. Norton & Company, 1969), p.88.

③ U.S. Department of State, *Foreign Relations of the United States, 1947*, Vol.III, p.220.

一六备忘录》，对美国今后的工作思路、援助原则和当务之急进行了详细阐述。[①]

1947年5月23日，在《五一六备忘录》基础上，乔治·凯南将政策设计委员会题为《关于美国援助西欧的政策》(Policy with Respect to American Aid to Western Europe)的最终报告呈送负责行政事务的副国务卿艾奇逊，由后者转交马歇尔。政策设计委员会报告的最主要观点是提出了著名的九项援助原则。这九项援助原则连同威廉·克莱顿副国务卿提出的"5月备忘录"成了马歇尔哈佛演讲的核心内容。这九项援助原则是：(1)欧洲国家必须担负起草复兴计划的首倡责任和复兴欧洲的总体责任；(2)复兴计划必须是一个联合计划，而不是各个国家复兴计划；(3)向美国提出援助请求的国家必须是对美国友好的国家；(4)美国的作用是协助欧洲人起草欧洲复兴计划，然后提供力所能及的物质援助；(5)考虑到英国与美国的特殊地位，总计划必须将英国包括在内；(6)欧洲国家必须在复兴计划中保证这一经济援助计划是美国在不久的将来要支持的最后一个计划；(7)必须把欧洲人起草的计划和美国最终提供的援助计划严格区分开来，不可混同；(8)必须尽可能发挥联合国的作用；(9)至于提出欧洲复兴计划的平台以及参与国的范围，这是欧洲国家的事，美国不干预，但美国建议必须慎重考虑（联合国）欧洲经济委员会（ECE）的平台作用。[②]

在此必须强调说明的是，乔治·凯南的《五一六备忘录》和他领导的国务院政策设计委员会的《五二三报告》，特别是后者提出的对欧援助原则，连同副国务卿克莱顿于5月27日提交的《5月备忘录》中有关欧洲形势的分析部分，共同构成了6月5日马歇尔哈佛大学演讲的基本思路和基本框架，后来欧洲国家提交美国政府报告文件也基本上是以上述九项援助原则为基础的。

当然，乔治·凯南的使命并没有就此结束。在1947年9月22日《欧洲经济合作委员会总报告》(Committee for European Economic Cooperation General Report，以下简称"CEEC总报告")提交美国之前，为了将美国提供援助的"必要条件"和真实想法及时、准确地传达给西欧国家，8月底，美国国务院副国务卿罗伯特·洛维特建议马歇尔国务卿派乔治·凯南和查

---

[①] U.S. Department of State, *Foreign Relations of the United States, 1947*, Vol.III, pp.220–223.

[②] *Ibid.*, pp.226–228.

尔斯·博恩斯蒂尔（洛维特特别助理）这两个得力干将到巴黎，"将（美国的）一些实际建议转达给欧洲经济合作委员会"。① 马歇尔立即表示同意。于是，乔治·凯南和博恩斯蒂尔于8月末受命到了巴黎，与坐镇巴黎的美国官员和欧洲经济合作委员会各国代表举行了讨论。简而言之，乔治·凯南和博恩斯蒂尔此行的主要目的就是强化美国国务院的立场，并给欧洲人造成这样一种印象，即美国国务院在附加援助条件上的态度是严肃认真的。同时，他们此行还有一个重要目的，即近距离评估巴黎形势，然后向华盛顿提出建议。

乔治·凯南此次欧洲之行可谓不辱使命。9月4日，他在对巴黎的形势进行评估后提交了一份报告。乔治·凯南敏锐地意识到，美国"不能指望巴黎的这些人去实现不可能实现的事情"。② 在如此定了调子之后，他在报告中解释说："就其国内政策措施和接受新的国际安排而言，巴黎各国代表团草拟复兴方案的能力不会比各国政府的合作能力强多少。"③ 换句话说，在欧洲经济合作委员会代表们拿出美国所需要的那种报告之前，乔治·凯南担心参与巴黎会议的欧洲各国政府的态度会发生变化。根据这种现实可能性，他区分了两种可能的行动路线：一是美国国务院完全拒绝欧洲经济合作委员会递交的报告；二是该报告不是最终报告，不能以一种给人造成这是最后定稿印象的方式出现。他本人倾向于后者。因此，他建议："在该报告递上来时，只能作为进一步讨论的基础。然后，通过谈判，尽可能引导它沿着我们所需要的方向前进，最后定稿……由我们单方决定这个我们所最终希望递交国会的报告。"④ 后来发生的事实证明，美国政府采纳了乔治·凯南的建议，在CEEC总报告形成过程中不断施加压力，直至美国满意才罢休。

总之，在整个马歇尔计划酝酿、形成乃至实施过程中，乔治·凯南几乎在各个关键节点都扮演了重要角色，发挥了自己独特的作用，他随之也成了马歇尔国务卿的左膀右臂，成了马歇尔计划的积极谋划者、坚定支持者和忠实执行者。

---

① U.S. Department of State, *Foreign Relations of the United States, 1947*, Vol.III, p.374.

② *Ibid.*, p.398.

③ *Ibid.*, p.401.

④ *Ibid.*, p.402.

### 三、威廉·克莱顿英国之行及其秘密使命

在战后初期美国重大外交政策形成过程中，另一个关键人物的贡献也不可小觑，他就是美国国务院副国务卿威廉·克莱顿。威廉·克莱顿是一个成功商人，白手起家，一度在美国建立起了自己的商业帝国。他既是美国规划战后世界的最主要设计师之一，也是世界多边主义和多边自由贸易的主要倡导者和谈判专家。作为关贸总协定（GATT）和马歇尔计划的积极倡导者、主要设计者，克莱顿对战后美国对外政策，尤其是经济冷战政策的出台发挥了至关重要的作用。

单就马歇尔计划而言，在该计划整个酝酿和形成过程中，克莱顿均发挥了自己独特而关键的作用。概括起来看，他的贡献主要表现在以下五个方面：一是他根据对欧洲形势的近距离观察和思考后提交的《5月备忘录》，该备忘录后来成了马歇尔哈佛演讲的重要参考依据和组成部分；[1] 二是他亲赴英国与英国官员进行秘密谈判，准确地把美国政府的想法传达给英国人，并成功地说服了英国人积极支持马歇尔计划；三是他与坐镇巴黎的美国官员一道，对欧洲国家起草的CEEC总报告施加了压力并提供了"必要的技术指导"，确保了欧洲16国按照美国的意图制订并提交自己的联合复兴方案，[2] 他有关美国必须主导和控制援欧计划的主张成为实际指导马歇尔计划具体实施的重要原则之一；[3] 四是在卸任副国务卿后，他仍利用自己在美国国内的巨大影响力，不遗余力地游说美国国会和民众支持马歇尔计划，有力地推进了《1948年对外援助法》在国会顺利立法的步伐；五是他积极倡导欧洲联合自救，他的欧洲联合复兴思想为后来欧洲走向政治、经济一体化指明了前进的方向。限于篇幅，这里主要探讨克莱顿的英国之行。

众所周知，英国既是美国的传统铁杆盟友，也是传统的欧洲大国，马歇尔计划显然离不开英国的支持与配合。因此，如何说服英国支持欧洲经济整合、担负起欧洲复兴的领导责任在某种程度上决定着马歇尔计划的成败。

---

① 王新谦：《马歇尔计划：构想与实施》，中国社会科学出版社，2012，第49—54页。

② 同上书，第89—97页。

③ 舒建中：《克莱顿：从"世界棉王"到贸易斗士》，北京大学出版社，2014，第224页。

马歇尔哈佛演讲后不久，为了把美国的"意思"及时、准确地传达给西欧盟国，1947年6月24日，美国国务院决定派克莱顿赶赴伦敦执行一项特殊使命。实际上，派克莱顿去伦敦的决定早在马歇尔哈佛演讲的当天就已做出。此行的目的，用克莱顿自己的话来说，就是"受命去和相关主要国家政府首脑讨论马歇尔建议"。[①] 这里所谓的"相关主要国家"包括英国、法国、意大利、比利时、荷兰、卢森堡。[②] 然而，蹊跷的是，克莱顿的这次特别之行最终只是和英国官员进行了三次秘密会谈。这件事至少有两层深意：一是暗示了英国与美国的特殊关系；二是彰显出英国在欧洲复兴大业中的特殊地位。

需要说明的是，截至1947年夏天，没落的大英帝国仍然把自己视为比其他欧洲国家更强大、更特殊的国家，其理由如下：第一，英帝国和英联邦势力仍占全球四分之一的空间，并拥有相当规模的英镑区为依托。第二，除了战时的中立国，如瑞典、瑞士，英国人的生活水平仍相对高于欧洲其他国家。第三，由于特定的历史原因，英国人始终认为自己与美国人存在着割不断的"特殊关系"，英美关系非同一般。

基于上述理由，在与克莱顿的秘密会谈中，英国外交大臣贝文始终强调英美"特殊关系""伙伴关系"，不同意把英国视为欧洲大家庭的普通一员，英国的这一态度立即引起了克莱顿和美国驻英大使刘易斯·道格拉斯的极大不满。

针对英国要求美国在援助时对英国给予某种"特殊安排"，克莱顿强调指出：战后初期美国曾经对欧洲进行过援助，但这种零敲碎打的援助收效并不大，说明走不通，他实在看不出英国的问题与欧洲其他国家究竟有何不同。显然，贝文极力强调英国的特殊性是急于从美国得到某种临时财政安排，以阻止国内饱受财政之苦的人民在背后对工党政府内政外交措施的责难。他问克莱顿："难道真的就不能再做出延续到1947年和1948年的某种临时安排？"[③] 克莱顿重申，英国是欧洲的一员，但更是马歇尔计划中的参与者。如果美国给英国提供某种特殊的援助，这就违背了美国政府一

---

① Interview with William Clayton, Marshall Plan Project, Oral History Research Office (OHR), Oral History Collection of Columbia University, 1947, p.29.

② William C. Cromwell, "The Marshall Non-Plan, Congress, and the Soviet Union," *Western Political Quarterly*, Vol.32, No.4, December 1979, pp.429–430.

③ U.S. Department of State, *Foreign Relations of the United States, 1947*, Vol.III, p.270.

再声明的不再零星解决欧洲问题的原则。克莱顿坦率地告诉贝文："即使一个完整的欧洲问题解决方案也很难说服美国公众和国会，因此，美国断不可能再与英国签订任何临时协定。"①

在会谈期间，针对英国在欧洲联合问题上举棋不定、迁延时日的做法，道格拉斯也向英国官员表达了不满。他指出，三个月来，美国一直在试图了解英国财政状况的真相，"但直到上星期五我们才拿到有关数据"。②在看到无法从美国获得某种"特殊照顾"后，参与会谈的英国财政部常务次官爱德华·布里奇斯话锋一转，称英国担心马歇尔计划中提出的"欧洲资源联合"的想法将使英国降至欧洲的最底层。针对英国的这一担心，克莱顿明确回复："眼下（美国）没有'资源合并'的想法。"③英国人这才放下心来。

简而言之，1947年6月24日至26日，克莱顿、道格拉斯与英国高层官员三次秘密会谈的最大成果是英国方面起草了一份谅解备忘录。该备忘录概括了英国对美国复兴欧洲想法的谅解，当然，这一谅解是建立在英国官员和美国官员"谈判"的基础之上的，至少"该备忘录中的几处修改显然是得到了克莱顿和美国驻英大使刘易斯·道格拉斯的同意"。④根据这一备忘录，英国同意与欧洲各国采取如下措施：一是欧洲国家尽快联合起草一份总陈述报告，详细说明各国面临的经济困难以及造成这一困难的原因；二是各国分别做出陈述，说明自己未来的设想和打算，包括说明各国的消费需求、目前的生产能力以及未来提高生产的具体措施；三是欧洲国家提出一个综合方案，具体说明欧洲的总需求、援助要求、共同的经济目标以及达到这些目标可能需要的时间。备忘录最后约定，上述任务应不迟于1947年9月1日前完成。⑤尽管美方认为这一备忘录只是一种建议，不能看作是某种承诺，但英国官员似乎仍不甘心，仍要求美方保证该文件代表了美国政府对欧洲经济问题的真实想法，直至克莱顿回答"我认为是这样"，⑥英国人才最终放下心来。

---

① U.S. Department of State, *Foreign Relations of the United States, 1947*, Vol.III, p.272.

② *Ibid.*, p.275.

③ *Ibid.*, pp.268–273, pp.276–283.

④ *Ibid.*, pp.284–288.

⑤ *Ibid.*, pp.285–286, p.288.

⑥ *Ibid.*, p.289.

综上所述，1947年6月克莱顿、道格拉斯代表美国国务院与英国高层官员的这三次秘密会谈实际上就是为包括英国人在内的欧洲人提供一种技术指导，要求他们在制定未来复兴计划时必须了解美国决策者的真实想法。当然，最重要的是希望英国在欧洲复兴大业中发挥自己的作用。闭门会谈所形成的备忘录实际上是专为外交大臣贝文赴巴黎参加外长会议（英、法、苏）准备的，而且备忘录的许多地方按照美国的"意思"进行了反复修改，贝文后来就是带着这份备忘录赶赴巴黎参加外长会议。后来发生的事实也充分证明，贝文在巴黎外长会议上的立场和言论显然是以该备忘录为蓝本和指南的。换句话说，他在巴黎的一言一行，尤其是对苏联外长莫洛托夫的强硬言行都来自美国，是美国意志的真实反映。

总之，作为动员、协调英国积极参与马歇尔计划的重要一步，克莱顿的伦敦之行达到了预期的目的。会谈形成的《伦敦备忘录》表明：克莱顿坚定地、不折不扣地执行了美国国务院的指示，在说服英国按照美国政策意图推进马歇尔计划的实施进程中再次发挥了独特而关键的作用。简而言之，克莱顿在马歇尔计划中的历史作用主要体现在以下三个方面：第一，克莱顿率先提出欧洲联合复兴原则，坚持西欧国家在接受美国援助之际必须建立一个相应的组织机构，从而为欧洲的联合复兴以及欧洲经济合作委员会的建立奠定了政策基础。第二，克莱顿坚持美国必须主导援欧计划的政策原则，从而推动了美国战略目标的实现，即通过马歇尔计划巩固以美国为首的西方冷战同盟体系。第三，为谈判马歇尔计划并贯彻由美国控制援欧计划的战略意图，克莱顿积极敦促西欧国家按照美国的设想制定具体的欧洲复兴方案，促成了欧洲经济合作委员会的建立，从而为马歇尔计划的实施及欧洲的联合复兴提供了平台，同时亦为美国战略目标的实现创造了条件。[①]

## 四、1947年夏秋在美国国内宣传马歇尔计划的必要性

1947年6月5日，马歇尔在哈佛大学发表演讲后，美国政府便马不停蹄地采取兵分两路、双管齐下的战术积极推动马歇尔计划在美国国内的批准：一方面，美国政府催促欧洲国家尽快对欧洲各国经济形势进行分析、

---

① 舒建中：《克莱顿与马歇尔计划》，《西南大学学报》2011年第5期，第207页。

评估和汇总，共同起草一个联合复兴方案，向美国政府提出援助申请；另一方面，美国政府考虑到美国国内政治，尤其是民意对外交政策的影响，又紧锣密鼓地在国内大做文章，组织、鼓动与马歇尔计划相关的调研机构和声援团体，如"哈里曼委员会"（PCFA）、"马歇尔计划声援委员会"（CMP）、"全国制造商协会"（NAM）、各行业工会、新闻媒体以及其他形形色色的民意团体，在美国国内发动了一场声势浩大的马歇尔计划宣传攻势，目的就是要争取民意，并通过民意对国会施加压力，推动国会尽快批准马歇尔计划。

从战后初期美国国内的政治氛围看，如何说服美国公众接受马歇尔计划显得特别紧迫。有证据表明，截至1947年夏秋，基于孤立主义的重新抬头，美国国内反对政府扩大对外援助的情绪日趋高涨，不容小觑。在这种背景下，为了解美国民众的真实想法，1947年10月中旬，美国国务院授权其下属机构针对政府拟议中的援助欧洲新政策进行了一次规模可观的民意调查，这次民意测验的结果很不乐观。据这次民调显示，仅有不到一半（46%）的受访者听说过或读到过有关马歇尔计划的报道。当被问到"如果该援助计划造成（美国）国内物资短缺或者物价上涨"时，居然有一半的人公开表示反对该计划。在问及是否了解欧洲人应该承担的具体义务时，仅25%的受访者知道该计划是要求欧洲人承担起自助和互助义务。针对美国要不要出手援助欧洲国家，有大约六成的受访者认为，既然欧洲人都不愿为自己的复兴尽心竭力，凭什么美国人要为他们火中取栗？[①]

在1947年11月政府议案递交国会听证辩论前后，美国的民调机构再次进行了几次民意测验，其结果同样不容乐观。据当时美国一个十分保守的组织——"宪政委员会"（CCG）所进行的民意测验显示："绝大多数受访者都强烈反对欧洲复兴计划和（政府）提出的援助数额。"[②]该组织随后把调查结果连同一封匿名信一并交给国会参议院，以引起国会对民意的重视。甚至到1948年初美国国会就马歇尔计划举行听证会期间，仍有一些人

---

① U.S. Department of State, Office of Public Affairs, "Popular Opinion on Aiding Europe: Main Findings of an October Public Opinion Survey," October 29, 1947, Office Files of the Assistant Secretary of State for Economic Affairs (Clayton-Thorp), Folder: Memoranda, July December 1, 31, 1947, Harry S. Truman Library.

② Kimball Young, "Content Analysis of the Treatment of the Marshall Plan in Certain Representative American Newspapers," *Journal of Social Psychology*, Vol.33, May 1951.

公开站出来反对政府提出的新的援助欧洲计划。前总统赫伯特·胡佛、前副总统亨利·华莱士等几位证人甚至走得更远，他们公然提出了"显然意在改变政府提案根本性质的方案"。[①] 除了这些证人外，来自美国国会的阻力也相当大。最突出的反对意见是来自以罗伯特·塔夫脱参议员为代表的共和党保守势力。他们的理由是，战后的美国人民需要休养生息，而马歇尔计划费用过大，是美国所难以承受的。他们最大的担心的是，一旦开始实施该援助计划，美国国内很可能会再次出现通货膨胀，进而导致人民生活水平的下降。

上述民意调查结果、国会听证会上的反对声音以及来自美国国会内部保守势力的阻力促使美国政府认识到，要想让马歇尔计划为国人所接受，必须在美国发动一场声势浩大的马歇尔计划宣传运动，以消除这些反对派声音。

需要说明的是，早在马歇尔哈佛演讲之前，杜鲁门总统实际上已经意识到了向美国民众做出解释的必要性。1947年4月7日，杜鲁门总统把国务院负责公共事务的副国务卿迪安·艾奇逊叫到自己的办公室，交给他一项特殊任务，替自己于5月8日到密西西比州克利夫兰市议会（即三角洲议会）年会上发表一次对外政策讲话，为美国新的援助欧洲政策探路。可能有人会说，政府要人选择克利夫兰这么一个不起眼的地方议会来发表有关欧洲重建的政策演讲，未必能引起美国人的注意。然而，具有战略眼光的杜鲁门和艾奇逊却不这么想。他们认为，虽然三角洲议会偏居一隅，但实际上该议会是居住在密西西比河流域的农场主和小商人的一个"俱乐部"，这里"是美国南部较先进、较繁荣的地区之一，他们中的许多人对农业有着国际眼光和现代态度"。[②] 更重要的是，棉花一直是这里的主要经济作物，而战后的美国因连年风调雨顺，存在着严重的生产过剩，尤其是棉花、粮食等。要想转嫁危机，就需要开拓国际市场，而战后欧洲的物资奇缺又为美国倾销这些过剩物资提供了千载难逢的市场，显然，这里的农场主和棉花商更关心、也更愿意了解美国新的援欧政策与自身利益之间存在着多大关联。因此，选择这里作为发表外交政策演讲的场所，对影响民意肯定是有帮助的。

---

① Imanuel Wexler, *The Marshall Plan Revisited: The European Recovery Program in Economic Perspective* (Westport: Greenwood Press, 1983), p.26.

② Joseph M. Jones, *The Fifteen Weeks: February 21–June 5, 1947*, p.26.

　　然而，后来的结果显示，艾奇逊的这场"克利夫兰演讲"在当时的美国并没有引起应有的轰动。就连杜鲁门总统在后来的回忆录中也承认，艾奇逊的演说"在当时并没有引起应有的重视"，[①] 我们也完全有理由怀疑当时在座的人是否真正听懂了或者理解了这次演讲的重大历史意义。但必须承认的是，艾奇逊的这次演说最早向外界透露了美国政府将"在未来以某种计划方式援助欧洲复兴"的基本轮廓，客观上加快了马歇尔计划形成的步伐。因而，他的这次演讲也被后人称为"马歇尔计划的催生因素"，[②] 是马歇尔哈佛演讲的序曲。

　　为了进一步向美国民众说明美国对外援助的必要性和重要性，也可能是为了弥补艾奇逊"克利夫兰演讲"没有在美国国内引起应有的反响的缺憾，1947年6月22日，白宫不失时机地向新闻界公开了杜鲁门总统发表的一份声明。杜鲁门在声明中开门见山地指出："美国正在或可能向外国提供的援助以及它对我国国内经济的影响，是每一个美国人严重关切的事情。我相信，国外生产的恢复不仅对朝气蓬勃的民主，而且对建立在民主和自由基础之上的和平都至关重要，这一点大家毋庸置疑。这种对外援助对世界贸易也一样重要，因为我们的商人、农民和工人会从大量出口中获得好处，消费者也能买得起这些商品。另一方面，我们应在何种程度上继续这种援助却不易确定，值得十分仔细地研究。"[③]

　　杜鲁门总统的"六二二声明"再明白不过地向美国民众传达了如下三点信息：第一，美国即将推出的新的对外援助政策之所以应该引起每一个美国人关注，是因为这种援助有利于在国外推进所谓的"民主、自由、和平"。然而，这只不过是一个由头，是唱高调。第二，杜鲁门真正想说的是后半句，美国商人、农民、工人都"会从大量出口中获得实惠"，即新的对外援助有助于实现各阶层利益的最大化。第三，面对战后初期美国国内孤立主义的重新抬头，推行新的援助欧洲政策面临着现实阻力，既需要美国人知情，更需要成立专门的研究机构进行认真研究。

　　总之，杜鲁门政府对马歇尔计划需要得到美国民意支持和进行专题研究的这种早期认识很快促成了三个总统委员会的问世。这三个委员会分别

---

　　① Harry S. Truman, *Memoirs of Harry S. Truman: Years of Trial and Hope, 1946–1953*, Vol.II (New York: Da Capo Press, Inc., 1956), p.113.

　　② U.S. Department of State, *Foreign Relations of the United States, 1947*, Vol.III, p.242.

　　③ *Ibid.*, pp.264–265.

是以内政部长朱利叶斯·克鲁格牵头的克鲁格委员会、以经济委员会主席埃德温·诺斯牵头的诺斯委员会以及以商业部长埃夫里尔·哈里曼牵头的哈里曼委员会（即总统对外援助咨询委员会）。杜鲁门要求这三个委员会迅速行动起来，各司其职，就美国扩大对外援助对美国国内经济的影响进行认真研究，然后提出研究报告。其中，哈里曼委员会于1947年11月7日提交的题为《欧洲复兴与美国援助》的研究报告分量最重。它不仅成了12月19日杜鲁门总统向国会发表咨文演说的重要依据，也为后来参议院外交委员会主席阿瑟·范登堡说服国会通过马歇尔计划以及同意向西欧国家提供第一年度财政拨款提供了最有力依据。[①]

---

① 王新谦:《马歇尔计划：构想与实施》，第101—104页。

# 第三章　围绕马歇尔计划
# 需要厘清的几个问题

多年来，国内外史学界一直围绕马歇尔计划的几个问题争论不休：其一，尽管导致马歇尔计划出台的因素有很多，但1947年春天的莫斯科外长会议是否是导致马歇尔哈佛演讲的一大诱因？其二，马歇尔为何选择哈佛大学作为美国推出对欧新政策的演讲场所？其三，马歇尔哈佛演讲究竟是通过何种途径传到英国的？其四，马歇尔计划缘何是以马歇尔的名字命名，而不是以其他决策者的名字命名？其五，马歇尔计划的起始点如何界定？为什么史学界、美国政界存在着置疑马歇尔计划是否存在的问题？厘清这些问题，对我们全面解读、研究马歇尔计划无疑是十分必要的。

## 一、莫斯科外长会议是否是马歇尔计划出台的一大诱因

1947年春天，尽管二战已经结束近两年，尽管美国此间也为欧洲复兴做出了不懈努力，但1947年春天的西欧仍看不到复兴的明确迹象，"西欧国家的工农业生产依然低于战前水平"。[①] 这种经济的不景气带来了可怕的政治和社会后果。多年的经济萧条、战争的破坏、生活的艰辛以及战后举步维艰的复兴进程导致西欧各国工人群众处境艰难，普遍的怨恨和对政府的不满情绪导致在战争中壮大起来的西欧各国共产主义运动继续壮大，比如，法国、意大利、比利时等国家的共产党人甚至加入了联合政府。

在这种背景下，以资本主义制度守护者自居的美国政府开始担心，如果美国不尽快采取有效措施扭转局面，如果欧洲得不到大规模财政援助，如果没有一个共同复兴计划，不排除日益壮大的西欧各国共产党人在各国自由选举中夺取政权的可能。若如此，整个欧洲就有滑入共产主义轨道之虞，这绝对是美国人不愿看到的。

在战后初期，这种担心在美国高层官员中很有市场。他们始终把所有欧洲各国共产党看作是克里姆林宫的政治工具，认为通过这些政治工具，苏联就能控制欧洲主要资源、技术、劳动力和战略基地。这一担心也随之成了1947年春天美国政府从西欧各国使领馆收到的雪片般报告的主题。例

---

① Stanley Hoffmann & Charles Maier, eds., *The Marshall Plan: A Retrospective* (Boulder: Westview Press, 1984), p.2.

如，1947年5月12日，美国驻法大使杰斐逊·卡弗里在致马歇尔国务卿的电报中就这样写道："如果共产党在法国获胜，苏联对西欧、非洲、地中海和中东的渗透就方便多了。"[①] 一旦出现这种局面，就"必然危及"美国的国家安全。因此，他希望美国政府尽快向欧洲提供数十亿美元，用来购买急需的原材料和食品，暂时填补美元差额，克服生产瓶颈，并通过鼓励预算平衡、实现货币可兑换、减少贸易壁垒和实现经济一体化诸手段，改变共产党人得以利用的经济形势，消除苏联影响产生的土壤。乔治·凯南也认为："如果美国无动于衷，如果欧洲共产党和苏联联手，苏联就有可能动员和利用这一巨大的经济、军事潜力……从而对北美大陆的安全构成真正的威胁。"[②] 一向以反共著称的副国务卿迪安·艾奇逊也明确表示，"为了有效地阻止苏联扩张主义和为（西欧）政治稳定、经济健康打下基础"，美国将"经济力量扩展到欧洲的时机已经成熟"，[③] 有鉴于此，"美国必须拿出一个更大的援助计划来扭转欧洲的经济政治局面，为德国的复兴扫清道路，并支持法国和意大利反共势力的士气"。[④]

总之，美国官方对西欧形势的判断以及对西欧可能滑入东欧阵营的担心加快了马歇尔计划的出台，成了美国对欧政策转变的一大动因。当然，马歇尔计划的出台还有其他诸多促动因素，其中，1947年春天召开的莫斯科外长会议就是促使马歇尔计划出台的一大诱因。

如前所述，在莫斯科外长会议之前，尽管美国决策层已开始酝酿一个更大的援助欧洲计划，但他们对与苏联合作解决包括欧洲复兴在内的一系列重大问题，尤其是德国问题，仍抱有一线希望，这也是马歇尔率领庞大美国代表团赶赴莫斯科参加外长会议的重要原因。

1947年3月10日，就在杜鲁门在美国国会联席会议上发表讲话（史称"杜鲁门主义"）的前夕，面对德国纷繁复杂的局面，刚上任三周的马歇尔国务卿心事重重地率领美国代表团赶赴莫斯科参加莫斯科外长会议，以便当面与苏联人更全面地评估德国和欧洲复兴之间的复杂关系，评估是否需要美国提出新的倡议。需要说明的是，此次莫斯科之行，马歇尔的随行

---

① U.S. Department of State, *Foreign Relations of the United States, 1947*, Vol.III, p.712.

② George F. Kennan, "Contemporary Problems of Foreign Policy," September 17, 1948, box 17, George F. Kennan Papers, 1948, Mudd Library, Princeton University.

③ Robert A. Divine, et al., *America: Past and Present*, p.481.

④ Stanley Hoffmann & Charles Maier, eds., *The Marshall Plan: A Retrospective*, p.2.

人员多是高级军事或政治顾问，其中不乏一些同苏联打交道多年的外交老手。代表团里的军界人士包括：美国驻德国占领军司令卢修斯·克莱将军，战时深得马歇尔信任、时任驻奥地利美军司令马克·克拉克将军，艾森豪威尔的前任参谋长、时任美国驻苏联大使的沃尔特·史密斯将军。政治顾问包括：律师出身的政治家、国务院顾问罗伯特·墨菲，国务院德苏事务专家奇普·波伦，国务院苏联事务顾问本·科恩以及共和党任命的代表两党与会的观察员、律师约翰·杜勒斯等。

德国问题是这次会议讨论的焦点。一开始，马歇尔对会议抱有很大希望，他建议把提高德国的生产水平和"四强"安全以及从现有的生产中支付有限的赔偿结合起来，但他很快就失望了。阻力首先来自法国，出于保护本国经济和国家安全的双重考虑，法国外长乔治·皮杜尔拒绝考虑修改限制德国工业水平计划。他开出的条件是，除非盟国支持法国吞并萨尔，分割鲁尔和莱茵兰，从德国获得赔偿，并得到德国的煤资源，以有利于法国实现工业重组和实现现代化的莫内计划。[①]

在会议期间，苏联外长莫洛托夫在德国赔偿问题上也不松口，与法国外长皮杜尔一唱一和。在法国人的支持下，苏联反对美国有关统一德国经济和提高德国生产水平的新提案。当然，在获得德国战争赔款问题上，苏联有自己的合理理由。俄国人认为，苏联为打败法西斯付出了巨大代价，它完全有权要求盟国履行《波茨坦协定》有关德国赔款的规定，兑现承诺。而美、英却无视波茨坦会议达成的协定，从1946年起就开始拒绝俄国人从西占区获得赔偿，此举成了西方与苏联结怨的一个重要原因。不仅如此，美、英还将各自占领区合并为双占区，而且有意实现全德统一。针对美、英的行动，加上担心德国军事大国的复活，苏联做出的反应是加快德国苏占区国有化，其中包括与西方国家共同占领柏林。[②] 在这种背景下，苏联与美国合作解决包括德国在内的欧洲问题的可能性实际上已大打折扣。

在德国问题上，美国人自然也有自己的打算。出于战略考虑，美国不仅不希望因支付大量赔款而过度削弱德国，而且还希望复兴德国工业。对美国而言，这样做至少有两大好处：一是让德国为欧洲整体复兴作出贡献；二是最终建立一个亲西方的、以西占区为主导的、统一的德国。用美国前

---

① Stanley Hoffmann & Charles Maier, eds., *The Marshall Plan: A Retrospective*, p.2.

② Robert A. Divine, et al., *America: Past and Present*, p.477.

总统赫伯特·胡佛的话说:"没有德国这个可以为欧洲复兴作贡献的国家的复兴,欧洲生产的恢复就不可能。"[1]

由于法国和苏联的蓄意阻挠,由于美、英、法、苏四国在德国问题上的巨大分歧,莫斯科外长会议无法达成协议。这一结果显然进一步加深了美、英两国对苏联和法国,尤其是对苏联的疑虑。在马歇尔和贝文步出会场时,他们脑海里的第一感觉是,美、苏将不可避免地在欧洲展开激烈的较量,苏联人显然希望从对德政策僵局和欧洲日益恶化的经济形势中得到政治好处,而恰恰正是"这一看法点燃了马歇尔制定一个长远计划的想法。他决定找到一个解决德国问题和欧洲复兴的新途径"。[2]在马歇尔看来,要挫败苏联的"拖延战术"和"政治图谋",美国就必须加快复兴欧洲的步伐。作为第一步,必须首先提高德国双占区的生产水平,让德国实现更大程度的自给自足。同时,为了安抚法国并得到法国对美国欧洲政策的支持,除了继续向法国提供追加援助外,马歇尔还同意提高德国煤炭向法国的出口。"而他一定清楚,这样做将很难使德国既提高生产,又实现自给自足。"[3]但为了加快欧洲平衡复兴,为了阻止苏联的"政治图谋",也只能这样做了。

由于美、苏在欧洲整体复兴和德国复兴诸问题上各有打算,互不相让,在经过长达一个半月的马拉松式的谈判后,莫斯科外长会议无果而终。基辛格后来在回忆这段历史时表示,莫斯科外长会议的失败促使"美国选择了西方团结优先于与苏东谈判的策略",[4]标志着战后初期美、苏温和派主张的"大国合作路线"已步入死胡同。美国人决心撇开苏联单干。

1947年4月25日,马歇尔从莫斯科回国。4月28日,他就战后欧洲重建问题发表了全国广播讲话。他在讲话中重点谈到了如何尽快促成欧洲中心——德国和奥地利实现和解的问题,并强调指出:"必须理解这一问题的复杂性以及它在未来几个月对欧洲人民造成的直接影响……在此,我们不能再对时间因素视而不见。欧洲的复兴要远比最初的设想慢得多。裂痕正

---

[1]  Scott Jackson, "Prologue to the Marshall Plan: The Origins of the American Commitment for a European Recovery Program," *Journal of American History*, No.65, March 1979, p.1063.

[2]  Stanley Hoffmann & Charles Maier, eds., *The Marshall Plan: A Retrospective*, p.3.

[3]  Lucius D. Clay, *Decision in Germany* (New York: Doubleday and Company, Inc., 1950), p.174; Charles E. Bohlen, *Witness to History, 1929–1969* (New York: W. W. Norton & Company, 1973), pp.262–263.

[4]  Henry Kissinger, *Diplomacy*, p.445.

变得越来越明显。病人都快要不行了，医生们还在不慌不忙……为了应对这些迫在眉睫的问题，（美国）必须立即采取一切可能之行动。"①

由此看来，如果说杜鲁门主义是马歇尔计划的开场锣鼓，那么，莫斯科外长会议则是大戏的序幕。莫斯科会议的结局，是美国决心在德国赔偿问题上与苏联分道扬镳，这个决定是对罗斯福主张的战后在经济领域与苏联合作方针的清算。②从莫斯科回国后，甚至还在莫斯科外长会议期间，马歇尔对与苏联合作解决包括德国在内的一系列欧洲问题已不再抱任何希望。这次莫斯科之行促使他下定了启动一个新计划的决心，并决定找机会发表一次政策演讲，将美国的这一新想法公诸于世。

## 二、马歇尔哈佛演讲酝酿过程

1947年6月5日，马歇尔国务卿应邀在哈佛大学发表了那篇著名的演讲。他在短短的一刻钟时间内简要概述了欧洲严峻的形势、欧洲问题的症结、挽救之道、美国政府对欧洲复兴的态度以及美国扩大对欧援助应采取的方针和援助原则。这次演讲一般被史学界视为马歇尔计划肇始的标志性事件，甚至有人认为马歇尔哈佛演讲就是马歇尔计划。这种看法值得商榷。

据曾亲历马歇尔计划构想与实施全过程的查尔斯·金德尔伯格③回忆，马歇尔国务卿大约是在4月25日从莫斯科返回华盛顿的。当时，杜鲁门主义在国会山和全美国引起了轩然大波，杜鲁门对苏联进行全面报复性反击的言论在美国国内产生了极大的负面影响，在爱好和平的美国人士中间引发了普遍的反感和不安。据金德尔伯格回忆："在我大约2月20日到莫斯科之前，我从与威拉德·索普④不经意的谈话中深深意识到，国务院对如何处理希腊问题惊恐不已。换句话说，接替英国在希腊的警察角色，这一草

---

① U.S. Department of State, *Foreign Relations of the United States, 1947*, Vol.III, p.219; U.S. *Department of State Bulletin*, May 11, 1947, p.919.

② 沈志华：《铁幕落下：马歇尔计划与欧洲共产党情报局——关于美苏冷战起源的经济因素》，《俄罗斯研究》2022年第4期，第7页。

③ 查尔斯·金德尔伯格，美国著名的经济史学家，"霸权稳定论"的奠基人。1947年任美国国务院德奥事务司司长，后参与了有关马歇尔计划的各种部际委员会，是马歇尔计划实施全过程的主要参与者和亲历者之一。

④ 威拉德·索普，时任美国国务院负责经济事务助理国务卿。

草拼凑的反苏政策令美国难以下咽。然而，在马歇尔国务卿看来，杜鲁门主义没有什么特别之处。既然莫斯科外长会议无法很快实现和平，他正打算另辟蹊径。因此，他欢迎新的想法。"[1]

与此同时，率团赴欧洲参加国际会议的威廉·克莱顿副国务卿也已从日内瓦回到了美国。在他回到美国时，美国国务院实际上已经得出了和他同样的结论：美国必须拿出新的办法来解决西欧问题。国务院里的人都知道，克莱顿为自己在欧洲的所见所闻深感不安，他的总体印象是：欧洲正在迅速走向瓦解。考虑到欧洲的黑市和囤积居奇之猖獗，他认为，美国必须尽快采取某种行动，必须尽快恢复欧洲生产，以恢复市场秩序，而此前"零敲碎打的援助方式决不能再继续下去了"。[2]

至此，美国国务院的有关官员便开始为准备一个"计划"而忙碌起来了。范·克利夫兰[3] 和本·穆尔[4] 开始着手就欧洲复兴计划起草一份长备忘录。在1947年4月至5月，负责经济事务的助理国务卿帮办克林顿·泰勒·伍德也一直在助理国务卿办公室召集国务院各司负责人举行周四工作餐例会，集中讨论欧洲复兴问题。至5月，如何组织一个机构来处理欧洲复兴问题也已提上了议事日程。[5]

这里需要说明的是，在由谁来制订欧洲复兴计划一事上，克莱顿和乔治·凯南之间一度产生分歧。分歧的焦点是：要不要把制订欧洲复兴计划的主动权交给欧洲人？克莱顿坚决反对欧洲复兴计划是另一个"联合国善后救济总署（UNRRA）式"的计划。他的理由是，美国在战后初期曾为该机构提供了大部分运作基金，但在基金分配问题上只享有十七分之一票发言权。因此，他反对将美国的作用局限于仅提供援助。而对政治极其敏感的乔治·凯南之所以主张把主动权留给欧洲人则完全是出于政治上的考虑，他不想给人留下一种美国干预欧洲事务的印象。当然，克莱顿和乔治·凯南之间的意见分歧很快随着美国与欧洲国家签订了大量多边和双边协定而得以顺利解决。解决的办法就是，欧洲国家彼此之间要相互做出承诺，同时还必须向美国做出承诺。

---

[1] U.S. Department of State, *Foreign Relations of the United States, 1947*, Vol.III, pp.242–243.

[2] *Ibid.*, p.240.

[3] 范·克利夫兰，时任美国国务院投资与经济发展司司长助理。

[4] 本·穆尔，时任美国国务院商业司司长助理。

[5] U.S. Department of State, *Foreign Relations of the United States, 1947*, Vol.III, p.243.

克莱顿和乔治·凯南之间的分歧并没有影响到马歇尔哈佛演讲稿的起草准备工作。5月20日，在负责行政事务的副国务卿艾奇逊受命于5月8日在三角洲议会发表演讲两周后，国务院笔杆子约瑟夫·琼斯①已受命为马歇尔国务卿起草了一份题为《重建设想》的演讲稿，由艾奇逊代转马歇尔。约瑟夫·琼斯在当天写给艾奇逊的备忘录中称："我希望通过您转告国务卿，演讲稿的主线是根据您5月8日的演讲而来，希望国务卿能进一步对此加以说明。国务院的政治经济政策已为这次演讲做了铺垫，现在似乎是发表的时候了。我们要让全世界相信，我们要拿出主动而富有诱惑力的建议，而不单单是反对共产主义。"②

为了加快新援助欧洲政策出台的步伐，5月28日，艾奇逊敦促马歇尔国务卿尽快与国会关键人物范登堡参议员举行会谈，并在随后二至三周内发表一次政策演讲。政治经验老到的艾奇逊提醒马歇尔，在演讲中"不要承诺什么解决办法，只是说明问题，说明当前最紧迫的不是意识形态问题，而是实实在在的问题"。③

综上所述，截至1947年6月，美国国务院并没有任何具体的援助欧洲计划。在马歇尔哈佛演讲之前，国务院德奥经济事务司司长助理、负责评估美国外汇结算盈余的威廉·萨伦特曾问过国务院情报官员比尔·马伦鲍姆，问美国是否有一个援外计划，他怎么看待这件事。萨伦特说，他曾咨询过国务院，对于是否有这么一个计划，没有一致的看法。总之，他认为当时同事们的大多数观点认为，美国当时并没有什么具体的援助计划。④

回头来看，有没有明确的计划并不重要，关键是美国决策层已下定决心发表一项令人耳目一新的政策声明则是确定无疑的。自上任之日起，来自欧洲的源源不断的报告深深触动着马歇尔。这一时期，从英国、法国、德国、北欧低地国家以及东欧各国那些饱受战争蹂躏的城市不断传来人们挨饿受冻的坏消息，美国外交官们也从各地发回内容类似的电报。这些报告和电报几乎都是一个调子：欧洲形势在日益恶化。如果美国不迅速采取

---

① 约瑟夫·琼斯：美国国务院笔杆子，1946—1948年任美国国务院负责公共事务副国务卿迪安·艾奇逊的特别助理，曾参与起草杜鲁门国会山演讲稿（即杜鲁门主义）、艾奇逊克利夫兰演讲稿和马歇尔哈佛大学演讲稿。

② U.S. Department of State, *Foreign Relations of the United States, 1947*, Vol.III, p.233.

③ *Ibid.*, p.233.

④ *Ibid.*, pp.244–245.

行动，文明世界将遭受一场可怕的灾难。[1] 同时，马歇尔在苏联的所见所闻进一步加深了他对欧洲的可怕前景的忧虑。他深信，"只有美国迅速行动起来，才能扭转局面"。[2] 另据美国国务院负责情报事务的国务卿特别助理威廉·埃迪透露，就在1947年6月3日或4日（具体日期不确定），马歇尔召集了一次助理国务卿级别以上的会议，讨论即将发表的讲话。[3] 这样一来，剩下的只是发表讲话的场合和时机问题了。

据一位记者的说法，马歇尔同意其得力助手乔治·凯南和克莱顿此前的看法，即国务卿应尽快发表一次演说，公开美国新的对欧援助政策。然而，马歇尔国务卿一时间又吃不准在哪里发表。此时负责德国占领区事务的助理国务卿帮办帕特·克拉克斯顿查阅了国务卿的工作日程安排，发现1947年6月17日之前国务卿没有演讲安排。就在此时，据说马歇尔国务卿突然想起哈佛大学曾在战时有意授予他一个名誉学位，他当时回信拒绝了，理由是如果他接受了这一名誉学位，他担心在海外作战的将士会误解他，以为他沽名钓誉。当时哈佛大学对马歇尔将军的拒绝感到既惊讶又困惑不解，怀疑马歇尔之所以拒绝，恐怕有什么难言之隐，因而又给他写了一封信，坚持要授予他学位，并在信中说明，他可以在任何方便的时候来接受这一荣誉。想到这里，马歇尔国务卿便联系哈佛大学，说他想领受这一学位。据说，他的这一举动再次令哈佛大学吃惊不小，因为此时距离哈佛大学第296届毕业生毕业典礼只剩下几天时间了，由谁来致辞，事先早已定了下来，一切都已安排妥当。然而，哈佛大学还是大大方方地接受了马歇尔的请求，于是就发生了那场具有重大历史意义的事件。[4]

## 三、关于马歇尔计划名称的由来

1946年底，美国国务卿詹姆斯·贝尔纳斯因与杜鲁门总统政见不和而以健康为由辞职。与贝尔纳斯关系密切的国务院官员杰西·琼斯、弗雷德·文森等人强烈要求杜鲁门总统任命负责经济事务的副国务卿威廉·克莱顿为新国务卿。然而，考虑到1947年春天美国总统大选在即，杜鲁门

---

[1] Leonard Mosley, *Marshall: Hero for Our Times* (New York: Hearst Books, 1982), p.402.

[2] *Ibid.*, p.402.

[3] U.S. Department of State, *Foreign Relations of the United States, 1947*, Vol.III, p.244.

[4] *Ibid.*, pp.244–246.

迫切需要一位能得到国会两党共同信任和支持的人出任国务卿，而刚从中国调停归来的乔治·马歇尔将军就是这么一位最佳人选。尽管军人出身的马歇尔没有像迪安·艾奇逊、乔治·凯南这些官员具有丰富的政治和外交经验，也缺少威廉·克莱顿的经济头脑和商业背景，但"他是一名完美的组织家和管理家。他的自信足以使像迪安·艾奇逊、威廉·克莱顿、乔治·凯南、查尔斯·波恩、本杰明·科恩这些出类拔萃的人才聚拢在他周围"。[①] 出于国内政治考虑，杜鲁门最终还是选择了马歇尔。

1947年1月21日，马歇尔在美国国务院走马上任，宣誓就任新一届国务卿。美国著名学者约翰·布鲁姆对马歇尔履新的评价是："马歇尔在国内独一无二的声望和人品得到了两党支持，尤其是得到了国会两党领袖范登堡参议员的支持。"[②] 马歇尔的传记作家伦纳德·莫斯利对马歇尔当此关键节点出任国务卿的评价是："在1947年那种形势下，总统挑选的这位国务卿让人放心——这着棋很聪明。在公众心目中，马歇尔这个名字意味着清醒、坚定地把握时局，哪怕是天塌地陷，他也能临危不乱。"[③] 杜鲁门总统更是对这位新任国务卿赞誉有加，称他不仅"是二战中最重要的军人，他还将成为今后十年中最重要的国务卿。他品性坚定，善于组织，慧眼识人，而且秉性谦和，很好相处，所以人们都信任他"。[④] 甚至还有人把马歇尔国务卿与"美国之父"乔治·华盛顿相提并论，称其为"杰出的军人和政治家。美国历史上只有一个人的才能和品质能与他相提并论"。[⑤] 当此杜鲁门政府推行新的外交政策和大选来临之机，马歇尔的这一巨大声望和他在美国人心目中的崇高地位，对杜鲁门来说，无疑是一笔宝贵的财富和金字招牌。这也从另一个侧面解释了为什么后来美国新的援助欧洲计划要以马歇尔的名字命名，而不是以杜鲁门或其他人的名字命名。

另据伦纳德·莫斯利在《马歇尔传》一书中回忆，其实，杜鲁门事先对马歇尔在哈佛大学发表演讲并不知情，但他却对马歇尔信任有加。他曾对马歇尔这样说过："将军，如果你觉得有必要去做某件事，而且必须马上

① Gregory A. Fossedal, *Our Finest Hour: Will Clayton, the Marshall Plan, and the Triumph of Democracy*, pp.200–201.

② John M. Blum, et al., *The National Experience: A History of the United States since 1865*, p.718.

③ Leonard Mosley, *Marshall: Hero for Our Times*, p.390.

④ *Ibid.*, p.401.

⑤ *Ibid.*, p.404.

动手，那就尽管干好了，不用等着我或者国会认可，事后我再去向议员们解释。"① 显然，得到杜鲁门总统的绝对信任并拿到"尚方宝剑"无疑加强了马歇尔宣布美国外交新政策的决心和信心。事后，杜鲁门在解释为什么将美国新的援助计划称为马歇尔计划时坦承："我之所以称它为'马歇尔计划'，是因为我愿意马歇尔将军获得这一巨大荣誉。他在制订这个计划方面有着辉煌的贡献，正是马歇尔构思出了这个建议的全部轮廓。"②

实事求是地讲，从马歇尔计划的整个酝酿和形成过程看，杜鲁门总统对马歇尔的这一评价显然有过誉之嫌，因为马歇尔哈佛讲话稿的大部分看法和提及的援助原则均来自他领导的"精英团队"，尤其是威廉·克莱顿和乔治·凯南。换句话说，马歇尔计划是集体智慧的结晶，只不过是由马歇尔把它公诸于世而已。杜鲁门真正想说的恐怕还是后半句："我相信马歇尔所享有的世界地位使得根据这一政策而做出的建议很容易被（国会）所采纳。"③ 恐怕这才是杜鲁门把马歇尔的名字和这个援助计划拴在一起的真实动机。另据曾亲历马歇尔计划出台全过程的艾夫里尔·哈里曼④后来回忆，杜鲁门总统曾对他说过："要想使（援欧）计划在国会通过，他需要马歇尔将军的声威和支持。因此，他决定称这一计划为'马歇尔计划'。"⑤ 这就再次证明，马歇尔计划之所以以马歇尔的名字命名，在很大程度上是出于美国国内政治的考虑。

总之，尽管学界对于马歇尔计划的起始点存在着不同看法，但不管怎么说，在马歇尔发表哈佛演讲之后，"马歇尔计划"这个名称就不胫而走，在西方各国的政界、商界、学界、新闻界，尤其是在主流媒体中都得到了广泛使用，成了一个大家共同认可、约定俗成的名词，一直沿用到今天。当然，也有人更愿意用"欧洲复兴计划"来代替"马歇尔计划"，尤其是在马歇尔计划进入实施阶段之后。

① Leonard Mosley, *Marshall: Hero for Our Times*, p.401.
② Harry S. Truman, *Memoirs of Harry S. Truman: Years of Trial and Hope,* Vol.II, p.114.
③ *Ibid.*, p.114.
④ 艾夫里尔·哈里曼，美国商人政治家，先后任美国驻苏联大使（1943—1945）、驻英国大使（1946）、商业部长（1946—1948）。在马歇尔计划酝酿和实施期间，先后任"哈里曼委员会"主席、美国经济合作署驻欧洲特别代表（特使），是美国在西欧实施马歇尔计划的代言人、总协调人和忠实执行者。
⑤ Averell W. Harriman, "Recalling the Work of the Harriman Committee," in Stanley Hoffmann & Charles Maier, eds., *The Marshall Plan: A Retrospective*, p.16.

## 四、关于是否存在马歇尔计划之争

长期以来，关于是否真正存在马歇尔计划的争论不仅一直困扰着国内外马歇尔计划史研究学者，就连美国国务院官员之间也存在着不同看法。

《美国外交文件》有一个经典的表述记录在案。1947年7月28日，美国国务院商业政策司司长助理本·穆尔在发给国务院国际贸易政策司司长、时任美国赴日内瓦贸易谈判代表团副团长的克莱尔·威尔科克斯的电报中形象地称："马歇尔计划一直被比作一只飞碟，没有人知道它是什么样子，有多大，飞向何方，也没有人知道它是否真的存在。"[①] 即使到了1948年1月，许多人对马歇尔计划究竟是什么仍感到很茫然。例如，在众议院的辩论中，来自俄亥俄州的参议员托马斯·詹金斯说："天知道它究竟是什么……它似乎今天是这，明天是那。显然，它的起源很偶然，而且现在似乎既无目标，又无方向。"[②]

那么，如果存在具体的马歇尔计划，首先必须回答两个问题：一是该计划究竟是从何时开始酝酿的？二是究竟从何时起才被称为"马歇尔计划"？一般认为，马歇尔计划的酝酿实际上从1946年就开始了，这里有一系列证据。

证据一：战后初期，美国就已经陆续向欧洲国家提供经济援助并提出了种种复兴欧洲方案，同时开始总结援助效果不理想的教训，为欧洲未来整体复兴做准备。[③]杜鲁门之所以在国会山讲话中把注意力集中在希腊、土耳其，而未提及欧洲整体复兴，主要原因有二：一是因为地中海危机在当时显得尤为突出；二是因为杜鲁门对国会和国民能否接受对希、土援助尚心存疑虑，更何况是大规模援助欧洲这样的大动作。也就是说，在国会山演讲之时，尽管杜鲁门所谓的"希土危机"只是眼前之虞、冰山一角，但欧洲整体复兴这个问题实际上已进入了美国决策者的视线，只是当时人们脑子里还很模糊，没有什么"计划"之类的概念而已。

证据二：从1946年开始，美国国务院谈论最多的一个话题就是欧洲重

---

① U.S. Department of State, *Foreign Relations of the United States, 1947*, Vol.III, p.239.

② U.S. Congress, Congressional Record, House, 80th Cong., 2nd Sess., January 26, 1948, Washington D.C., p.576.

③ 王新谦：《马歇尔计划：构想与实施》，第27—33页。

建。据档案记载，在整个1946年冬天，美国国务院外交委员会都在围绕着这一主题展开工作，甚至"从1946年春天开始，问题越来越明白，我们需要拿出一个新的解决办法。欧洲的收支平衡局势在日益恶化，国务院商业政策司副司长保罗·尼茨一直在催要有关这方面的大量情报和分析"。[①] 美国著名专栏作家沃尔特·李普曼曾对国务院负责德奥事务的金德尔伯格提及，他在这一时期写了一系列专栏文章，重点说明启动一个欧洲重建计划的必要性。[②]

证据三：在1946年初，金德尔伯格司长的助手沃尔特·罗斯托曾私下对金德尔伯格说："没有欧洲的联合，就无法实现德国统一。而欧洲联合最好通过经济事务上的技术合作来小心翼翼地实现。"[③] 他的这一建议旋即通过副国务卿艾奇逊办公室转给了当时的国务卿贝尔纳斯。美国专栏记者约瑟夫·艾尔索普和斯图尔特·艾尔索普兄弟也于1946年4月就此做了专题报道。但遗憾的是，当时的这些建议和报道并没有引起贝尔纳斯国务卿的足够重视。

证据四：就在美国国务院着手起草援助希腊、土耳其的临时计划期间，德怀特·艾森豪威尔（时任参谋长联席会议主席）、威廉·克莱顿和陆军部长罗伯特·帕特森也一直在催促副国务卿迪安·艾奇逊拿出一个总体欧洲复兴计划。[④]

由此可以肯定，早在1946年秋冬，至迟在1947年初春，欧洲经济、政治、社会形势的急剧恶化加剧了美国决策层的担心，也加强了他们复兴欧洲的决心。马歇尔计划的概念随着1947年4月美国国务院部际协调委员会专门委员会的第一份全面研究报告和莫斯科外长会议的失败而逐渐明朗起来。

这里需要特别提到两个关键人物：一个是乔治·凯南，另一个是迪安·艾奇逊。美国复兴西欧的想法首先与乔治·凯南是分不开的。还在国防大学教书期间，乔治·凯南就已经敏锐地认识到西欧危机的严重性，并开始思考应对之道。一被任命为国务院政策设计委员会主席（1947年5月

---

① U.S. Department of State, *Foreign Relations of the United States, 1947*, Vol.III, p.240.

② *Ibid.*, p.241.

③ *Ibid.*, p.241.

④ Gregory A. Fossedal, *Our Finest Hour: Will Clayton, the Marshall Plan, and the Triumph of Democracy*, pp.214–215.

5日），他就将注意力集中在了西欧地区。他认为，莫斯科外长会议之所以在德国问题上无果而终，主要应归因于苏联的如下几点考虑：一是相信美国不久将出现经济危机，势必削弱美国对世界事务的兴趣和影响力；二是盼望法国、意大利和德国西占区形势继续恶化，而美国单靠一己之力又无力阻止西欧经济的持续恶化，这种恶化很快就会出现对共产主义有利的局面；三是俄国人相信，没有他们控制的中东欧地区的资源相助，西欧国家的经济问题就不可能得到解决。因此，俄国人坚信，只要继续拒绝中东欧资源为西欧国家所用，他们就能在政治上处于有利地位。因此，他们必须耐心等待，等待美国无力解决西欧经济问题的那一天。[①] 面对苏联的这一战略考虑，乔治·凯南的结论是："为了阻止我国讨价还价能力的进一步削弱，必须改善西欧的局势。"[②]

马歇尔计划这一"计划"概念的提出与迪安·艾奇逊也是分不开的。1947年5月8日，艾奇逊应杜鲁门总统要求，在密西西比州克利夫兰市议会发表政策演讲。在演讲中，艾奇逊首先将欧洲的当务之急向美国人民做了说明。他在演讲中提到了多个问题，其中主要是关于国务院频繁说明的多边主义问题。然而，他在其中一个问题中提到，在未来"以某种计划方式"向欧洲国家提供援助将有利于实现欧洲复兴。这很难说是一种创新，因为这次演说并没有关于复兴计划的具体建议，也没有提到由谁来制订这一计划，只不过是一个设想或建议而已。然而，艾奇逊是第一个提到以"计划"方式向欧洲提供援助的人，这一点则是无可争议的事实。

需要补充说明的是，马歇尔计划名称的首次提出应归功于《纽约时报》著名专栏记者詹姆斯·赖斯顿。据《美国外交文件》记载，在一次与副国务卿艾奇逊共进午餐时，赖斯顿请艾奇逊谈谈欧洲复兴问题，艾奇逊提到国务院正在考虑一些"计划"。第二天，赖斯顿便在《纽约时报》头版发表文章，称国务院正在准备一个"宏大计划"。这件事令刚上任的乔治·凯南茅塞顿开。他认为，如果在国务院公开讨论这一"计划"，已引起美国公众广泛注意的国务院政策设计委员会正好可以借力开展工作。据马歇尔计划亲历者金德尔伯格后来回忆，他当时也不知道乔治·凯南具体想些什么，但一想起乔治·凯南经常和赖斯顿一起共进午餐，他认为，"也许赖斯

---

① George F. Kennan, *Memoirs, 1925–1950*, Vol.I, pp.329–330.

② U.S. Department of State, *Foreign Relations of the United States, 1947*, Vol.III, p.240.

顿当时就是国务院的联络员"。① 至此，应该是受赖斯顿在《纽约时报》上发表的那篇文章的启发，美国国务院的有关官员便开始为准备一个"计划"而忙碌了。

综上所述，有一系列证据表明，从马歇尔哈佛大学演讲一直到欧洲人将自己请求美国提供援助的CEEC总报告递交美国国务院这一时段（1947年6月5日—9月22日），美国并没有任何具体的援助欧洲"计划"。这里同样有一系列证据。证据之一：马歇尔在哈佛大学发表的讲话很笼统，他本人对于该未来"计划"的确切定义和目标并不明确。在此后很长一段时期内，美国也没有什么具体的计划。美国马歇尔计划史学家小查尔斯·米的结论是："美国国务院的计划始终是没有计划，始终是让欧洲人联合起来，拿出点东西来。"② 证据之二：马歇尔国务卿于1947年6月12日致电驻法大使卡弗里。电文中明确提到，援助欧洲方案的范围和性质尚无法预见，援助路线可能有点像战后法国复兴经济的莫内计划，是一个区域性方案，只不过援助范围要大一些，涉及多个国家。③ 证据之三：由于对复兴欧洲的路线图犹豫不决，在克莱顿英国之行之前，美国国务院为他准备的备忘录是6月5日起草的，6月9日进行了修改，在6月24日他出发之前，再次进行了修改。④ 在英国期间，克莱顿也只是号召欧洲人主动点，除此之外，根本没有提到什么"计划"。他告诉英国官员，华盛顿在该问题上几乎没有什么讨论，国务院的考虑"实在粗浅"。他还告诉英国人，他所谈的大多数观点都是他自己想的，他也只是跟马歇尔谈了一次，主要是关于煤的问题。他不想给人一种感觉，即他已设计好了任何深思熟虑的计划或方案。⑤ 在克莱顿回到华盛顿后，副国务卿罗伯特·洛维特在看过他伦敦会谈的报告后发现，虽然克莱顿的"某些观点比国务院的好，但他看不出美国此时有什么方案或计划"。⑥ 证据之四：在马歇尔于1947年6月底和英国驻美大使洛德的谈话中，他自己也把他在哈佛大学毕业典礼上的讲话界

① U.S. Department of State, *Foreign Relations of the United States, 1947*, Vol.III, p.242.

② Charles L. Mee, Jr., *The Marshall Plan: The Launching of the Pax Americana* (New York: Simon and Schuster, 1984), p.16.

③ U.S. Department of State, *Foreign Relations of the United States, 1947*, Vol.III, p.251.

④ *Ibid.*, pp.247–249.

⑤ *Ibid.*, p.284.

⑥ *Ibid.*, pp.324–326.

定为"只不过是一种暗示和建议，而非计划"。[1] 证据之五：在马歇尔发表哈佛演讲一个多月之后，即1947年7月21日，在乔治·凯南将一份题为《马歇尔计划》的备忘录递交马歇尔国务卿时，后者在这份备忘录的"计划"一词上打了个引号，标明"We have none plan"（我们没有计划）。[2]

　　由此可见，长期以来，学术界对马歇尔计划均存在着某些误读，包括习惯上误认为马歇尔计划肇始于马歇尔哈佛演讲，甚至认为马歇尔哈佛演讲本身就是马歇尔计划。实际上，马歇尔计划是有一个相当长的酝酿和形成过程的。它真正成形于1948年4月2日美国国会通过的《1948年对外援助法》，这是最清晰的基点和标志。由此开始，马歇尔计划（欧洲复兴计划）才真正看得见，摸得着，有章可循。而此前的种种努力只能视为马歇尔计划的前期准备阶段，或称为务虚阶段。

---

[1] 　William C. Cromwell, "The Marshall Non-Plan, Congress, and the Soviet Union," *Western Political Quarterly*, p.429.

[2] 　U.S. Department of State, *Foreign Relations of the United States, 1947*, Vol.III, p.335; Charles L. Mee, Jr., *The Marshall Plan: The Launching of the Pax Americana*, p.168.

# 第四章 冷战两大阵营围绕马歇尔计划展开的博弈

长期以来，关于马歇尔计划的决策者和制定者是否从一开始就考虑将苏联和东欧国家拒之门外，一直是学者们争论的一个焦点。另一个焦点是，学者们对苏联后来拒绝参加马歇尔计划也心存疑问。随着苏联档案的陆续解密，这些问题逐渐明晰起来。众所周知，苏联退出巴黎外长会议早在美、英、法三国预料之中，实际上也是它们所期待的。1948年2月捷克斯洛伐克爆发的"二月事件"为美国攻击"共产主义威胁"提供了借口，客观上为《1948年对外援助法》在美国国会的顺利通过扫清了道路。总之，在1946年春天至1948年春天这两年左右的时间里，出于阵营利益的考虑，美苏围绕着马歇尔计划展开了或明或暗的激烈博弈，双方的误解和猜忌日渐加深。

## 一、东欧国家对哈佛讲话的回应：以波兰、捷克斯洛伐克为例

马歇尔哈佛演讲之后，已处于苏联势力范围之内的东欧国家对该讲话分别做出了不同反应，有试探性的，也有反应相对比较积极的，但总体来看，出于对苏联的依附或恐惧心理，也是囿于维护阵营利益的大局，东欧国家的反应相对都比较谨慎。限于篇幅，这里仅以波兰和捷克斯洛伐克这两个比较有代表性的国家为例。

1947年6月5日马歇尔在哈佛大学发表的讲话很快引起了波兰人的注意。从波兰披露的资料看，波兰政府一开始是真心希望加入马歇尔计划的。就在马歇尔发表哈佛演讲后不久，波兰驻美大使约瑟夫·威尼威茨也就有关欧洲经济复兴问题与美国官员进行过一次试探性接触。他在与美国国务院顾问本杰明·科恩和国务院东欧事务司司长卢埃林·汤姆森的一次谈话中表示，他"饶有兴趣地拜读过马歇尔国务卿的哈佛演讲以及美国要人有关欧洲经济复兴的公开讲话"，他想知道美国对"马歇尔计划"是如何打算的。从马歇尔的讲话看，似乎是将东欧国家包括在内，但从媒体尤其是从英国媒体的解读看，似乎美国的援助计划从一开始只是为西欧设想

的。因此，他问的第一个问题是："美国是否打算将东欧国家包括在内？"①
科恩对此没有正面做出回答，他建议威尼威茨以马歇尔国务卿的讲话为
准，不要受媒体的影响。"美国想的是欧洲国家拿出一个尽可能有助于全欧
洲的方案，我们一直对欧洲事态走向分裂而不是团结的倾向感到失望。从
个人角度看，我觉得一开始采取的切实步骤或计划应明白无误地符合全欧
洲的利益。"②威尼威茨大使显然对科恩的回答并不满意，他接着问道："什
么是切实的步骤？美国是否认为欧洲计划的起草应通过（联合国）欧洲经
济委员会（ECE）或抛开这一机构？"科恩的回答是："我想，我们的立场是，
这一问题应由欧洲国家自己来解决。对于是否利用（联合国）欧洲经济委
员会，我们既不坚持，也不反对。然而，我注意到，我们一直对该机构到
目前为止毫无进展感到失望。"③威尼威茨大使在谈话最后表示，他还不知
道本国政府官方的立场，只知道本国政府很感兴趣。

　　这里需要强调的是，在与美国国务院官员进行的上述谈话中，威尼威
茨反复提到了波兰在资源方面的优势，提到了波兰在欧洲经济复兴中可以
发挥的作用，尤其提到了他们现在有可供之煤，而且他们还打算进一步提
高煤炭生产，以便扩大向西欧出口。不仅如此，他们已获得苏联政府的许
可，在原先协定的基础上减少向苏联出口煤。他还表示，明年波兰在食品
方面即可帮助欧洲其他国家。他还提到了波兰在创建欧洲经济委员会上所
发挥的作用，以及已减少对苏联出口比例的事实。威尼威茨显然想以此证
明：波兰既有将其经济融入西欧经济的愿望，也有自己的本钱。还值得一
提的是，在与科恩的谈话中，威尼威茨大使特别提到，波兰政府愿意首先
与捷克斯洛伐克政府接触，理由是他们的立场相似，而且最近两国关系已
大大改善。在谈话过程中，针对战后初期东欧某些国家的反美情绪，科恩
提出了温和而坦率的批评。他说："美国的援助取决于美国人民的态度。东
欧国家对美国援助的某些公开声明和言论使美国人民支持援助措施的情
绪大受影响。"④科恩还举例提醒威尼威茨大使，称他在欧洲参加和平会议
期间，某些代表团的不当言论就影响了对捷克斯洛伐克的援助措施。他对
某些东欧国家进行了不点名的批评。威尼威茨表示，他理解美国政府的顾

① U.S. Department of State, *Foreign Relations of the United States, 1947*, Vol.III, p.260.
② *Ibid.*
③ *Ibid.*
④ *Ibid.*, p.261.

虑。在谈话结束时，威尼威茨表示，在得到本国政府指示后，他希望能更全面地与美国官员讨论这些问题。[①]

显然，威尼威茨大使与美国国务院官员的这次接触是试探性的。它表明波兰政府在接受美国援助问题上既是积极、真诚的，又是谨慎的。此后，波兰政府官员一直就波兰参加欧洲复兴一事进行试探，包括与英国、法国有关官员进行接触。

1947年7月2日，巴黎外长会议黯然落下帷幕。次日，英国驻法国大使馆参赞库尔森受外交大臣贝文委托，主动拜会了波兰驻法国大使普特拉门特。库尔森告诉普特拉门特大使，英、法两国政府已联名向波兰政府发出了参会邀请，希望波兰政府参加7月中旬在巴黎召开的欧洲经济复兴磋商会议，并表示，希望英、波两国关系不至于受到巴黎外长会议的负面影响。普特拉门特对此表示感谢，并愿意尽快将这一信息传回华沙。7月4日，为了试探法国的立场，普特拉门特拜会了法国外交部负责经济事务的官员埃尔韦·阿尔方。他问阿尔方的一个关键问题是，如果接受美国的援助，法国会不会因获得这种"恩赐"而屈从于美国。阿尔方的回答是，因为法国的战后重建有赖于美国援助，法国已经做好了屈从美国的心理准备。普特拉门特显然从阿尔方的话语中听出了门道。就在同一天，他向华沙发回了一份报告，就波兰是否参加拟于7月12日在巴黎召开的欧洲经济复兴磋商会议的立场提出了自己的看法。普特拉门特认为，目前摆在波兰政府面前的选项有三：一是拒绝参加巴黎会议；二是同意参会，以便当场揭露西方的真实企图和险恶用心；三是接受英、法两国建议，争取得到美国提供的贷款。普特拉门特本人更倾向于第一个选项。当然，普特拉门特在报告中也承认，在波兰的确有一定数量的人主张第三种可能。[②]

从后来事态的的发展看，波兰、捷克斯洛伐克、南斯拉夫、罗马尼亚和保加利亚等一众东欧社会主义阵营国家在苏联的影响下最终都未能参加巴黎欧洲经济复兴磋商会议。

---

① U.S. Department of State, *Foreign Relations of the United States, 1947*, Vol.III, p.261.
② 沈志华编《苏联历史档案选编》（第23卷），沈志华等译，社会科学文献出版社，2002，第190—192页。

## 二、西方邀请苏东国家参与马歇尔计划的真实动机考察

长期以来，关于马歇尔计划倡导的欧洲复兴是否是包括苏联和东欧国家在内的欧洲复兴，一直是国内外马歇尔计划史研究学者争论和研究的一个焦点。同样，学者们对苏联后来拒绝参加马歇尔计划的讨论也主要是依据美国解密的历史档案，有些问题至今依然扑朔迷离，莫衷一是。对于这些问题的真相，恐怕只能通过对美国启动马歇尔计划所追求的政治目标加以梳理、分析，才有可能找到真实的答案。

众所周知，莫洛托夫率领苏联代表团愤然退出巴黎外长会议是以美国为首的西方国家早已预料到的，实际上也是他们事前早已设计好的一个局。尽管将德国西占区纳入马歇尔计划和维持西欧稳定是马歇尔计划的两大地缘政治目标，但马歇尔计划还有一个次要目标一直没有引起学者们的关注，这就是马歇尔计划可以淡化或消除苏联对东欧的影响力，最终拆散苏东阵营。

简而言之，美国的如意算盘是一石三鸟：其一，如果将东欧国家也纳入马歇尔计划，如果东欧国家愿意继续向西欧国家输送西欧所急需的食品、煤炭和其他生活必需品，必然有助于西欧复兴，减少西欧国家对美元的需求。其二，可以减轻美国援助西欧的压力。其三，一旦东欧国家恢复与西欧国家的传统贸易，尝到甜头的东欧国家势必减少对苏联的经济依赖，最终达到撕开"铁幕"的效果。因此，在马歇尔哈佛演讲之后，美国国务院高层实际上已形成共识，包括马歇尔以及他的重要团队成员艾奇逊、克莱顿和乔治·凯南都曾清楚地表示过，如果东欧国家愿意放弃此前的亲苏倾向，同意继续向西欧提供必需品，美国就愿意敞开大门，欢迎东欧国家加入马歇尔计划。乔治·凯南更是明确表示："这样做的目的就是要东欧脱离克里姆林宫。"[①]

英国也有类似的想法。英国外交大臣贝文在收到马歇尔哈佛演讲后的第一反应是，马歇尔的提议意在撕开"铁幕"。在克莱顿于1947年6月访英期间，贝文曾对来访的克莱顿一语道破天机，他说："恢复元气的西方市

---

① George F. Kennan, *Memoirs: 1925–1950*, pp.353–360; U.S. Department of State, *Foreign Relations of the United States, 1947*, Vol.III, p.228, p.235.

场对东欧国家有着不可抗拒的诱惑力。"①

回过头来看，在是否邀请苏联参与马歇尔计划一事上，美国政府一开始是相当纠结的。美国官方之所以最终决定邀请苏联参与马歇尔计划，主要是基于国际政治上的考虑。首先，在二战硝烟刚刚散去之际，在美国国内温和派主张继续与苏联走大国合作路线之际，美国政府不愿与苏联过早翻脸，更不愿承担加剧美苏对抗、恶化欧洲局势，乃至最终分裂欧洲的国际责任。其次，美国还必须照顾欧洲部分盟友，例如法国，不希望与苏联闹翻情绪。换句话说，当时的欧洲现实并不是美国人想怎么样就怎么样。用美国学者威廉·卡尔顿的话说："欧洲人并不想欧洲分裂，特别是大多数西欧人对苏联的态度要么友好，要么害怕招惹于它。"② 最后，美国高层十分清楚，如果来硬的，不顾后果地对苏联发动正面进攻，包括公开拒苏联于马歇尔计划之外，绝对不利于战后初期共产党势力日益壮大的某些西欧国家参与马歇尔计划。例如，法国就有这样的顾虑。历史上一向与苏联交好的法国人就认为，如果不邀请苏联参加欧洲经济复兴磋商会议，法国政府可能无法应对国内左翼势力的指责和刁难。

其实，无论从哪个角度看，美国都不会、也不可能真心让苏联参与马歇尔计划。个中原因是不言而喻的。首先，美苏之间存在着结构性矛盾，两国政治制度、社会制度、经济模式、意识形态、价值观、国家目标完全对立，美国绝对不会有帮助苏联恢复经济实力，而后出现后者与自己分庭抗礼的想法。其次，美国防备苏联由来已久。还在战事正酣之际，杜鲁门政府就迫不及待地中止了《租借法》，不再向包括苏联在内的盟国提供租赁援助。在战争结束之际，美国又将苏联政府提出的贷款要求束之高阁。战后初期，美国又联手英国，千方百计地阻止苏联从德国西占区获取合理赔偿。再次，随着冷战的逐步展开，美苏合作的大门已经关闭。最后，马歇尔计划存在着一个悖论。既然是一个援助欧洲复兴计划，理应包括所有欧洲国家在内。如果苏联同意加入马歇尔计划，美国就无正当理由加以拒绝。然而，如果把苏联作为援助对象，一向保守、反共的美国国会决不会答应。退一万步说，就算是这个包括苏联在内的援助计划得到了美国国会的批准，心怀猜忌的美国人也会担心苏联人从中作梗，要么不履行自己应

① U.S. Department of State, *Foreign Relations of the United States, 1947*, Vol.III, pp.268–270.

② William G. Carleton, *The Revolution in American Foreign Policy* (New York: Random House, Inc., 1954), p.56.

尽的责任，要么暗中进行捣乱。

在这种背景下，马歇尔计划决策者策略性地提出了一个令苏联难以接受的援助条件：要求未来接受援助的欧洲国家提出一个共同复兴方案，其中包括向美国政府提供各国的经济情报，具体涉及各国财政收支状况、人民生活水平、资源储备以及生产计划等。马歇尔计划设计者明白，苏联领导人绝不可能接受这一危及国家安全的苛刻的援助条件。这样，美国人就可以堂而皇之地借口苏联不合作，名正言顺地把分裂欧洲的责任悉数推给苏联。当然，这是一步险棋，带有相当大的风险。对此，美国学者罗伯特·迪瓦恩后来回忆说："马歇尔将苏联包括在援助之列是一场赌博。"[1] 然而，后来发生的结果证明美国人赌赢了。当莫洛托夫率领苏联外交团队愤然退出巴黎外长会议会场的那一刻，不单美国人深深松了一口气，英国人和法国人也是。据《美国外交文件》记载，当美国驻法大使卡弗里得知这一消息时，喜出望外，他迅疾致电华盛顿，称法国外交官顾夫也认为"邀请苏联人很值，因为这将向所有人证明，是莫斯科一直在拒绝合作"。[2]

事实上，对苏联颇有成见的乔治·凯南，尤其是克莱顿，从一开始就没有把克里姆林宫看作是实质性援助的接受者，至少在短期内不是，而是把它看作是原材料的提供者。例如，克莱顿曾对英国外交大臣贝文这样说过："俄国并不需要食品、燃料和纤维，因而在短期内不会加入（马歇尔计划）。"当贝文对"如果苏联人看不到眼前好处，会不会谈下去"表示怀疑时，据说一向沉稳的克莱顿当时看上去一脸平静。这种平静意味深长，说明克莱顿已经心中有数。其实，美国高层真正担心的是苏联人加入欧洲复兴计划，而后暗中作梗。这种担心也就解释了为什么美、英从一开始就拒绝考虑让苏联也是成员国的（联合国）欧洲经济委员会来作为制定马歇尔计划的未来机构和平台。[3]

然而，1947年6月22日，苏联却出人意料地决定参加巴黎外长会议，这件事大大出乎英、美的意料，引起了英、美不小的惊慌。面对这一意外，贝文既不想承担与苏联公开决裂的责任，又不愿与苏联合作，因而他打定主意，在巴黎外长会议上会见莫洛托夫时，对其关注的问题三缄其口，对苏联的关切视而不见。后来，当巴黎外长会议陷入僵局、莫洛托夫

---

① Robert A. Divine, et al., *America: Past and Present*, p.481.

② U.S. Department of State, *Foreign Relations of the United States, 1947*, Vol.III, p.304.

③ *Ibid.*, p.291; Alan Bullock, *Ernest Bevin: Foreign Secretary, 1945–1951*, pp.409–419.

愤然离开会场时，贝文那颗悬着的心总算落了地。于是就出现了后来的一幕，即由英、法出面，联合向对马歇尔计划感兴趣的欧洲国家发出邀请，邀请他们于7月15日前准备参加在巴黎召开的欧洲经济复兴磋商会议。

这里需要补充说明的是，在巴黎外长会议期间，莫洛托夫已敏锐地觉察到了西方国家的另一险恶用心，即以援助为诱饵，拆散苏东阵营。概括地讲，马歇尔计划具有稳定西欧和侵蚀东欧的双重目标。而正是后一点在苏联看来是动摇雅尔塔体制给苏联划定的东欧势力范围并且破坏苏联的东欧安全带。这当然是苏联所无法容忍的。[①] 因此，巴黎外长会议刚一结束，莫洛托夫就发出警告，称西欧的行动可能会加快欧洲的分裂。

苏联此后的一些反制动作并没有出乎像乔治·凯南、查尔斯·波伦这些美国国务院苏联问题专家的预料。1947年10月初，乔治·凯南在致国务院副国务卿罗伯特·洛维特的备忘录中这样写道："在形势的压力下，尤其是在我们的政策压力下，共产党人发现自己正面临着抢分战术。"[②] 美国驻苏大使沃尔特·史密斯也从莫斯科给美军参谋长联席会议主席艾森豪威尔发回电文，强调马歇尔计划已给克里姆林宫的领导人造成了"不愉快的选择"。[③] 就当时的背景而言，美国高层官员未必希望出现欧洲分裂和两大阵营无限冷战，但要想实现西欧复兴和社会稳定，阻止西欧各国共产党再次入阁，整合德国西占区以及在欧洲大陆取得支配地位，他们认为这样做是值得的。正如美国国务院官员本·穆尔所说："为了阻止我国讨价还价能力的进一步削弱，必须改善西欧的局势。"[④]

综上所述，巴黎外长会议的不欢而散正是以美国为首的西方所希望看到的，达到了他们预期的目的。用法国外交官顾夫·德莫维尔的话说："邀请苏联人非常值，因为这会向所有人清楚地表明，是莫斯科一直在拒绝合作。"[⑤] 这样，在客观上已不存在苏联和东欧国家参与或者破坏马歇尔计划的问题了，西方也成功地把分裂欧洲的责任推卸给了苏联。在这次外长会

① 张盛发：《苏联对马歇尔计划的判断和对策》，第74页。

② Kennan to Lovett, October 6, 1947, RG59, PPS Records, box 33; Bohlen, "Preliminary Analysis of Announcement of the Revival of the European Comintern," October 7, 1947, RG59, Bohlen Papers, box 6, all in U. S. National Archives.

③ Smith to Eisenhower, September 3, 1947, box 101, file 1652, Dwight D. Eisenhower Papers, Dwight D. Eisenhower Library, Abilene, Kansas.

④ U.S. Department of State, *Foreign Relations of the United States, 1947*, Vol.III, p.240.

⑤ *Ibid.*, p.304.

议上，苏联代表团取得的唯一有意义的成果就是成功地阻止了对美国援助感兴趣的东欧国家加入马歇尔计划。当然，此后不久苏联出台的种种反制措施同样也在西方的意料之中。美苏两大阵营之间这种政治互动的结果是，欧洲被人为地、不可避免地分裂成带有各自政治经济标签的冷战两大阵营，冷战因马歇尔计划而提速了。

## 三、捷克斯洛伐克"二月事件"与马歇尔计划

从1947年底至1948年初，美国国会在是否通过马歇尔计划立法草案一事上一直面临着来自国内保守势力的巨大阻力，美国人在等待着"和平主义阵营"（社会主义阵营）的"帮忙"机会的出现。例如，1947年12月23日，美国国务院官员奇普·波伦在写给美国驻莫斯科大使馆外交官埃尔布里奇·德布罗的信中就毫不掩饰地表达了这一愿望。他在信中希望苏联能"继续做'好事'，不要突然变得温和起来，因为这样会毁了马歇尔计划"。[1] 他甚至以挑唆的口吻问德布罗，能否"挑起苏联加快攻击美国，因为过去这对国会情绪的影响一直十分有效"。[2]

就是在美国人如此期待的背景下，1948年2月20日，捷克斯洛伐克民族阵线政府的三个资产阶级政党——民族社会党、天主教人民党、斯洛伐克人民党的12名部长联名提出辞职，企图颠覆联合政府，25日贝奈斯总统接受了12名部长的辞呈，批准了捷共提出的新政府名单，资产阶级政党的政治冒险行为失败，捷克斯洛伐克共产党成功地获得了执政党地位，史称捷克斯洛伐克"二月事件"。

"二月事件"的爆发一时间令美国朝野大为震动，同时也为美国国会结束马拉松式的马歇尔计划听证会和辩论提供了契机。机会难得，稍纵即逝。美国国内右翼势力乘机兴风作浪，掀起了新一轮反共高潮，为马歇尔计划在国会尽快获得立法造势。在众议院外交委员会举行的听证会上，就连一向对苏联抱持相对温和态度的马歇尔国务卿也亲自出面作证。他在听证会上推波助澜地说："如果美国不支持欧洲进行自助，（欧洲）走向暴

---

① Bohlen to Elbridge Durbrow, December 23, 1947, RG 59, Bohlen Papers, box 1, U. S. National Archives.

② *Ibid.*

政统治很可能是不可避免的。"① 一向以反共著称的陆军部长肯尼斯·罗亚尔也赤膊上阵，趁机煽风点火。他认为马歇尔计划很可能起到阻止共产党在意大利和法国东山再起、继而夺取政权的作用。② 国会众议员汉密尔顿·费希更是赤裸裸地说："我不喜欢吞吞吐吐，或把事情隐瞒起来。这个法案的整个目的就是要遏制、限制或阻止正在推进的共产主义。"他要求政府干脆点，直接就对西欧国家说："我们希望你们加入反对苏联侵略的防务联盟。如果你们这样做了，我们就大力支持你们。"③

随着"二月事件"的爆发，随着马歇尔计划稳定西欧经济和反共目的的日益明朗化，美国国会内的保守势力，尤其是以罗伯特·塔夫脱参议员为首的共和党保守派也开始转变立场，转而支持马歇尔计划。而"二月事件"在国际上造成的"可怕政治后果"以及1948年4月意大利大选的日益临近，进一步消除了这些人此前对马歇尔计划的种种顾虑。3月13日，美国参议院以69票对17票通过了代号S2202的马歇尔计划政府议案。在参议院通过政府议案后，众议院外交委员会主席查尔斯·伊顿也向杜鲁门和马歇尔表态，支持马歇尔计划尽快立法。

为了游说众议院尽快通过马歇尔计划，3月17日，杜鲁门再次以反对共产主义为借口向国会联席会议发表特别咨文，并向全国直播，以便家喻户晓。在这次讲话中，杜鲁门再次对苏联进行了猛烈攻击。他含沙射影地指责"有那么一个国家，不仅在缔造公正、体面的和平上拒绝合作，而且企图阻止和平的建立"。这个国家"始终无视并破坏国际协议，在联合国安理会滥用否决权，仅在两年多一点的时间里就否决了21项提案"。大概杜鲁门嫌不点苏联的名不足以让人明白他指的"那么一个国家"是谁，他接着特别指出："自战争结束以来，苏联及其代理人破坏了一系列东欧和中欧国家的独立与民主。正是这一残忍的行动方针，以及把它扩展到欧洲其余国家的明显企图对今天的欧洲造成了严重的局面。"杜鲁门刻意把欧洲的局势描绘成大有一触即发之势，称："希腊正面临来自周边社会主义国家积极支持的叛乱分子的军事进攻……意大利共产党少数派极可能在4月的

① U.S. Congress, Minutes of the House of Representatives, Hearings on European Recovery Program, 1948, p.29, U.S. National Archives.

② Ibid., p.403.

③ U.S. Congress, Senate Committee on Foreign Relations, ERP Hearings in Executive Session, 1948, U.S. National Archives, p.1398.

大选中获胜，野心勃勃地要夺取政权。如今，捷克斯洛伐克又发生了'二月事件'……，捷克斯洛伐克共和国的悲惨落幕已震惊了整个文明世界。与此同时，苏联又在压芬兰缔结城下之盟，整个斯堪的纳维亚半岛正处在危险之中……欧洲正在发生的这些改变直接影响到美国的外交政策和国家安全。"[①]为此，杜鲁门呼吁众议院尽快批准马歇尔计划。他说："这一计划是我国对欧洲自由国家援助政策之根本。该计划的通过是我们为缔造和平所做出的最具说服力的贡献。"因此，"行动越快越好。现在是美国明白无误地表明自己立场的时候了。我坚信，美国一定会采取合适措施，向自由国家提供为形势所必需的支持……行动固然有风险，但不采取行动，风险会更大"。[②]最后，他鼓励众议院向参议院学习，称："参议院不顾党派政治考虑所采取的决定性行动是民主高效的典型例子。现在，时间至关重要……一天也不能再无所谓地浪费掉了。"[③]

在马歇尔计划最终被众议院通过的重要节点，杜鲁门在国会山发表的这篇特别咨文实可谓慷慨激昂，语重心长，语惊四座。在一片反对苏联共产主义威胁欧洲的喧嚣声中，美国国会众议院根据自己的议案（代号HR1585）展开辩论，并于3月31日以329票对74票的压倒性多数通过了该议案，[④]美国国会参众两院的不同意见在会议上也随之消弭。4月2日，美国《1948年对外援助法》在美国国会正式通过。次日，杜鲁门总统签署了该法案（代号为PL472）。[⑤]马歇尔计划正式进入实施阶段。

那么，"二月事件"究竟与苏联有没有关联呢？这里不妨引用《美国外交文件》加以说明。就在"二月事件"发生后，美国驻捷克斯洛伐克大使劳伦斯·斯坦哈特及时向国内发回了一份报告，详细叙述了导致捷共全面执政的捷克斯洛伐克国内政治动态。斯坦哈特认为，克里姆林宫并没有鼓动这一事件，也没有在这一事件中起主要作用。他认为，捷克斯洛伐克共产党的政治胜利主要是利用了他们对内政部和国防部的牢牢控制权，也利用了政治对手的错误和弱点。如果一定要说苏联在这一事件中起什么作用

---

① World Peace Foundation, Documents on American Foreign Relations, 1948, Vol.X, Washington D.C., 1960, pp.5–6.

② *Ibid.*, pp 6–8.

③ U.S. Congress, Congressional Record, March 17, 1948, U.S. National Archives, p.2997.

④ *Ibid.*, p.3874.

⑤ Harry B. Price, *The Marshall Plan and Its Meaning* (Ithaca: Cornell University Press, 1955), p.70.

的话，那就是，捷克斯洛伐克共产党人知道，一旦遇到右翼势力的反抗，克里姆林宫就可能进行干预。换句话说，在美国人看来，尽管"二月事件"事出有因，不管苏联有没有直接插手，捷共的胜利是以苏联近在咫尺的武装力量为后盾的，他们的行动也为意大利共产党和法国共产党开了可能模仿的先例。美国担心"二月事件"随之可能产生一种"宣传效应""溢出效应"，在攸关美国国家安全利益的国家诱发类似"政变"，或造成这些国家的共产党因得到选民支持而上台的可怕后果。1948年3月8日，美国国务院负责欧洲事务的杰克·希克森司长在写给马歇尔的信中这样写道："捷克斯洛伐克共产党的轻松上台和芬兰危机的可怕后果正在欧洲蔓延。大选在即的意大利处在紧要关头，法国政局不稳，处于高度紧张状态，奥地利的政局也是如此。自由欧洲的士气必须加强，这种力量只能靠美国的行动。"[1]

后来的事实证明，1948年春天的"二月事件"并没有导致美国官员担心的那种严重后果，即苏联会突然进行军事挑衅或准备发动战争。尽管美国驻德占领军司令卢修斯·克莱在1948年3月5日的电报中重新评估了美、苏冲突的可能性，尽管美国中央情报局对和平能否再延续两个月也做出了种种预测，但不管是克莱还是美国中央情报局分析人士都客观地认为，此时的苏联人并不想诉诸战争，也不可能诉诸战争。换句话说，尽管美国中央情报局承认捷克斯洛伐克"二月事件"和苏联压芬兰与之缔结互助条约造成的危机会在人们心理上产生巨大压力，但这些事态的发展"并不表明苏联会突然增加（向西方发难的）可能性，也不表明苏联现行政策或战术会发生什么变化"[2]。即使美国国务院鹰派、负责欧洲事务的希克森也强调指出："现在的问题并不是要对付公开的外来侵略，而是要抵御以捷克斯洛伐克为榜样、来自外部势力支持内部（西欧）'第五纵队'的挑衅。"[3]

在苏联可能突然进行挑衅的可能性被排除后，"二月事件"造成的政治影响却仍在美国持续发酵，尤其是关于德国问题。简而言之，在1948年春天这个多事之秋，美国决策者认为，没有什么比在伦敦讨论西方三占区合

---

[1] U.S. Department of State, *Foreign Relations of the United States, 1948*, Vol.III, p.40, pp.45–56 and Vol.IV, pp.738–741, pp.747–754.

[2] CIA, "Review of the World Situation," March 10, 1948, box 203, PSF, Truman Papers, Harry S. Truman Library.

[3] U.S. Department of State, *Foreign Relations of the United States, 1948*, Vol.III, p.40.

并、德国货币改革、鲁尔煤矿管理和成立一个德国临时政府更重要的了。同样，马歇尔计划和欧洲未来能否重塑均势之关键也取决于伦敦会谈的成败。对此，美国国务院副国务卿罗伯特·洛维特后来对参议院外交委员会如是说："最根本的问题关乎西德是否会成为苏联的卫星国，或者整个德国成为苏联的卫星国，关乎我们是否把'铁幕'推进到莱茵河，关乎我们是否让俄国人拥有德国这一潜在的第三次世界大战宝库。"[1] 洛维特的这一席话道出了美国高层当时的真实想法。

综上所述，尽管至今尚找不到确凿证据来证明当年苏联暗中插手了"二月事件"，然而，单就捷克斯洛伐克共产党上台执政这一事实就足以使美国国内的政治风向发生逆转，而随后欧洲和美国国内发生的事情又为美国决策者的这一主观判断提供了所谓的"依据"和信心。概括起来看，"二月事件"造成的重要后果有二：一是确保了法国同意美国复兴德国西占区并将其作为一个政治实体整合到欧洲复兴计划中；二是"二月事件"进一步加强了马歇尔计划的反共依据。[2] 该事件在美国国内激起的新一波反共浪潮加强了美国决策者对国会通过马歇尔计划的信心。据曾亲历马歇尔计划全过程的艾夫里尔·哈里曼特使后来回忆，他和他的同僚此前还十分担心国会能否在1948年春天通过马歇尔计划，就在这个节骨眼上，"斯大林再次帮我们摆脱了困境"。[3] 单就马歇尔计划而言，尽管"二月事件"纯属偶发事件，但它再次为美国渲染所谓"共产主义威胁"提供了借口，客观上消弭了美国国会内保守势力对马歇尔计划的不同意见，为美国国会最终顺利通过美国《1948年对外援助法》进一步扫清了道路。

---

[1] U.S. Department of State, *Foreign Relations of the United States, 1948*, Vol.II, pp.70–73, p.113.

[2] 资中筠主编《战后美国外交史——从杜鲁门到里根》（上册），世界知识出版社，1994，第87页。

[3] Stanley Hoffmann & Charles Maier, eds., *The Marshall Plan: A Retrospective*, p.24.

# 第五章 马歇尔计划与美国"新政"
## 资本主义登陆西欧

就美国而言，马歇尔计划的重大战略意图之一就是通过实施经济援助，实现西欧各国政治、经济、社会稳定，确保西欧资本主义制度的维系，进而确立美国在西欧的霸权地位。而达到这一总目标的具体手段就是尽快提高西欧的生产力，实现西欧各国制定的生产目标。然而，在实现这一重大战略意图过程中，美国的政策理想和具体运作策略又总是处在矛盾之中。在马歇尔计划实施过程中，美国人抱着高度的制度自信，始终相信自己的生产模式、生产技术、劳资关系，包括生活方式具有普世价值。基于这一定势思维，美国一方面通过赴美访问团计划、人员交流、技术培训等手段，力图改变欧洲人传统的生产观念和生产方式，实现西欧生产方式美国化。另一方面，在向西欧转移美国特色的生产模式时，出于惧怕复兴后的西欧日后与自己竞争的矛盾心理，美国又通过美国经济合作署（ECA）的采购专断权和投放专断权，在采购和提供援助物资过程中处处设卡刁难，千方百计地控制西欧国家某些行业复兴的节奏和步伐，不断挤压西欧国家的经济生存空间。比如，在工业领域，尽可能减少对西欧急需的工业生产设备的援助，限制西欧重工业发展，将援助物资优先提供给登陆西欧的美国企业。在农业领域，倾销过剩农副产品，规定农产品加工配额比例，尽可能减少农业机械设备的配给。在海运业，规定援助物资货运百分比，拒绝将美国过剩船只出售或租赁给西欧国家，限制海商国家海运业发展等。美国这种既想复兴西欧经济又害怕西欧经济复兴后与自己竞争的矛盾心理，由此暴露无遗。

## 一、赴美访问团计划与美国在西欧的生产推进运动

在开始本章的讨论之前，有必要对本章涉及的两个问题做一简要交代。一是关于"新政"概念的界定；二是关于"新政"资本主义模式转移的历史出处。

所谓"新政"，也称"罗斯福新政"，是指富兰克林·罗斯福于1933年担任美国总统后颁布和实施的一系列经济干预政策，由于其核心是救济（Relief）、复兴（Recovery）和改革（Reform），故而也称"三R新政"。罗斯福新政是特定历史条件下的产物，其突出贡献是开创了国家干预经

济的新模式，强化了政府对经济运行的直接或间接干预，调整了紧张的资本主义生产关系，最终缓解了美国国内因国际经济大萧条而带来的经济危机与社会矛盾压力。罗斯福新政名噪一时，该模式后来也为许多国家所借鉴。

1987年，美国学者迈克尔·霍根出版了一部研究马歇尔计划与欧洲重建关系的论著《马歇尔计划：美国、英国和西欧重建，1947—1952》，这是一部国内外马歇尔计划史研究领域公认的较为"完整的关于马歇尔计划的外交史"[①]论著。霍根在该著作中提出了一个著名的论断，即西欧经济复兴和西欧的联合是美国"新政"资本主义模式的翻版。他认为，马歇尔计划不单单是美国努力提供援助，实现欧洲经济重建，美国也希望把西欧重塑成一个和美国一样具有统一单一市场和混合资本主义经济的美式经济结构实体。他的结论是，马歇尔计划是罗斯福"新政"时期美国国内政治和外交政策的一种延伸，是美国金融界、企业界和政治精英"新政"联盟的产物，其目的就是要在西欧重塑一种在美国业已成熟的那种新自由主义政治经济模式，最终在欧洲实现稳定与繁荣。这里需要指出的是，霍根的论点存在两个明显的漏洞：其一，他为自己的论点预设了一种模式，即西欧的联合复兴是美国"新政"资本主义的转移，但他缺乏论据支撑。其二，他所界定的"模式转移"实际上严重忽视了欧洲自身的政治经济模式。在马歇尔计划实施期间，所谓"美国模式"在西欧所受到的挑战就足以说明美国企图的不顺利。有证据表明，美国"新政"资本主义在西欧的推进实际上是困难重重、举步维艰的。个中原因比较复杂，既有西欧国家内部的原因，也有美国自身的原因。

长期以来，美国人不仅笃信自己的政治制度、社会制度、价值体系是世界上最优秀的，而且认为自己建立在先进的生产技术、和谐的劳资关系、高效的生产效率之上的经济制度也是世界上最值得模仿的。基于这种高度的制度自信，在马歇尔计划启动后，美国政府主要依靠美国经济合作署和工会组织，通过组织赴美访问团、开展生产推进运动、提供技术培训和指导、开展技术人员交流等手段，力图改变欧洲人传统的生产观念、生产意识和生产方式。当然，其核心目标是模式输出，是为了实现西欧生产

① Alan S. Milward, "Was the Marshall Plan Necessary?" *Diplomatic History*, Vol.13, No.2, 1989, p.231.

方式美国化，以美国的资本主义模式取代西欧的资本主义模式，最终实现在经济上控制西欧。

根据1948年12月欧洲经济合作组织（OEEC）提交的《欧洲复兴计划临时报告》，马歇尔计划参与国提出了未来四年（1949—1952年）要达到的生产目标：与1938年（战前）相比，工业生产提高30%，农业生产提高15%。欧洲经济合作组织在该报告中特别提醒，要达到各国方案中提出的上述目标，关键取决于在未来四年内人均产值提高大约15%的目标能否实现。报告最后写道："（尽管）这是一个大胆的设想，但没有什么比这一设想更重要的了。"[①]

按照欧洲人的这一"大胆设想"，在未来四年里，西欧各国人均产值提高大约15%则意味着各国人均年生产率要增长3.5%，而"这一增长率是工业国家长期生产走势的两倍"。[②] 因此，这种设想显然缺乏现实基础。据欧洲经济合作组织于1950年2月提交的第二份报告显示，在1948年，除瑞典和英国外，其他马歇尔计划参与国的人均年工业产值或与战前（1938年）持平，或低于战前水平，很不令人满意。即使到了马歇尔计划实施一年半后的1949年底，与战前相比，尽管有六个国家（法国、爱尔兰、瑞典、瑞士、土耳其、英国）人均年工业产值略高于战前水平，令人稍感欣慰，但仍有八个国家的成绩差强人意。其中，比利时、丹麦、希腊和挪威四个国家的人均年工业产值仍大致与战前持平，荷兰、奥地利、意大利、联邦德国四个国家甚至还低于战前水平（参见表5.1）。这样的结果不仅令欧洲人感到沮丧，也令美国经济合作署官员感到压力巨大。

表5.1：1949年底部分欧洲国家人均年工业产值一览表（与1938年同比）

| 人均年产值 | 国家 |
| --- | --- |
| 高 | 法国、爱尔兰、瑞典、瑞士、土耳其、英国 |
| 大致持平 | 比利时、丹麦、希腊、挪威 |
| 略低 | 荷兰 |
| 低得多 | 奥地利、意大利、联邦德国 |

---

① Organization for European Economic Cooperation (OEEC), Interim Report on the European Recovery Program, Paris, December 1948, p.25, p.32, p.45.

② Lincoln Gordon, "ERP in Operation," *Harvard Business Review*, Vol.27, No.2, March 1949, p.145.

资料来源：OEEC, European Recovery Program: Second Report of the OEEC, Paris, February 1950, p.35.

当然，导致这一被动局面的因素很多。究其原因，西欧各国的生产效率低下是主要原因，是西欧各国无法实现预定生产目标的最大障碍。要消除这一障碍，美国经济合作署就需要付出更大的努力，找到应对之策。这些应对之策包括：用美国先进的"生产力意识""效率意识"改变欧洲人传统的生产意识、生产态度和经营模式；发动美国工会组织现身说法，感染西欧国家的劳资双方，从根本上改善西欧国家长期存在的紧张的劳资关系，确保劳资双方在克服工业创新的阻力上通力合作；要说服这些国家的劳资双方相信，提高生产效率对他们双方都没有坏处，是双赢，而不是零和博弈；鼓励并指导西欧国家建立国家生产指导中心，以便协调劳资关系，协调生产物资的调配。总之，就是要将在美国行之有效的生产理念、生产意识、生产模式、技术优势、效率优势、良好的劳资关系经验推广到马歇尔计划参与国，尽快实现西欧国家既定的生产目标，为欧洲最终实现复兴奠定基础。

在这一背景下，1948年10月，在美国、英国两国商界和工会领袖的积极倡议下，在英国伦敦成立了"英美联合生产委员会"（AACP），并召开了第一次会议。[①] 这次会议的主要任务是评估、安排英国工业代表团到美国的访问事宜。需要说明的是，英美联合生产委员会是一个临时拼凑的国家间协调机构，既不是英国政府的某个部门，也不归美国经济合作署管辖。它的活动经费部分来源于英国财政部，也有一部分来自美国经济合作署的技术援助基金。其主要任务是探索怎样将美国的生产技术知识、经验和管理模式引入欧洲。

俗话说："耳听为虚，眼见为实。"在美国经济合作署看来，通过组织西欧国家人员到美国访问，可以让欧洲人通过现场观察，真正了解美国的生产效率和健康的劳资关系，而达到这一目的的最佳办法就是通过组织欧洲各国基层经营管理人员、技术人员和工会团体到美国来，让他们亲眼看看美国工厂和企业的经营方式和生产意识。这样，当这些访问团队回到各

---

① Memorandum for Files by Neil Dalton, dated September 8, 1949, U.S. Economic Cooperation Administration (ECA) Files, FRC, Accession No.53A–441, Box 114 (Hereafter cited as ECA Files, FRC, with Accession Number and Box after).

自国家后，他们必然会现身说法，向本国人民反馈自己在美国的所见所闻及实际感想，并尽可能将自己新的感悟付诸自己的实际工作中。如此这般，随着越来越多代表不同欧洲国家的访问团造访美国，接触美国的生产方式、经营理念和管理经验，必将有助于摧毁欧洲传统的劳资对立关系，为工业改良、技术升级提供契机和动力，从而实现西欧生产率的大幅提高，最终完成西欧复兴大业。

在这一思想指导下，美国经济合作署亲自策划的赴美访问团计划从1949年初便开始实施。最早赴美访问的代表团有两个，一个是由21人组成的丹麦访问团，另一个是代表英国钢铁铸造业的访问团。[①]这一访问团计划由一开始的节奏缓慢到逐渐加速，不久便达到高潮。单就英国而言，从1949年3月赴美访问团项目发起之日算起，美国经济合作署共资助了47支英国工业访问团和19支专家访问团。[②]为了具体处理这些访问接待事宜，美国经济合作署还专门在纽约成立了一个办事处。到1951年底，"共同安全署"（MSA）替代美国经济合作署时，美国已建立起相当稳定的基金和接待能力来维持并扩大这种"试验"。据不完全统计，在马歇尔计划实施期间，有100多个西欧国家代表团访问过美国。与此同时，在美国经济合作署的积极组织和资助下，美国与西欧国家的技术人员交流也日益活跃。大批美国工业技术专家被派往西欧各国提供技术指导，西欧国家的管理和技术人员也纷纷被派往美国接受专门培训。不仅如此，美国各行业工会也被发动起来，主要通过其设在美国经济合作署（华盛顿特区）和美国经济合作署驻巴黎特别代表处（OSR）的工会顾问处，按照自己的方式积极推动"欧洲工人教育运动"。与此同时，美国各行业工会聘请的顾问和负责搜集工会情报的官员也被动员起来，积极参与到西欧的生产推进运动行列。当然，这些人的主要任务是就马歇尔计划各参与国的劳工形势、生产进度、人力资源状况、劳资关系等向美国经济合作署提供情报支持和建议。[③]一时间，美国经济合作署在西欧各国发动的生产宣传运动和生产推进运动搞得热火朝天，轰轰烈烈。

---

① ECA, Fourth Report to Congress, pp.55–56.

② 李昀:《马歇尔计划赴美考察团与美国企业文化在英国的传播》,《南通大学学报》2011年第1期，第89页。

③ William Gomberg, "Labor's Participation in the European Productivity Program: A Study in Frustration," *Political Science Quarterly*, Vol.74, No.2, June 1959, pp.240–255.

这里必须强调的是，在马歇尔计划启动后，为了切实提高西欧各国的生产效率，尽快改善西欧的经济形势，将成熟的美国版生产模式向西欧转移一直是美国经济合作署努力的一个方向，动机当然是好的。然而，从后来的实际结果看，这一生产推进运动并没有取得理想的效果。有证据表明，直到1951年初，美国经济合作署仍在寻求有效提高西欧生产力的途径。美国经济合作署的努力并不被看好，且不断遭人诟病。例如，当时美国驻巴黎特别代表处官员约翰·奎因曾抱怨说："在提高西欧工业生产力水平上，（美国经济合作署）应比我们提供技术援助承担更大的责任。"[①] 针对美国经济合作署在意大利进行的生产推进运动所遇到的困难，奎因说得更难听。他说："尽管我们在意大利已花掉成百上千万美元，但似乎并没有改变意大利的社会结构，没有使其达到我们所希望的工业生产力的深入起步和提高。"[②] 同年9月，美国经济合作署驻巴黎特别代表处负责工会情报的官员在《工会情报处致各代表团备忘录》中也坦承，看样子，"生产力是一个复杂的经济概念……来自（欧洲）某些劳资环节的抵制使我们很难（向欧洲人）兜售这一概念"。[③]

对美国经济合作署的批评还没有就此结束。就在马歇尔计划即将宣布结束的1951年12月底，仍有人对美国经济合作署在西欧的生产推进运动耿耿于怀。例如，美国经济合作署情报官员罗伯特·马伦就抱怨说："（某些美国经济合作署官员）显然没有领会在欧洲人态度上做文章的重要性。"[④] 后来在了解了更多的实际情况后，罗伯特·马伦也不得不承认，美国经济合作署也不容易，也有自己的难处。例如，他提及英国政府的态度时就明确表示英国"反对外国人到英国向英国人做宣传，游说英国人"。[⑤] 无独有偶，1951年秋天，出于自身的原因，比利时人也对美国经济合作署

---

① Memorandum: To E. M. Flaherty from John T. Quinn, January 29, 1951, ECA Files, FRC, Accession No. 53 A-177, Box 156, Folder: Industrial Technical Assistance.

② *Ibid.*

③ Memorandum from Labor Information, OSR, to All Missions, "Subject: Productivity Drive Information Program," September 1, 1951, ECA Files, FRC, Accession No.53 A-441, Folder: Productivity.

④ Letter from Robert Mullen to W. H. Joyce, Jr., December 28, 1951, ECA Files, FRC, Accession No.53 A-441, Folder: Productivity Drive.

⑤ Transcript of Remarks Made Before a Workshop Organized by the Public Relations Society of America on January 30, 1952, ECA Files, FRC, Accession No.53 A-441, Folder: Productivity Drive.

的生产援助方案表现出了"缺乏明显的热情"。①

回过头来看，美国的整个技术援助计划（即赴美访问团计划，包括生产宣传和推进运动）的努力和结果之间出现了巨大反差。个中原因相当复杂。其一，美国经济合作署曾为该计划拨款3400万美元，但直到马歇尔计划宣布结束，实际到位的资金只有1800万美元。在用于工业生产项目的这1800万美元中，实际开支只有740万美元，其中，有520万美元用于提高农业生产力，但实际开支也只有310万美元。② 其二，该计划直到欧洲复兴计划的第二年后半年才启动，在该年最后几个月达到高速运转。但即便是到了运作高峰，该计划仍受困于美国人在理想策略上的意见不一、重复劳动、运作责任不清以及缺乏预见性。例如，直到1951年8月，在为生产宣传方案补充人员一事上，就连当时的美国经济合作署欧洲情报处处长唐纳德·尼尔森也不得不承认，他也不清楚美国到底"需要什么具体的技巧，主要是因为生产宣传运动本身的最终形式尚未确定"。③ 其三，当然也是最重要的，该计划受困于欧洲人对美国转移生产模式的冷淡，也就是对美国"新政"资本主义生产模式向西欧国家转移不感兴趣，甚至是反感。

这里就出现了一个必须回答的问题：为什么欧洲人对美国"新政"资本主义生产模式向西欧转移不感兴趣呢？归纳起来看，不外乎有如下几个原因：其一，欧洲人担心生产力的大幅提高必然意味着更多人的失业。这种担心并不是没有依据的。在马歇尔计划实施期间，某些西欧国家，例如希腊、意大利和西德，的确出现过因生产力提高而造成的大量工人失业的现象。其二，单一生产模式没有普及推广价值。尽管都是资本主义国家，但西欧各国的国情与美国的国情不同，西欧国家间的国情也不尽相同，各国的经济发展模式有其特殊性。因此，美国推行的美国版生产模式并不一定适用于所有西欧国家。其三，单一类型的经济结构也有其弊端，必然导致各国经济的趋同，从而引发内部经济利益的冲突。其四，传统上，欧洲工人已经习惯了小规模生产模式，尤其是手工作坊，对现代化大生产多有

---

① Memorandum of Interview with J. Jacque Errera, October 3, 1951 (by W. H. Joyce, Jr.), ECA Files, FRC, Accession No.53A-441, Folder: Productivity Drive.

② U.S. President, First Report to Congress on the Mutual Security Program, December 31, 1951, Washington D.C., p.61.

③ W. A. Nielsen to Robert Mullen, August 27, 1951, ECA Files, FRC, Accession No.53A-441, Folder: Productivity.

疑虑。这种态度根深蒂固，一时难以克服。其四，长期以来，欧洲的资本家、工厂主、商人相对比较保守，他们更热衷于欧洲相对狭小的市场、相对低的产量和产品的高质量，缺乏产量竞争意识，对开辟国际市场也缺乏应有的热情。因此，他们很难接受以技术创新和管理高效为基础、以大规模现代化生产线为特征的美国生产模式。

必须承认，负责援助事务的美国经济合作署从一开始就认为，西欧经济问题的核心是劳动生产率的低下。[①]要想尽快实现欧洲重建，关键是要"在欧洲人的态度上"做文章，动机和愿望当然是好的。然而，欧洲不是美国，西欧各国的国情千差万别，单凭一场生产推进运动，不管它包装得多么有吸引力，也不管美国人此间多么努力，根本不可能在短时间内改变欧洲人根深蒂固的生产态度和传统生产习惯，更难以诱发在欧洲根本就不存在的生产积极性的大幅提升，其结果只能是事倍功半，差强人意。

## 二、马歇尔计划实施期间美国在西欧的工业垄断

如前所述，美国经济合作署受命负责在西欧国家发动了一场声势浩大的赴美访问团行动、欧洲工人教育运动、生产推进运动，旨在配合马歇尔计划的实施。然而，这场轰轰烈烈的大生产运动却遭到了欧洲人的冷遇、抵制、排斥，推行不下去。之所以如此，原因固然很多，但其中一个至关重要的原因则往往被忽略了，这就是：握有采购专断权的美国经济合作署在采购援助物资事项上采取了"想要的不给或少给，不想要的多给"的政策策略，从而引起了欧洲人的极大不满和不合作。有证据表明，在向西欧国家转移所谓美国模式的资本主义生产方式时，出于惧怕复兴后的西欧国家日后与自己竞争的矛盾心理，美国政府利用美国经济合作署依法享有的采购专断权、援助物资分发权以及对冲基金的控制权，采取了减少对西欧国家工业设备援助，限制西欧国家重工业发展，同时将援助物资优先投放已登陆西欧的美国企业等种种策略手段，竭力排挤、打压西欧国家的工业生存空间。

在采购援助物资问题上，美国经济合作署署长的采购专断权是依法规定的。根据美国《1948年对外援助法》第112条"保护国内经济"之规

---

① 毕健康：《马歇尔计划对西欧经济的影响》，《美国研究》1992年第4期，第101页。

定,美国经济合作署署长"应尽量少购买美国国内短缺的产品,尽可能多地采购美国国内的过剩产品"。[①] 那么,就工业产品而言,1948年初美国国内相对短缺的工业产品都是什么呢? 这些产品包括: 石油、石油制品、农业机械、钢材、钢渣、各种有色金属等。根据美国《1948年对外援助法》,这些产品的出口是受到严格管制的。与此同时,美国经济合作署署长依法有权根据自己对国会立法意图的解释,认定哪些产品属于出口管制产品。此外,美国经济合作署署长还负有严密监控在美国采购其他短缺商品的权限。基于上述特权,美国经济合作署在美国国内采购并运往西欧的援助物资大多都是美国国内的积压产品和滞销产品,似乎也名正言顺,有法可依。

除了严格执行《1948年对外援助法》第112条"保护国内经济"之规定外,出于对复兴后的西欧企业与美国同行出现竞争的潜在可能性考虑,美国经济合作署未雨绸缪,采取了"想要的不给或少给,不想要的多给"的策略,尽量减少对西欧国家机械设备的援助数量,包括西欧急需的工业设备和农业机械。这里有三个"想要的不给或少给,不想要的多给"的例子。(1)1947年4月,美国国务院部际委员会专门委员会告诫说:"美国对欧洲的煤出口势必给欧洲的黄金储备造成沉重负担。"[②]但美国政府根本不顾这一警告。到1948年底,在美国经济合作署采购的40.58亿美元的援助物资中,有多达18.46亿美元用在了采购煤、粮食、烟草和棉花,只有3.82亿美元用于采购机械设备。(2)1947年9月,CEEC总报告中要求美国在第一年度向西欧国家提供价值11亿美元的机械设备。与11亿美元相比,3.82亿美元仅相当于当年西欧国家要求的三分之一多一点。(3)《1949年援外拨款法》明文规定,在马歇尔计划实施的第一个年度,允许7500万美元用于采购向受援国出口的农业机械。而实际结果是,从1948年4月3日到1949年4月2日,美国经济合作署只划拨了4890万美元用于从美国国内购买农业机械,这一数额仅相当于7500万美元的一半多一点。[③]

这种"想要的不给或少给,不想要的多给"的策略还体现在西欧的重工业领域。除了减少援助西欧国家急需的工业设备和农业机械设备外,美

---

① Arthur M. Schlesinger, Jr., *The Dynamics of World Power: A Documentary History of United States Foreign Policy, 1945–1973*, Vol.I, p.80.

② U.S. Department of State, *Foreign Relations of the United States, 1947*, Vol.III, p.212.

③ ECA, Third Report to Congress, p.56; Fourth Report to Congress, p.49.

国经济合作署还"依法"限制西欧国家的重工业，尤其是钢铁工业的发展。根据《1948年对外援助法》第115条之规定：应美国经济合作署署长之要求，马歇尔计划各参与国应向署长提交需署长认可、有助于实现复兴的具体方案，包括提高煤、钢、交通设施等的生产方案。应美国之要求，受援国应及时向美国提供有助于美国决定援助性质、规模以及如何使用援助的情报。[①] 根据这一规定，美国经济合作署要求马歇尔计划参与国向美方提供如下涉及经济情报的材料：一是各国钢铁工业发展计划；二是西欧国家间缔结的有关购买铁矿石、锰、焦炭等协定的副本。与此同时，美国经济合作署还要求新成立的"钢铁技术委员会"（由英、法、比、荷、卢五国组成）将其所有协定及重大决策通报美国。这样做的目的显然是防止该委员会发展成为以英国为首的西方集团并与美国钢铁垄断组织形成竞争。为了重振重工业，在马歇尔计划实施的第一个年度，欧洲经济合作组织曾要求美国经济合作署向西欧国家提供127.2万吨钢铁制成品，286.3万吨原料与半成品，151.4万吨金属块以及折合1亿美元的钢铁工业设备。然而，美国经济合作署却故技重演，采取多给钢铁成品（180.2万吨），少给金属块（14.6万吨）、原料和半成品（126.6万吨）以及钢铁工业设备（4800万美元）的惯用手腕，其目的显然是限制西欧重工业发展，以保护本国利益。[②]

　　然而，美国经济合作署对美国国内滞销的产品却从不吝啬。众所周知，意大利、法国的汽车工业一向比较发达，在欧洲长期处于领先位置。在马歇尔计划实施期间，由于美国汽车的大量涌入，意法两国的汽车制造业遭遇灭顶之灾。北欧国家瑞典也有类似的问题。战后初期，瑞典最紧缺的物资是粮食、煤这些生活必需品以及建筑业和造船业急需的重型机械设备、钢材等，而掌管采购大权的美国经济合作署为之采购的却是咖啡、烟草、皮革制品、棉纱和汽车等，结果导致瑞典的造船业因缺乏原材料而不得不削减生产计划。[③] 众所周知，瑞典是北欧典型的海商国家。美国经济合作署之所以拒绝向瑞典提供造船急需的钢材，并不是因为美国市场上没有，而是惧怕一旦这个海商国家的船队恢复元气，就会威胁到美国海运集团的利益。

---

① Arthur M. Schlesinger, Jr., *The Dynamics of World Power: A Documentary History of United States Foreign Policy, 1945–1973*, Vol.I, p.72, pp.84–85.

② 〔苏联〕列昂节夫：《金元帝国主义》，第272页。

③ 同上书，第276页。

综上所述，美国经济合作署的上述一系列自私自利做法不仅让美国的道义尽失，也着实寒了西欧国家的心。遥想当年，马歇尔国务卿在哈佛演讲中曾向欧洲人民郑重承诺："美国的任务是……尽我国实际之能力，予以全力支持。"[1] 然而从后来的具体实践看，马歇尔此前高调宣扬的所谓"全力支持"，其全力支持的对象并不是西欧国家，而应是美国利益集团。美国的欧洲"伙伴"再次体验到了什么叫"口惠而实不至"。

## 三、马歇尔计划实施期间西欧农业面临的挑战

在马歇尔计划实施期间，美国农业连年丰收，存在着农副产品过剩危机。在美国国会因应美国国内各种农业利益集团的诉求并将其转化成立法语言时，同样遇到了一个如何找到市场、如何将产业危机转嫁出去的问题。美国《1948年对外援助法》生效后，美国政府依据有关保护美国农业利益的相关条款，并借助美国经济合作署的采购专断权，肆无忌惮地向西欧国家倾销过剩农产品。

如前所述，战后初期的美国存在着严重的农产品过剩，而且这种现象还将持续下去。就在这个关键节点，马歇尔计划应运而生。美国广大的农产品生产者和营销商自然希望借助这一千载难逢的机会抛出这些过剩农副产品。而当时的美国农业部长克林顿·安德森也自然成了美国农场主和营销商的代言人。

1948年春天，在美国参议院外交委员会就新的援助欧洲政策举行听证会期间，安德森做证时直言："欧洲复兴计划可以为美国棉花、小麦、烟草、大米、水果和蔬菜提供市场。"[2] 当范登堡主席质问安德森这种"开明的美国利己主义"是否有助于欧洲复兴计划时，安德森说："是的，没错……我认为，（美国）农业需要一个市场。"[3] 显然，安德森的此番言论至少暗示了两层意思：一是美国的农产品存在着严重过剩；二是美国农业摆脱困境的路径在于开拓国际市场，如今的欧洲就是一个不错的市场。不仅安德森有此想法，美国国会的一些议员也有类似的想法。例如，1948年3

---

① U.S. Department of State, *Foreign Relations of the United States, 1947*, Vol.III, p.239.

② U.S. Congress, Senate Committee on Foreign Relations, ERP Hearings in Executive Session, 1948, pp.312–325.

③ *Ibid.*, p.316.

月，在美国参议院就政府议案进行最后辩论并提交表决之前，利斯特·希尔——一位来自密西西比河流域美国南部农业州亚拉巴马州的参议员就明确指出："美国每年可以向马歇尔计划受援国出口价值20亿美元的农产品。如果失去这些国外市场，必将意味着（美国）农业家庭收入的急剧下降，尤其是南部各州。"①

这里需要补充说明的是，就战后初期（截至1948年春天）美国的农副产品和内需市场而言，并非所有产品都是过剩的。某些农副产品，如肉类、禽蛋类、油脂类等，就是短缺的，而且美国当时和潜在短缺的物资还不仅仅局限于上述农副产品。考虑到美国国内的实际需要和国内农业利益集团面临的压力，与过剩农副产品生产者和经营者的心情相比，美国国会参议院外交委员会在考虑与农业相关问题时似乎更关心潜在短缺产品对美国产生的压力。正是因为这一担心促成了该委员会在讨论政府议案上附加了题为"对国内经济的保护"的第112条。② 该条款明确规定，在考虑采购援助产品时，美国经济合作署署长应注意两点：一是尽可能不消耗美国资源；二是不损害美国人民对切身需求的满足。据此，该议案要求署长应"尽可能"通过国外渠道采购西欧短缺的产品。同时，在采购农产品时，署长应考虑对任一类农产品的采购量与该类产品的潜在出口总量之间的比例。对于如何界定什么是过剩农产品，美国学者阿瑟·施莱辛格的解释是："所谓'过剩农产品'，是指美国生产的任何农产品，由农业部长来决定其是否超出了国内需求，是否属于过剩农产品。"③ 换句话说，对什么是"过剩农产品"的界定，完全是由美国农业部长和美国经济合作署署长，尤其是农业部长说了算。

然而，当后来政府议案送达杜鲁门总统签字时，参议院外交委员会又对附加的第112条进行了相当大的改动。修改后的第112条将美国实际或潜在农产品过剩的担心放在了更加突出的位置，而且对美国经济合作署署长的采购权限进行了更为严格的限制。比如，第112条不仅禁止署长从国外采购农产品，而且要求他尽可能鼓励受援国购买和使用美国的过剩农产

---

① U.S. Congress, Congressional Record, March 9, 1948, p.2380.

② U.S. Congress, Senate Committee on Foreign Relations, ERP Hearings in Executive Session, 1948, pp.227–228.

③ Arthur M. Schlesinger, Jr., *The Dynamics of World Power: A Documentary History of United States Foreign Policy, 1945–1973*, Vol.I, p.72, pp.80–81.

品。该条款还规定，为了保护美国的面粉加工业，运往受援国的小麦制品其总量应有25%以上是美国加工的面粉。[①] 更有甚者，该法案第112条（f）款规定："为了鼓励外国充分利用美国的过剩农产品，农业部长授权任何采购或销售过剩农产品的政府代理机构在原售价上追加不低于50%的利润，且运费不包含在这一利润中。"[②] 这些似乎还不够。为了限制农业机械的出口，《1949年援外预算法》又追加了使用援助款在美国采购农机设备、尤其是农用拖拉机的限制，规定："在援助计划的前15个月，出口到受援国的农机设备的总价值不得超过7500万美元。"[③]

通过梳理美国《1948年对外援助法》和美国《1949年援外预算法》的相关条款，我们可以得出一个明确而清晰的结论：美国国会在制定与农业相关的立法过程中同样采取了"两头堵"的策略，并将其转化为立法语言。这种"两头堵"策略就是：一方面竭力维护美国农业利益集团和农民的利益；另一方面又挖空心思限制西欧各国的农业利益和农产品进口自主权。就当初美国自己曾高调宣称要"努力提高参与国工农业生产"而言，这实在是一个绝好的讽刺。

而欧洲人对美国国会规定的上述一系列农产品采购霸王条款又是如何想的呢？通过梳理如下档案资料，包括从巴黎送往华盛顿的定期报告以及其他档案资料，完全可以阅读到欧洲人对美国政策的不满与抱怨。

在1947年10月欧洲经济合作委员会执委会代表团应邀访美前夕，担任执委会主席的英国人奥利弗·弗兰克斯爵士接受英国内阁重托，不仅希望其要求美国尽快提供援助，而且还希望其要确保美国提供的援助"应是美元，而不是产品"。[④] 然而，英国政府通过弗兰克斯转达的期待并没有引起美国政府的重视，美国人依然我行我素。1948年6月下旬，美国驻法大使卡弗里受命与欧洲经济合作组织官员举行了一次非正式会谈，主要讨论了购买美国过剩产品的问题。在谈话期间，卡弗里明显地感受到了欧洲人对美国倾销其过剩产品所表现的担心，卡弗里认为应将这一重要信息及时传递给华盛顿，并提醒美国经济合作署重视欧洲人的这种情绪。6月26日，

---

① Arthur M. Schlesinger, Jr., *The Dynamics of World Power: A Documentary History of United States Foreign Policy, 1945–1973*, Vol.I, p.72, p.80.

② *Ibid.*, p.72.

③ *Ibid.*, p.81.

④ Henry Pelling, *Britain and the Marshall Plan*, p.20.

他在致马歇尔国务卿的电文中建议美国经济合作署向西欧国家做些解释，以说明美国的意图绝不是要倾销过剩产品，而是"要找到一个解决美国生产过剩的合理办法，以维持美国贸易的传统模式，同时又不伤害欧洲内部不可或缺的贸易"。①

1948年9月初，美国经济合作署驻巴黎特别代表埃夫里尔·哈里曼让美国经济合作署驻西欧各国代表传阅了欧洲经济合作组织秘书长罗伯特·马若兰的一封来信。在这封信中，马若兰代表欧洲经济合作组织成员国对美国要求其购买美国的过剩农产品表达了强烈不满。对欧洲人所表达的不满，哈里曼后来复信马若兰，表示他能理解欧洲人的感受，但他又辩解说："显然，为了援助欧洲复兴，（美国）国会的意图是应尽可能使用美国的过剩产品。"②哈里曼的解释显然无法说服马若兰。12月23日，哈里曼在致美国经济合作署署长的电文中终于讲了真话。他说："在《1948年对外援助法》中，（美国）国会最关心的一条就是关于过剩农产品的规定。"③他在电文中还特别提到了法国人的感受："当有人策略性地（向我）暗示，称也许法国会对用美元购买这些产品感兴趣时，法国人总是表现出明显的冷淡，因为在法国人看来，这些产品压根就不是什么（急需的）必需品。"④

中国有句古话：己所不欲，勿施于人。在今天看来，虽然美国人在当初提出援助西欧复兴时并不完全是出于为倾销过剩农产品而提出援助倡议，但在实践中，美国国会最终规定的采购条款所真正关注的则是"为倾销而倾销"，这就严重干扰、甚至侵犯了欧洲人根据自身需要而自主设计和选择进口产品的权利。令人匪夷所思的是，就因为美国农业部长安德森认为美国存在着大量过剩农产品，继而负责援助事宜的美国经济合作署也就想当然地认为欧洲人想要这些产品，这种十分荒谬的逻辑和做法也可算是美国外交政策的特色之一吧！

① TOECA #198, to Secretary of State from Caffery, June 26, 1948, ECA Files, FRC, Accession No.53 A-278.

② Harriman to U.S. Diplomatic Missions in Participating Countries, September 2, 1948, ECA Files, FRC, Accession No.53A-278.

③ TOECA #542, to ECA Administrator from Harriman, December 23, 1948, ECA Files, FRC, Accession No.53 A-278.

④ *Ibid.*

## 四、商船转让之争与美国的海运垄断

与西欧工农业的挤压相比，美国在海运领域对西欧国家，尤其是对海商国家进行的种种限制和打压也毫不逊色。这一点可以从美国政府、国会和相关利益集团在是否向西欧销售或租赁船只的争论中以及从美国《1948年对外援助法》有关条款上一目了然。考察这场斗争的过程和最终结果，既可以让我们进一步看清在欧洲复兴计划立法形成过程中美国国会、政府和利益集团之间的互动，也可以让我们充分认识清楚美国海运利益集团真正关心的是什么。

这里首先探讨一下美国政府、国会与海运利益集团就美国是否向欧洲出售或租赁商船展开的争论。如前所述，1947年5月，美国国务院负责经济事务的副国务卿克莱顿在考察欧洲回国后向国务院递交了一份备忘录，即《5月备忘录》。在这份备忘录中，他特别提到了如何解决欧洲国家运输能力不足的问题。他认为，阻碍欧洲复兴的诸多瓶颈之一是欧洲缺乏自己的运输能力。没有运输能力，欧洲的物资短缺压力就无法克服。因此，他建议美国政府将战后过剩、积压的船只卖给法国、意大利以及其他海商国家。这样，至少可以将这些国家的商船运输能力恢复到战前水平。[①] 克莱顿的这一建议由此在美国政府和国内海运利益集团之间引发了一场关于美国可否将过剩商船出售或租赁给欧洲国家的激烈争论。在这场争论中，美国国会也卷入其中。

根据克莱顿《5月备忘录》的建议，1947年底，美国政府提出议案，要求国会授权将美国闲置的商船转让给欧洲国家。这一议案一经提出，就在美国掀起了一场轩然大波，政府和国会之间、政府和海运利益集团之间出现了尖锐的观点冲突和激烈争吵。

从档案资料来看，在1947年底，虽然美国政府将闲置商船转让给马歇尔计划参与国的想法得到了军方，包括陆军部和海军部的共同支持，但却遭到了与此有直接利害关系的"美国海运委员会"的坚决抵制。美国国家预算局长詹姆斯·韦布在1947年12月1日写给杜鲁门总统的题为《欧洲复兴计划背景下将商船转让外国的备忘录》中认为，这件事需要总统本

---

① U.S. Department of State, *Foreign Relations of the United States, 1947*, Vol.III, p.231.

人亲自干预。在备忘录中，韦布明确支持政府的立场。他的理由有二：其一，通过让其他国家获得美国闲置的商船，美国就可以用强硬的立场要求西欧海商国家削减造船计划，从而为复兴储备更多的钢材，这是件好事。其二，与美国相比，海外国家的运费要低廉得多。用外国船只运送援助物资，可以大大降低援助的总费用。为了强调自己的这一立场，韦布在备忘录中建议："我认为这些船只的处置权不能留给海运委员会。相反，根据马歇尔计划相关立法的规定，出售或租赁船只的权力应由总统来行使。"[1]

显然，杜鲁门总统也是这么想的。在美国政府后来起草的议案中就包含了两条独立条款，主要涉及美国船只转让权问题。政府议案的第一项条款明确规定，为了满足眼前需要，负责援助事宜的美国经济合作署署长有权租赁任何美国海运委员会证明闲置的美国商船。第二项条款授权，由美国经济合作署署长来决定在何时、在何种条件下把闲置的美国商船销售给马歇尔计划参与国，以利于推进欧洲复兴计划。同时规定，不管署长何时做出这一决定，也不管总统何时下达这一命令，美国海运委员会必须无条件执行。在此问题上，杜鲁门总统的想法与马歇尔国务卿也是不谋而合。后来，国务院在向国会提交欧洲复兴计划议案时特别强调，这样做，可以省大量援助费用。在出席参议院外交委员会听证会上，马歇尔再次表示，提出这些条款的"目的就是要避免由美国商船运送（援助物资）所造成的巨大美元开支"。[2] 为了进一步说明这一点，他向国会参议员们解释说，如果从美国送到欧洲的煤价是每吨24美元，其中，有大约14美元是海运费用，而且大部分费用都是用美元来支付的，而船只租赁就可以大大减少穿越大西洋运送这些物资的费用。马歇尔当然也明白这些条款对美国国内海运利益集团意味着什么。一旦向西欧国家租赁或转让船只，货运收入就不是流向美国公司，而是流向营运这些船只的新租赁国家。然而，他还是坚持认为，解决这一问题的办法只能是"要么把这一问题作为援助计划的一项费用条款，对根据美国方式、用美国成本营运的美国海运公司进

---

[1] Memorandum for the President from James Webb, December 1, 1947, "Subject: Transfer of Ships to Foreign Countries under the European Recovery Program," A Copy in the Papers of Harry S. Truman, President's Secretary File (PSF), Harry S. Truman Library.

[2] U.S. Congress, Senate Committee on Foreign Relations, ERP Hearings in Executive Session, 1948, p.40.

行补贴，要么继续（向西欧国家）临时租赁这些船只"。①

从现有的档案资料来看，马歇尔国务卿是否最终说服了参议院外交委员会接受政府的这一建议，尚不得而知。但可以肯定的是，他当时并没有能够说服美国海运利益集团。这些利益集团在美国海运委员会的鼓动和支持下，不仅坚决反对把过剩商船出售或租赁给西欧国家，而且还坚持要拿到运送援助物资业务的更大份额。与此同时，这些海运利益集团还积极寻求代表其利益的行业工会的支持。这些寡头们心里很清楚，如果没有来自强大而有影响力的工会同盟军的支持，它们的反对意见和诉求就不可能引起有经济头脑的国会太多的重视。

由于美国海运行业工会的搅局，在进行了一系列由工会领导人充当证人的听证之后，美国国会各委员会一时也有些左右为难。面对工会代表反复强调船只转让只能对美国海员就业产生负面影响的诉求，关于向西欧国家租赁或出售船只的争论就迅速发生了质的变化，转化成了"节省费用就等于让美国人失业"的政治问题。

总之，在1948年春天美国国会听证期间，在关于如何处置战后美国过剩船只问题上，美国国会既要面对政府议案，同时又要面对来自国内海运利益集团和行业工会的双重压力，一时进退维谷，很难做出抉择。

需要补充说明的是，在美国参议院外交委员会开始进行秘密听证之前，参议院在1948年2月5日已经批准了一个禁止出售或租赁美国商船给受援国的决议案。政府显然已知道这个决议案，而坚决支持政府议案的美国驻英大使刘易斯·道格拉斯仍希望再努力一把，尽量挽救政府议案的租赁条款。因此，道格拉斯在参议院外交委员会听证会上反复重申"节省成本"的观点，并告诫参议院外交委员会：其一，如果不把船只租赁给西欧国家，就算按当时的运费计算，在欧洲复兴计划的头15个月，美国的花费将高达1亿美元。其二，如果不向西欧国家租赁船只，只会放纵美国货运商把目前的运费提得更高。而租赁船只的好处之一就是可以让政府加强对海运行业的管理，确保海运行业不致随意提高运费。②

对于道格拉斯的据理力争，尽管一向在国会说话很有分量的共和党领袖范登堡参议员表示了支持，但又迫于来自工会利益集团的巨大压力，他

① U.S. Congress, Senate Committee on Foreign Relations, ERP Hearings in Executive Session, 1948, p.40.

② *Ibid.*, pp.257–258, p.263.

还是谨慎地提醒参议院外交委员会警惕"工会下属分会提出的挑战。工会曾对该立法全力支持，而今却抱怨这一租赁条款对美国海员就业是一个打击"。[①] 针对范登堡参议员的担心，道格拉斯的回答是："美国海员究竟会不会失业，还不一定。"[②] 面对道格拉斯的回答，一向坚持维护工会利益的卡尔·哈奇参议员反驳道："我认为，工会能站出来支持马歇尔计划，这很了不起。我想，它们已表现得十分出色，我不想拿这种支持去冒险。"对此，阿尔本·巴克利参议员也表达了类似的担心。他说："如果我们在海运问题上与它们（指工会——作者注）的意见相左，那么，它们很可能在支持整个计划问题上变得冷淡。"[③] 面对这些反对意见，道格拉斯随即提出了一个变通的办法。他向范登堡提议，如果船只租赁问题在国会通不过，那么就应让欧洲国家得到一定量的钢材，以便它们扩大造船计划。[④] 针对洛奇参议员的向西欧国家转让船只会打击美国商船，并给美国海运业造成损失的观点，道格拉斯坦率地回答："如果我们在此担心美国商船的损失，我们就应禁绝欧洲人重建商船，因为他们的运费要比我们的低，而且他们新造的船只速度更快，效率更高。在我看来，如果这些欧洲国家确实复兴了，美国商船肯定要面临这种竞争。这只是一个时间问题。"[⑤] 后来的事实证明了道格拉斯的判断。

总之，出于维护本国海运利益集团的利益，尽管一些国会议员对向西欧国家转让船只一直存在挥之不去的疑虑和担心，但参议院外交委员会最终还是在两个极端之间找到了一个平衡点。该委员会在后来的报告中不再提销售条款，但规定，"在总统的许可下"，可以授权在1952年12月31日之前将接近300艘美国闲置的商船进行租赁。在将参议院外交委员会的这一修改报告送达参议院进行讨论时，作为该委员会主席的范登堡的解释是："这种权利的转让将使美国在欧洲复兴计划四年半时间里节省大约2.4亿美元。"[⑥] 他认为，既然海运委员会本身已计划长期削减美国现役商船的

---

① U.S. Congress, Senate Committee on Foreign Relations, ERP Hearings in Executive Session, 1948, p.256.

② Ibid., p.264.

③ Ibid., p.262.

④ Ibid., p.263.

⑤ Ibid. p.271.

⑥ U.S. Congress, Senate Committee on Foreign Relations, 80th Cong., 2nd Sess., Report No.935, Report on European Recovery Program, Washington D.C., 1948, p.36.

规模，继续维持这一庞大船队意义已经不大。为了进一步让参议院放心，范登堡最后抛出了国防部长的意见，称："国防部长本人也认为，从总的国家安全观来看，这种租赁，或者叫权利让与，利大于弊。"[①] 这样，这场关于商船转让或租赁的激烈争论才算暂时得以平息。

然而，后来发生的事多少还是出乎很多人的意料。在美国国会最后辩论期间，面对来自海运行业工会的巨大压力，美国参议院通过了一个《布鲁斯特修正案》，取消了参议院外交委员会此前议案中的第111条（a）款（4）。这样，不仅拒绝了商船转让或租赁，而且一如范登堡在国会秘密听证会上所预料的那样，该法案还对美国商船运送援助物资的市场比例进行了调整，将原来限定的"美国商船至多运输政府为欧洲复兴计划采购总货物的50%"修改为"在规定的权限范围内，署长有权采取他认为必要的措施来确保至少50%的援助物资由美国商船以市场运价运往欧洲"。[②]

《布鲁斯特修正案》这一个"至少"二字，完全否定了此前的政府议案，不仅没有向西欧国家转让或租赁任何船只，而且还追加了美国商船运送援助物资的货运百分比配额的下限（即至少50%）。这一霸王条款的规定造成的最大后果是导致马歇尔计划的援助费用出现了不必要的增加。

不仅如此，美国经济合作署还强行规定了援助物资的运输市场配额限制，并制定了严厉的处罚条款。根据这一明显偏袒美国海运业的霸王规定，由美国经济合作署负责为各马歇尔计划参与国确定援助物资的海运市场分配配额。如果西欧国家措施不力，完不成规定的百分比配额，就要接受处罚，超出配额5%以上的账单在结算时将得不到美元付款。[③]

如果说在1948年春天，迫于来自美国国内行业工会和海运利益集团的压力，当时的美国经济合作署对《布鲁斯特修正案》所附加的"货运百分比"规定是不得已而为之，那么后来美国经济合作署在执行"货运百分比"处罚力度上则是毫不留情，一点也不手软。例如，美国经济合作署在检查1949年第二季度（4—6月）运送援助物资的记录时发现，用援助复兴资金在美国所采购物资总吨位的56.5%是由美国商船运送的，这一比例已超出了最初规定的总吨位配额，即50%。美国经济合作署同时还发现，马歇尔

---

① Senate Committee on Foreign Relations, Report on European Recovery Program, p.37.

② Arthur M. Schlesinger, Jr., *The Dynamics of World Power: A Documentary History of United States Foreign Policy, 1945–1973*, Vol.I, p.77.

③ ECA, Fifth Report to Congress, p.59.

计划参与国运送的散装和灌装货物分别为59.4%和55.3%，这一比例实际上也超出了"50%对50%"的规定，而同一时期由美国商船运送的整装货物吨位却只有47%。[①] 于是，美国经济合作署立即启动了针对整装货物的配额处罚机制，7个没有按规定使用美国商船足额运货的西欧国家被迫用美元向美国经济合作署支付了由他国船只运送的48,395吨运费。[②] 美国经济合作署的这一严格执法显然只是为了维护美国海运行业的利益，是在执行双重标准。美国人可以超出配额，而欧洲人却不可以，这就是美国人的逻辑。

1949年10月，当得知这一处罚消息时，西欧国家的心情如何是完全可以想象的。更令欧洲人无法接受的是，美国经济合作署居然要求相关7国为这48,395吨货物，每吨还要向美国缴纳200美元补偿费！面对这一不合理要求，12月底，欧洲经济合作组织成员国代表向美国经济合作署提出了复议申请。结果他们却被告知，没有商量的余地，必须交。不仅如此，美国经济合作署还通知他们，此前由他国船只运送的12.3万吨货物的补偿费，也得由西欧人自己掏腰包。[③]

面对美国经济合作署的这一系列无理要求，西欧国家也进行过抗争。为了维护自身的合法权益，1949年12月30日，欧洲经济合作组织理事会召开会议。理事会执委会主席、同时也代表英国政府的埃德蒙·霍尔帕奇爵士在会上提议，除非所有成员国集体做出决定，愿意拿出这笔钱，否则，包括英国在内的各相关国家拒绝向美国经济合作署支付这笔冤枉钱。然而，令西欧其他国家大跌眼镜的是，英国人出尔反尔，言而无信，瞒着其他国家已交了这笔冤枉钱。为了免生事端，欧洲经济合作组织理事会只好指示其他国家也交钱了事。[④]

回头来看，欧洲人对缴纳这些冤枉钱是满心的不乐意，甚至是耿耿于怀。然而，美国经济合作署却振振有词地称，美国之所以将"50%对

---

① ECA, Fifth Report to Congress, p.59.

② TOREP #8203, to Office of the U.S. Special Representative in Europe (OSR) from Washington (Hoffman), September 30, 1949, ECA Files, FRC, Accession No.53 A-177, Box 156.

③ TOREP #10423, to Katz from Foster, December 27, 1949; Memorandum to R. L. Cumming from Chief, Transport Section, January 16, 1950. Both documents are all in ECA Files, FRC, Accession No.53A-177, Box 156.

④ Letter from Addison Foster to Arthur Syran, January 20, 1950, ECA Files, FRC, Accession No.53 A-177, Box 156.

50%"的百分比配额强加于人是非常必要的。理由有二：其一，说明美国人说话算话，绝不食言；其二，这件事也可以让欧洲人"吃一堑，长一智"，记住这一深刻"教训"。只有这样，美国经济合作署在随后的岁月里才可以高枕无忧，保证西欧国家执行运输条款不走样。

综上所述，在马歇尔计划形成和实施期间，美国国会既不愿意将战后美国闲置的船只租赁或出售给马歇尔计划参与国，又坚持美国商船享受"货运百分比"这一特惠待遇，同时又对所谓违反"货运百分比"的国家进行无情的处罚。这一系列损人利己的做法既让美国的道义尽失，也引起了欧洲人的极大不满，乃至敌视，其中的道理很简单：其一，马歇尔计划参与国中的许多国家都是传统的海商国家，譬如英国、意大利、冰岛、爱尔兰、比利时、荷兰、卢森堡、挪威、瑞典等，海运收入是这些国家外汇收入的重要来源之一。规定"货运百分比"、压缩这些国家的海运配额必然导致两种后果：一是收入相应减少；二是商船资源闲置，造成不必要的浪费。其二，规定"援助物资至少50%由美国商船运送"是霸王条款，是赤裸裸的不公平竞争，难以让欧洲人心悦诚服地接受。其三，欧洲人动辄得咎。一旦西欧国家没有完成美国经济合作署规定的运输"任务"或出现偏差，就要接受罚款，这是在执行双重标准。其四，由于美国运费普遍比他国高，用美国商船运送援助物资无疑给马歇尔计划增加了不应有的成本，造成援助资金的不必要的浪费。据美国经济合作署自己估计，仅仅在马歇尔计划开始实施的头9个月，因为使用美国商船运送援助物资，运费就额外增加了1000万美元。[①] 其五，不利于自由竞争，也有违美国一向宣扬的多边自由主义。美国国务院和美国经济合作署起初是一直反对将具体的条款强加于西欧国家的，因为这样做必然带来两个问题：一是会干扰国际私有船运市场的正常运作，因而有悖于美国在援助期间"尽可能利用私人贸易渠道"[②] 的初心；二是有损美国一向标榜的自由竞争哲学和多边主义理想。然而，美国国会在国内行业工会和海运集团的强大压力下，坚持"肥水不流外人田"的利己哲学，其结果导致负责援助事宜的美国经济合作署"里外不是人"，既要担负起监督欧洲人遵守运输条款不走样的责任，

---

① U.S. Economic Cooperation Administration, A Report on Recovery Progress and United States Aid, Washington D.C., February 1949, p.246 (Hereafter cited as ECA, Recovery Progress and U.S. Aid, with page after).

② ECA, Recovery Progress and U.S. Aid, pp.243–244.

同时又要忍受来自欧洲传统"盟友"不断的抱怨和诟病，替国会背黑锅。美国人"口惠而实不至"的利己主义本性再次暴露无遗。

## 五、马歇尔计划实施期间美国对西欧财政金融政策的干预：以法国为例

在欧洲复兴进程中，美国政府以提供援助为抓手，不仅挤压西欧国家的工业、农业、海运业的生存空间，其对西欧国家财政金融政策的干预同样也是赤裸裸的，令人叹为观止。

1950年4月24日，即马歇尔计划正式实施两年后，美国国会参议院外交委员会对欧援助特别委员会举行了每月一次的例会，再次就美国援助欧洲问题进行了讨论。当天晚上，美国经济合作署驻巴黎代表处特别代表埃夫里尔·哈里曼应邀与会，就如下两个问题谈了自己的看法：（1）美国的欧洲朋友不喜欢什么样的马歇尔计划管理方式？（2）他们是否认为美国过多地干预了他们的国内政策？[①] 根据这次会议记录，哈里曼特使做了回答。他说："当我于1948年第一次来到巴黎时，共产党的宣传结果是显而易见的，法国人担心我们将占领他们的国家。正因为这种态度，我们一开始非常谨慎，一度不敢坚持自己的立场。然而，自此以后，我们针对（法国）财政政策是否稳定对他们施加了巨大压力，我们也因此一直受到他们的指责。"[②]

认真解读哈里曼特使的这一番谈话，对我们研究美国是否在马歇尔计划启动后借马歇尔计划干预了西欧国家的财政金融政策、究竟在多大程度上干预了西欧国家的财政金融政策具有重大的佐证价值。

哈里曼的上述回答至少证实了以下四点：其一，1948年4月马歇尔计划实施后，美国经济合作署的确存在有意识地影响马歇尔计划参与国的财政金融政策的企图和行动。其二，哈里曼特使本人也承认，美国施加压力的行为已引起了欧洲人相当程度的不满。其三，一开始，美国施加压力的行为"非常谨慎"，后来逐步放开。其四，在法国，对政治的现实考虑（即法国共产党的宣传结果）影响了美国经济合作署推进法国尽快实施迫在眉

---

[①] U.S. Senate, Council on Foreign Relations Files, Records of Groups, Vol.XVIII-A, "Aid to Europe," Digest of Sixteenth Meeting, April 24, 1950, p.2.

[②] *Ibid.*, p.3.

睫的财政措施的努力。实际上，总理援助事宜的美国经济合作署在法国推进的财政金融稳定措施在西欧各国也都同样进行着，而美国经济合作署对付各国货币和财政混乱的主要手段就是利用对冲基金大做文章。

关于"对冲基金"，这里不妨做一交代。所谓"对冲基金"，是指马歇尔计划受援国在一个特别账户以本国货币设立的与美援等值的基金。其产生的前提是受援国并不能直接拿到美国提供的赠款（现金），而是由美国政府相关机构通过财政预算，将援款直接划拨给美国经济合作署，由美国经济合作署这个财务代理机构在美国国内采购、预订西欧国家所需的物资，然后再由商船，主要是由美国商船将这些物资运至各受援国。美国政府把所有费用，包括采购支出、运费、劳务费等一并记入一个专门开设的特别账户。受援国在得到援助物资后，先将这些物资在本土销售，而后将销售所得款项以本国货币记入这个特别账户。该基金必须由受援国提出申请、而后由美国经济合作署署长在征得美国国会"国际货币与金融问题国家咨询委员会"（NAC）和"公共咨询委员会"（PAB）同意后方可提取使用。这就是《1948年对外援助法》第115条（b）款（6）明文规定的所谓"对冲基金"制度。

根据《1948年对外援助法》之规定，美国经济合作署享有发放对冲基金的特权。这一特权就使该机构得以对西欧各国政府施加压力，直接或间接地影响各国的财政金融政策。当然，这种干预权也是法定的。《1948年对外援助法》第115条（b）款（6）明确规定，除了其他用途，对冲基金应"用于维持各国国内金融和财政稳定之目的"。[1] 如果反过来看这一规定就会发现，在同意发放"用于任何其他目的"的对冲基金之前，美国经济合作署应仔细考虑和评估这样做可能会对相关国家的金融和财政形势产生什么影响。因此，从法理上讲，美国经济合作署对对冲基金发放肩负的管理责任实际上就变成了一种策略性工具。通过这一特殊工具，美国经济合作署署长就可以根据自己的判断来强迫各受援国接受美国认可的财政金融原则，以遏制西欧现实的或潜在的通货膨胀为借口，干预受援国的财政金融政策。

那么，美国是如何利用对冲基金这一"策略性工具"来大做文章的

---

① Arthur M. Schlesinger, Jr., *The Dynamics of World Power: A Documentary History of United States Foreign Policy, 1945–1973*, Vol.I, p.84.

呢？一个特别能说明问题的例子就是美国经济合作署在法国的具体做派。

1948年6月初，美国经济合作署派驻法国的代表开始和法国政府正式谈判有关对冲基金的使用问题。其实，基于现实需要，法国政府早就向美国经济合作署提出过申请，要求后者发放其先前积累的一部分对冲基金。然而，法国的这一正当要求在1948年6月3日被美国正式拒绝。[①] 美国人"十分礼貌地"告诉法国人，当下最紧要的不是对冲基金的发放问题，而是必须与法国政府共同审查1948年下半年法国对于"建立和维持国内财政稳定"承诺正在和将要采取的措施。法国政府还被告知，只有在这一共同审查的基础上，美国政府和美国经济合作署署长"才会考虑（对冲基金的）临时发放"。[②] 美国人在关键问题上岔开话题，顾左右而言他。

及至1948年夏天，法国政府的财政收入依旧不足以维持开支，出现了严重的预算赤字。美国提出的条件让法国当局意识到，既然不能启用对冲基金，要想更快实现法国的财政金融稳定，只能从法国中央银行临时贷款。而继续贷款又必然会助长国内业已存在的通货膨胀，进而招致美国的进一步批评。权衡再三，法国政府认为，对付收支不平衡的最有效途径还是得想办法提取对冲基金。因此，法国政府在整个1948年夏天都在要求美国经济合作署尽快发放对冲基金，以填补眼前的政府开支和为长期投资项目融资。

一开始，美国官员对法国政府要求尽快发放对冲基金做出的回应是重申对法国反通货膨胀计划"共同审查"的坚定立场，认为这是考虑发放对冲基金的前提条件。然而，美国官员很快又发现，无论是法国内阁还是国民议会都无法在短期内就平衡预算采取有效的财政措施。在这种情况下，美国经济合作署终于在1948年9月初开了"金口"，答应法国可以使用一定数量的对冲基金，但前提条件是，法国政府必须在不依赖通货膨胀手段的前提下，想办法填补政府在1948年的所有开支。[③] 此后不久，美国经济合作署又节外生枝，向法国提出了新的对冲基金发放条件。美国经济合作

---

① 根据1947年12月通过的《1947年临时援助法》，法国、意大利和奥地利已开始接受美国提供的临时紧急援助。根据规定，此间生成的对冲基金必须征得美国的同意方能使用。

② TOECA #74, for Taylor and Southard from Tomlinson, June 3, 1948, ECA Files, FRC, Accession No.53A-278.

③ TOECA #250, From Paris to Secretary of State, July 9, 1948, ECA Files, FRC, Accession No.53 A-278.

署建议，用来资助法国政府投资项目的对冲基金发放的前提必须是法国政府制定并采取了令人满意的财政金融改革措施。这样，法国人又面临两难选择：要么接受美国人的建议，采取财政金融改革措施，要么提高从中央银行的贷款。显然，前一种选择谈何容易，而后一种做法后果更严重，不仅会加重国内通货膨胀，进而招致美国人的批评，而且还得首先征得法国议会的同意，以提高中央银行对政府开支的垫付数额。法国人一时间感到手足无措，左右为难。

而此时的美国经济合作署也发现自己处于两难境地。尽管它在不断要求法国政府尽快采取现实可行的财政金融稳定措施，但它同时也发现，一再推迟对冲基金的发放很可能导致法国通货膨胀局面进一步失控，进而导致法国国内危机的进一步加深。权衡再三，美国经济合作署最终总算同意了法国政府使用此前生成的对冲基金。

这里需要说明的是，法国政府之所以最终能得到对冲基金的使用权，与美国经济合作署驻欧洲特别代表处派驻法国使团负责人戴维·布鲁斯是分不开的。1948年9月中旬，还在法国国民议会就政府提交的一揽子财政金融稳定措施进行辩论期间，布鲁斯就敏锐地意识到法国的金融形势不容乐观。如果不立即采取措施加以干预，法国的通货膨胀将吞噬1948年前半年艰难取得的成果。据此，布鲁斯强烈要求美国经济合作署立即同意发放对冲基金，以解法国的燃眉之急。但这里有个前提条件，即法国国民议会首先要对法国政府拟定的财政计划进行立法。为了加重自己建议的分量，聪明的布鲁斯在建议的最后还加了一句话，谎称他的建议已得到了美国经济合作署驻巴黎特别代表哈里曼和美国驻法大使卡弗里的同意和支持，"他们俩也加入了督促立即采取行动的行列"。[1]

一星期之后，布鲁斯兴奋地告诉华盛顿，法国稳定财政措施的财政立法已由法国国民议会通过，现已送达法国参议院。如果一切进展顺利，不久便可望得到法国国民议会的最后批准。布鲁斯还告诉马歇尔国务卿，法国人已拟出1948年9月和10月对冲基金的发放申请，要求每月发放一笔不超过450亿法郎的对冲基金，用于资助法国生产性投资。与此同时，为了不惹美国人生气，法国人小心翼翼地指出，在美国经济合作署决定发放他

---

[1]　TOECA #358, Personal Attention to Hoffman from Bruce, September 14, 1948, ECA Files, FRC, Accession No.53 A-278.

们10月份的要求数额时，应适当考虑法国政府的非预支性收益。如此这般，最后双方正式同意：在1948年11月15日之前，由两国政府代表再次对法国财政和总的经济形势进行审查，以便为将来决定处置剩余对冲基金奠定基础。然而，这件事似乎并没完，美国经济合作署明确表示："10月份，也许从此以后，发放对冲基金的数额将视法国政府稳定财政措施的落实情况而定。"[①]

这种"视情况而定"无疑给法国人留下了一个让美国人可以随时捉到的"尾巴"，给法国人又"系上了一根绳子"。[②] 一旦法国政府在财政金融改革措施上稍有纰漏，令美国人感到不满意，美国经济合作署就会随时收回成命。美国利用援助生成的对冲基金对法国财政金融政策的摆布由此可见一斑。当然，在整个马歇尔计划实施期间，美国经济合作署利用手中的特权对法国财政金融政策的干预，尤其是在对冲基金的发放问题上的一再刁难只不过是一个比较典型的例子。在马歇尔计划实施期间，美国利用美国经济合作署对其他西欧国家财政金融政策的干预也是大同小异，只不过程度不同罢了。考虑到篇幅所限，在此不予赘述。

## 六、马歇尔计划实施期间美国对东西欧贸易的态度、政策及其后果

马歇尔计划启动后，美国官方对东西欧贸易的态度和政策可以被看作是证明美国"口惠而实不至"的又一典型案例。尽管美国政府从一开始就一再高唱要帮助西欧国家扩大对外贸易，并以此作为减少赤字、稳定经济、实现复兴的主要手段，但在冷战渐次展开的大背景下，出于维护阵营利益的战略需要，美国又竭力限制东西欧国家之间的传统贸易。这种自相矛盾的态度和政策实际上成了影响东西欧正常贸易，拖延西欧实现财政稳定，拖延西欧复兴进程的又一重要因素。

---

① TOECA #375, From Paris to Secretary of State, September 20, 1948, ECA Files, FRC, Accession No.53 A-278.

② 1947年10月中旬，在与总统助手乔治·埃尔西的一次非正式讨论中，共和党参议员哈罗德·史塔生建议美国对西欧的援助应是有附加条件的，"应系上一根绳子"，"系绳子"一说由此而始。Memorandum from George Elsey to Clark Clifford, October 16, 1947, George Elsey Papers, Harry S. Truman Library.

　　众所周知，二战后，基于冷战考虑，美国对外援助政策的基本目标是不让苏联及其"卫星国"得到可能直接或间接加强其军事实力的物资，尤其是战略物资，而实现这一目标的主要手段就是建立由美国商务部负责管理的出口管制制度。根据这一制度，美国商务部有权界定哪些产品在此时或彼时属于出口许可管制之列，并由它来决定每一种产品出口许可证的发放。换句话说，美国商务部可以乾纲独断，有权禁止某些产品出口到特定国家，尤其是苏联和东欧这些所谓的"铁幕"后的国家。

　　关于美国出口管制制度的历史沿革，在此不予赘述。需要注意的是，战后初期美国之所以继续实施出口管制，最主要的考虑是出于保护美国国内经济免受破坏以及维护国内民生的现实需要。然而，随着冷战的逐步升级，美国国会在出口管制问题上的态度变得日益强硬起来，政治、意识形态考虑日益取代了经济考虑。随着1949年国际形势的嬗变，美国国会通过了一系列相关立法，如《1949年出口管制法》《1951年第三次追加拨款法（凯姆修正案）》《1951年共同防御援助管制法》等，对东西欧贸易采取日益强硬的态度和做法，出口管制日益收紧。为了规制未来接受援助的国家也采取出口管制，美国《1948年对外援助法》严令美国经济合作署署长："禁止向受援国提供那种可用来为任何非受援欧洲国家生产产品的产品。美国拒绝向这些国家发放这种产品出口许可证的目的是国家安全利益。"[1]

　　简而言之，美国国会的最基本出发点就是：出于维护美国国家安全利益和冷战阵营大战略的考虑，美国不但要加强出口管制，它也决不能容忍，更不会鼓励西欧国家生产的商品，尤其是战略物资不加区别地流向苏联及其"卫星国"，进而加强这些国家抗衡美国的实力。

　　从历史上看，东西欧传统贸易由来已久，互补性很强。即使在马歇尔哈佛演讲之后，实现与东欧国家传统贸易仍是西欧国家的愿望和追求的目标。在1947年9月22日欧洲经济合作委员会递交美国的总报告（CEEC总报告）中就有关于与东欧贸易的准备情况。在预测各国未来美元赤字大小和评估美国提供援助的"必要条件"时，该合作委员会成员国曾设想，在马歇尔计划实施期间，它们与东欧国家之间将出现实质性的、稳定的贸易复兴。这种设想的前提是，西欧可以用自己的工业产品和其他产品与东欧

------

　　① Arthur M. Schlesinger, Jr., *The Dynamics of World Power: A Documentary History of United States Foreign Policy, 1945–1973*, Vol.I, p.87.

交换西欧日益需要的某些产品，主要是木材、煤、粮食、肉类和化肥，这也是战前东西欧贸易的传统模式。而且，西欧国家预测，通过这种互惠贸易，西欧不仅可以储备生活必需品，而且还可以通过维持对东欧的贸易顺差，储备更多美元。[①]

有证据表明，直至1948年，尽管有美国的一再警告，西欧国家并没有放弃与东欧国家互惠贸易的想法。例如，大多数西欧国家在四年复兴计划中都提出了类似的设想，而且这一设想在欧洲经济合作组织后来提交的《临时报告》中也有具体体现。据该报告估计，到1952年，欧洲经济合作组织国家从东欧进口额将是1947年的3.5倍。该文件还具体把木材、煤、有色金属以及几种食品单列出来，认为在这些项目上有望获得最大量的增加。[②]

尽管西欧国家的这种设想最终并没有完全实现，但扩大东西欧贸易的确是西欧国家一开始试图借以实现生产、生活和收支平衡目标的基本设想和愿望。只不过出于维护阵营利益的现实需要，更由于对美国援助的严重依赖，西欧国家对美国的蓄意干涉和颐指气使也只能忍气吞声，敢怒而不敢言。

就美国而言，美国人也并不是不了解东西欧贸易对西欧复兴的重要性。例如，美国经济合作署在马歇尔计划实施初期的报告中就已认识到东欧作为西欧食品和原料的主要供应市场和工业产品出口市场的重要性。美国经济合作署最初也曾郑重许诺，如果需要，美国和"其他国家"可以为西欧提供大部分原料。"不能维持东西欧贸易，势必给欧洲经济合作组织成员国增加负担。更重要的是，它将从根本上增加复兴计划的美元开支。"[③] 1948年4月20日，在美国国会众议院拨款委员会听证会上，当有人就《1948年对外援助法》第117条（d）款要求署长限制或禁止美国供应西欧的产品流向东欧时，美国经济合作署署长保罗·霍夫曼坚定而明确地表示："我个人认为，这并不意味着我们应切断东西欧贸易，因为这将是在拿

---

①　William Diebold, "East-West Trade and the Marshall Plan," *Foreign Affairs*, Vol.26, No.4, July 1948, pp.709–710.

②　OEEC, Interim Report, pp.55–56.

③　ECA, Recovery Progress and U.S. Aid, p.219; William Diebold, "East-West Trade and the Marshall Plan," p.715.

我们自己出气，这样做只会给我们增加更大的财政负担。"[①] 然而，在保守势力强大的参议院拨款委员会的压力下，霍夫曼后来还是不得不在这个问题上改了口。他说："如果我们向某个国家提供了援助，而这个国家又把我们没有发放出口许可的援助产品运往非马歇尔计划参与国，我会阻止这件事或者停止提供援助。"[②]

　　总之，不管是欧洲经济合作组织成员国还是美国经济合作署官员，最初都曾把东西欧贸易看作是刺激西欧生产、降低西欧依赖美元进口和维护财政金融稳定的一个有效手段，但由于阵营利益高于一切，美国经济合作署后来在处理东西欧贸易问题上还是采取了审慎甚至是保守的态度，奉行了谨慎支持东西欧发展贸易的政策，即只准许马歇尔计划受援国从东欧国家购买生活必需品，但不允许受援国向东欧国家提供美国援助的产品。

　　美国经济合作署相关备忘录和报告记录显示，战前，西欧国家从东欧进口粮食年平均为400万吨。到了1948年，西欧从东欧进口的粮食只有150万吨。战前从东欧进口的木材年平均为1900万立方米，1948年仅为540万立方米。[③] 根据美国经济合作署提交美国国会的第三个季度报告，美国经济合作署于1948年12月底曾从马歇尔计划援助资金中拨出了3160万美元，专门用于从东欧国家购买西欧国家急需的物资，包括从波兰购买煤，从东德购买化肥，从捷克斯洛伐克和匈牙利购买铁路交通设备，这些交通设备主要是西欧急需的货车。[④] 然而，不知什么原因，在后来的实际拨款中，有2040万美元被取消了，因而这一数目后来被减少到1120万美元。1949年上半年，美国经济合作署又为西欧国家秘密拨款470万美元，用来购买波兰的煤、南斯拉夫的木材和铅。到1949年中期为止，大约有价值1590万美元从东欧进口的货物是通过马歇尔计划资助的。[⑤] 在欧洲复兴计划剩余时间内，东西欧之间的贸易仍断断续续，总体上没有大的变化（具体贸易数据，参见表5.2联合国相关记录）。

---

　　① U. S. Congress, House Appropriations Committee, Hearings, April 20, 1948, p.17.

　　② U. S. Congress, Senate Appropriations Committee, Hearings, May 13, 1948, p.29.

　　③ ECA, "The Significance and Development of East-West Trade," An Internal ECA Memorandum Prepared by L. Beechever, Washington D.C., undated, p.22, p.24.

　　④ ECA, Third Report to Congress, pp.37–38.

　　⑤ Imanuel Wexler, *The Marshall Plan Revisited: The European Recovery Program in Economic Perspective*, p.79.

表5.2：1947—1952年欧洲经济合作组织成员国与东欧（包括苏联）贸易一览表

（单位：百万美元，当时到岸价格）

| 年份 | 从东欧进口 | 向东欧出口 |
|------|------------|------------|
| 1947 | 874 | 827 |
| 1948 | 1275 | 768 |
| 1949 | 1141 | 994 |
| 1950 | 1036 | 925 |
| 1951 | 879 | 682 |
| 1952 | 991 | 739 |

资料来源：United Nations, Economic Survey of Europe: 1948-49, New York, p.149; United Nations, Economic Survey of Europe: 1950-51, p.111; United Nations, Economic Bulletin for Europe, November 1952, p.37 and July 1953, p.28.

综上所述，随着冷战的逐步升级，尤其是随着1949年西欧的重新武装和1950年6月朝鲜战争的爆发，随着美国和西欧国家对苏东阵营出口管制的逐步收紧，加上东欧各国经济与苏联经济的稳步整合，东西欧之间试图扩大正常商业往来的想法和实践均受到了现实的制约和限制。从后来的实际结果看，由于美国为东西欧贸易设置了种种限制，双方的贸易往来只能在夹缝中求生存，这种贸易在1949年达到战后高峰后开始走下坡路。如表5.2所示，及至1950年、1951年，西欧从东欧进口和向东欧出口均下降了。尽管1952年略有回升，但这一年东西欧之间的贸易总值仍不及战前（1938年）的一半，远低于马歇尔计划参与国最初提出的贸易目标。这一冷战结果无疑对西欧尽快实现"健康经济（的恢复）"（马歇尔语）产生了重大影响，客观上也成了西欧摆脱赤字梦魇的一大障碍，拖了西欧国家复兴的后腿。

# 第六章　马歇尔计划与西欧政治的中右化：以法国、意大利为例

马歇尔计划不单是一个纯粹的经济援助计划，而是一个包含多重战略意图的宏大谋略，它的政治、军事、文化、地缘战略等意图是随着其经济意图而逐渐展开和放大的。众所周知，政治是经济的延续。在冷战帷幕已拉开的背景下，马歇尔计划的政治意图就是通过提供经济援助，实现西欧的经济复兴，削弱西欧各国业已存在的共产主义运动，遏制克里姆林宫在该地区的潜在影响力，确保西欧国家不至偏离西方政治经济轨道，继续留在西方阵营内。众所周知，战后的法国、意大利、比利时等西欧国家存在着强大的共产主义运动，一些共产党人甚至在联合政府的重要部门以及工会组织中占据着重要位置。在美国看来，这不仅是影响西欧国家政治稳定的一大"隐忧"，更是美国控制西欧的一大障碍。在这一背景下，美国以提供援助为抓手，高悬诱饵，积极干预法国、意大利内政，最终如愿以偿地坐视法国、意大利共产党被排挤出联合政府，心满意得地在这些国家建立了亲美的中右翼政权。在重塑法国政治、插手意大利内政的同时，美国也加快了整合德国西占区的步伐。随着西欧政治迅速向右转，马歇尔计划的政治意图和地缘战略意图也日益暴露出来。

## 一、马歇尔计划与战后法国政治中右化

尽管在二战后期和战后初期美国就有意拉拢法国，但美法两国关系真正的转折点和相互热络始于1947年。1947年注定是国际关系史上一个非同寻常的年份。在这一年，围绕着欧洲的国际局势发生了诸多变化：丘吉尔的"铁幕演说"、杜鲁门主义、马歇尔计划相继出台；法国、意大利共产党相继被右翼势力驱赶出联合政府；社会主义阵营的"共产党和工人党情报局"相应成立，"莫洛托夫计划"也开始实施。所有这些事件既标志着两大阵营冷战的升级和冷战阵营的渐次形成，也促使战后法美关系不得不做出相应调整。

1947年，美国之所以急于调整与法国的关系，主要是基于以下几点考虑：其一，法国西邻大西洋，南邻地中海，东北与德国接壤，在欧洲大陆的地理位置十分突出。在冷战帷幕已拉开的背景下，重塑美法两国关系就意味着美国争取到了在欧洲冷战主战场上的主动权，自然加强了美

国拉拢法国的紧迫感。其二，1947年春天，西方国家在德占领区加入欧洲整体复兴已进入美国视野。美法关系的改善必将有助于推进法德关系未来的改善。其三，尽管杜鲁门主义在当时关注的焦点是希腊和土耳其，但它也再清楚不过地表明，美国要在全世界反对共产主义，而战后法国共产党自然成了美国的心腹大患。也就是说，一旦实现了华盛顿与巴黎关系的正常化，一旦在法国建立了一个亲西方的政府，就必然意味着要将法国共产党排挤出联合政府。就在1947年5月，法国共产党果然被排挤出了联合政府，这就为法国在政治上、经济上、军事上进一步依赖华盛顿扫除了障碍。

回过头来看，战后初期美国拉拢法国、重塑美法关系的手段主要包括两种：第一种是借提供经济援助而进行。从二战结束到马歇尔计划实施期间，基于战后法国在美国人心目中的重要位置，法国是仅次于英国接受美国援助最多的国家。据统计，从1945年到1954年，美国对法国提供的援助每年都在10亿美元左右。[①] 在战后法国经济十分困难的情况下，来自美国的"慷慨"援助无疑是雪中送炭，也必然会对法国的政治、经济、内政、外交以及民意产生重大而深刻的影响。也正是因为战后初期的法国有求于美国，因此，"经济援助随时可能会中止"就成了美国政府干预法国内政的一件利器。

第二种手段是通过操纵民意来干预法国内政。战后初期，除了以提供经济援助作为影响法国政治的手段，美国还试图通过直接或间接操纵法国民意来影响法国内政。毕竟干预他国内政是件极其不光彩的事情，因此，有许多内情至今还遮遮掩掩，云山雾罩，鲜为人知。然而，也有证据表明，美国在这一方面的确有动作。据专门研究这一课题的欧文·沃尔透露，至少在战后最初几年，美国对法国非共产党工会的大力支持就有案可查。至于支持的结果是什么，那是另一回事，但支持的确存在。在马歇尔计划执行期间，由于美国政府对法国政局一直不满意，尤其是对法国共产党在法国总工会的强势存在一直感到不满，因而美国政府就授意美国工会组织不间断地对法国工会右翼领导人进行引诱、拉拢和腐蚀。除了支持法国非共产党工会领导人，美国还在法国发动了一系列反共宣传攻势，

---

[①] Irwin M. Wall, *The United States and the Making of Postwar France, 1945–1954* (Cambridge: Cambridge University Press, 1991), p.2.

其中就包括引起巨大轰动的"维克多·克拉夫琴科案"、对法国"自由巴黎"（Paix et Liberte）反共和平运动的资助，以及由美国"心理战委员会"（PSB）授权美国中央情报局在法国进行的一系列幕后行动。当然，对于美国中央情报局在多大程度上通过出版物、媒体等工具对法国民意施以影响，由于美国中央情报局的相关档案至今仍未解密，目前尚无从了解。①

这里需要强调的是，从目前可以看到的有关证据来看，尽管美国对战后初期法国内政的干预的确存在，而且一直没有间断过，但它也不能为所欲为。换句话说，尽管美国对战后法国政治或明或暗地下黑手是影响法国政治右转的一个重要因素，但不是决定性因素。纵观历史，法国是欧洲独立意识很强的国家，而且在历史上与美国多有不睦。

1947年5月，法国政局突变，亲西方的拉马迪埃政府突然将法国共产党排挤出联合政府，这件事既令法国共产党猝不及防，也令国际社会一片哗然。然而，这件事似乎又不是偶然的。实事求是地讲，在1947年这个多事之秋，拉马迪埃政府面临的压力主要来自法国内部。一方面，拉马迪埃政府要面对因经济复苏乏力而造成的人民对政府的普遍不满，尤其是来自社会底层工人阶级的极大不满。另一方面，它又要应对国内强大的共产党的挑战。从战后法国国内的政治形势来看，就算没有来自美国的外来压力，拉马迪埃政府也有将共产党排挤出联合政府的愿望和充足的理由。早在1947年初，拉马迪埃组建了法国第四共和国第一届政府，2月27日，艾奇逊在白宫秘密会议上惊呼："在法国，有四、五名部长，其中一名是国防部长。共产党控制着最大的工会，并在政府各部、工厂、军队中安插大量人员。法国选民将近三分之一投共产党的票。在法国经济如此糟糕的情况下，俄国人随时都可能下手。"② 对此，约瑟夫·琼斯不无担心地说："显然，希腊、法国和意大利……正面临着被有组织的、武装的共产党少数分子从内部征服的直接危险。"③ 而当时的美国政府也怀疑这其中可能有莫斯科因素，并认为，"如果莫斯科不改变对法国共产党的指示，这个政府就不会支撑太久"。④

---

① Irwin M. Wall, *The United States and the Making of Postwar France, 1945–1954*, p.4.

② 张锡昌，周剑卿：《战后法国外交史》，世界知识出版社，1993，第33页。

③ Joseph M. Jones, *The Fifteen Weeks: February 21–June 5, 1947*, p.96. 1945年以来，意大利共产党人一直参与内阁。

④ U.S. Department of State, *Foreign Relations of the United States, 1947*, Vol.III, p.689.

拉马迪埃政府成立后，法国国内右翼势力的反共情绪日益高涨，一点也不逊色于美国。法国的政客们打算，一旦有足够力量，就把共产党排挤出政府。美国驻法大使卡弗里连续两天向华盛顿发回的报告就是直接证据。卡弗里在报告中称，法国内阁主要成员罗伯特·舒曼、泰特让、莫里斯·舒曼和米舍莱都想将共产党排挤出联合政府，而"不管后果是什么"。[①] 法国外长皮杜尔也明确告诉卡弗里，拉马迪埃政府无法长久，因为共产党部长们的步步紧逼，他们正成为对"我们所理解的西方文明"的一大威胁。[②] 卡弗里在致华盛顿的报告中还指出，法国中右翼政客们已经开始联手合作，意在遏制共产党在内政部、国防部、国防部老兵局和工业生产部的"渗透"。例如，法国内政部长德普勒正在向一直"在打共产党牌"的巴黎警察局长吕泽施加压力。勒韦尔将军则取代了与共产党"眉来眼去"的拉特。弗朗索瓦·密特朗正在尽快把共产党人从国防部老兵局挤出去。[③] 在1947年3月召开的法国国民大会上，在内阁任职的法国共产党部长们因与其他党派的部长们在印度支那问题上意见相左，争吵不休。这件事暗示双方将最终摊牌。在法国中右翼看来，既然法国共产党无法阻止这场战争，也就没有必要继续留在联合政府内，他们离开政府只是个时间问题。[④] 总之，1947年春天，随着杜鲁门主义的出台，法国国内的反共情绪愈发骚动不安，甚嚣尘上。法国的亲美右翼势力一直在寻找机会，一俟力量强大到一定程度，就迅速将共产党排挤出内阁。法国亲美势力的这一想法随着1947年5月的到来而变成了现实。

需要说明的是，就在法国共产党被排挤出联合政府后，法国国内政治依然很不平静。随着1947年9月社会主义阵营"共产党和工人党情报局"的成立，法国共产党再次士气大振，法国国内的罢工浪潮也此起彼伏。而1947年10月法国的地方选举更加强了戴高乐主义者和法国共产党卷土重来的可能性。法国各地频繁出现的罢工和地方选举的不确定性所带来的政治危机预示着戴高乐和共产党随时都可能重掌政权。随着戴高乐因面对法

---

① Irwin M. Wall, *The United States and the Making of Postwar France, 1945–1954*, p.67.

② U.S. Department of State, National Archives and Records Administration (NARA), General Records of the Department of State, Office of European Affairs, 851.00, Washington D.C., 851.00/1-2747, January 27, 1947; 851.001/1-2847, January 28, 1947.

③ Irwin M. Wall, *The United States and the Making of Postwar France, 1945–1954*, p.67.

④ *Ibid.*, p.68.

国的麻烦局面而拒绝卷入法国政治，美国及时地抓住时机，转而支持新的代理人，即亲美的罗伯特·舒曼。为了稳定舒曼内阁，美国国会及时通过了《1947年临时援助法》，向包括法国在内的几个欧洲国家提供临时紧急援助。当然，此举的另一目的则是换取巴黎接受修改后的德国工业水平计划。总之，拉马迪埃政府的软弱、法国经济的孱弱和法国政局的不稳定为华盛顿插手法国内政提供了重要契机。

回过头来看，1947年5月，拉马迪埃之所以突然将法国共产党排挤出联合政府，与其说与美国人直接有关，倒不如说与法国国内骚动不安的反共情绪有关。客观地讲，当时美国人只是坐视法国政治危机的展开而没有直接插手。原因是美国人多留了个心眼，因为当时他们还看不出法国共产党留在联合政府内有什么不好。换句话说，正因为法国共产党在工会中的作用实际上是稳定法国社会的一个重要因素，美国人一时还吃不准共产党留在政府内是否会更有利于法国社会的稳定。然而，随着冷战的升温和阵营意识的逐步加强，美国人突然发现美国在法国的影响力有限。于是，美国政府便开始频频向拉马迪埃政府施加政治和外交压力，并不断警告拉马迪埃警惕法国共产党会卷土重来，甚至推翻美国支持的亲西方政府。

当然，对于"法共"被排挤出联合政府，美国政府是绝对脱不了干系的。这里有两个证据：一是杜鲁门主义的鼓励作用。正如美国驻法国大使卡弗里所说："杜鲁门主义使得法国清洗共产党的热情倍受鼓舞。"他坚信，杜鲁门国会山演讲"加强了拉马迪埃踢开法国共产党这个绊脚石的决心"。[①] 二是美国的经济援助和政治支持助长了法国内部反共势力的气焰。有证据表明，法国国内的反共势力一直希望得到美国政府的明确表态和支持。例如，法国社会党人安德烈·菲利普就曾对美国驻法大使卡弗里明确表示，在社会党人采取行动"把法共踢出内阁"之前，法国国内的经济形势必须得到扭转。法国政府要员泰特让说得更直接。他明确表示，如果没有美国的经济援助提供保证，就无法、也没有理由赶走共产党。而一旦有了美国的保证，"我们就有足够的勇气来面对共产党"。[②] 由此而论，在1947年春夏之交，如果没有杜鲁门主义，如果没有美国政府的公开或暗中支持，拉马迪埃以及法国国内的右翼势力"反共、排共"的胆子也不会那

① U.S. Department of State, National Archives and Records Administration, 851.00/3-1947, March 14, 1947.

② Irwin M. Wall, *The United States and the Making of Postwar France, 1945–1954,* pp.68–69.

么大，步伐也不至于那么快。

这里还有一个可靠的证据。据《美国国家档案管理局档案》记载，1947年5月5日，美联社发表了一篇报道，称美国驻法国大使卡弗里已向拉马迪埃许诺，如果他能把共产党排挤出政府，法国就可以得到来自美国的大量经济援助。这一公然干涉法国内政的消息不胫而走，立即引起了包括马歇尔国务卿在内的美国高层的关注和不安。马歇尔迅即致电卡弗里，询问这件事的真伪。针对马歇尔的质问，卡弗里称这一报道纯属捕风捉影，子虚乌有，因为这种负面新闻极可能刺激法国国内本来就已存在的对美国干预法国内政和美国在法国推行"金元帝国主义"指责的升级。为了撇清自己，卡弗里居然怀疑是法国共产党"从中作祟"，其理由是，此时的"法共"正愁找不到攻击由法国社会党人把持的国民议会的"炮弹"，因而炮制出这一消息。[①] 针对卡弗里的极力诡辩，学者菲利普·迪尔在其回忆卡弗里的《来自路易斯安那的杰弗逊·卡弗里：革命大使》一书中对卡弗里的谎言进行了无情揭露。他称，美国驻法大使卡弗里在记事本上的确写有"我已告诉拉马迪埃，其政府中不能有共产党，否则免谈"[②] 这样的字样。回头来看，不管卡弗里当时如何百般抵赖，但有一个事实他是绝对赖不掉的。据《美国外交文件》记载，1948年10月2日，卡弗里让自己的高级助手威廉·泰勒参赞以坚定的语气告诉法国官员："如果再让共产党进入政府，援助即行中止。"[③] 这是确认卡弗里干预法国内政的一个有力证据。

当然，除美国这种外部因素外，导致拉马迪埃最终摊牌的导火索是1947年5月1日的法国雷诺工人大罢工。这次大罢工声势浩大，迅速蔓延到法国其他地区。关键还在于，这次大罢工得到了法国共产党或明或暗的支持。就在大罢工的第二天，"法共"公开宣布支持大罢工，反对拉马迪埃政府的内外政策。恼羞成怒的拉马迪埃立即宣布解散共产党，同时向美国求援。拉马迪埃告诉卡弗里，要想维持现政权不被推翻，法国就必须得到美国提供的临时援助，主要是小麦和煤炭。如果没有这些援助，法国工人

---

① U.S. Department of State, National Archives and Records Administration, 851.00/5-547, May 5, 1947; 851.00/5-647, May 6, 1947.

② Philip F. Dur, *Jefferson Caffery of Louisiana: Ambassador of Revolution* (Lafayette, LA: 1982), p.42.

③ U.S. Department of State, *Foreign Relations of the United States, 1948*, Vol.III, p.661.

阶级就可能再次投入共产党的怀抱，戴高乐主义者也会卷土重来，"法共"和戴高乐都有可能取他而代之。

总之，法国共产党被排挤出联合政府后所发生的一切都在西方的预料之中。在马歇尔哈佛演讲后，法国和英国一样，在第一时间对马歇尔提出的倡议做出了积极回应。即使是对传统上关系一向尚好的俄国，法国政府也表现出了"令人吃惊的坚定"。① 在此后不久召开的巴黎外长会议（1947年6月27日至7月2日）上，为了与英、美协调立场并得到美国的政治支持和经济援助，作为东道主的法国外长皮杜尔与英国外交大臣贝文上下其手，一唱一和，"义无反顾"地拒绝了苏联外长莫洛托夫的善意警告，即美国的援助"计划"不可避免地会导致华盛顿干预欧洲各国的内政，法国对美国亦步亦趋，心甘情愿地倒向了美英集团。这样，从战争结束到1947年夏天，在犹豫了一年半之后，拉马迪埃政府顶住了来自"法共"和法国民族主义者的压力，组建了以中间力量为主的中右翼温和政府，法国也因此而坚定地倒向以美国为首的西方阵营。当然，法国的这一选边站队很快得到了华盛顿的认可和接纳，美国也为拉近与法国的关系而乐不可支。具有讽刺意味的是，法国人之所以心甘情愿地与美国结盟，接受美国提出的援助条件，是因为他们相信自己将在未来处理德国问题上得到一些好处，比如在德国资源共享上分一杯羹，当初美国争取法国时也曾做过这种承诺。然而，法国人很快发现，马歇尔计划开始实施后，美国人实际上一直在诱导甚至逼迫法国人接受它一直希望避免的美国版德国政策。简而言之，尽管马歇尔计划最终助推了法、德和解，法国也因参与了马歇尔计划而走上经济复兴之路，但法国也因此而付出了沉重的政治代价，法国的对德政策最终胎死腹中。

## 二、经济援助与政治支持：美国战后对意大利政策的政治转向

1947年春天，与战后许多欧洲国家的境遇类似，战败的意大利同样站在了稳定国内形势的十字路口，其核心任务主要包括政治重建和经济重建。从总体上看，战后意大利的政治重建工作还算比较顺利，但由美国

---

① U.S. Department of State, *Foreign Relations of the United States, 1948*, Vol.III, p.302.

前期资助的经济重建方案的失败却严重威胁着意大利的社会稳定。就政治层面而言，由意大利天主教民主党人阿尔契德·德·加斯贝利于1946年7月组建的联合政府与战后初期法国的六角形政体十分相似，充满着变数，极不稳定，主要表现在政党之间的恶斗。当时的意大利三大政党——共产党、社会党和天主教民主党在涉及包括重建的所有重大问题上意见相左，相互指责不断。就经济形势而言，1946年夏秋之交，随着国内经济形势的持续恶化，意大利民众对政府的不满情绪与日俱增，破坏性罢工、政治暴力、成群结队的前游击队员发动的叛乱和大规模游行示威接连不断。[①] 1946年11月10日，亲西方的意大利右翼势力天主教民主党在罗马地方选举中一败涂地。这一变局促使美国决策者下决心对意大利加大临时经济援助，以缓解意大利的政治危机。然而，由于来自美国的临时援助十分有限，而且姗姗来迟，飘忽不定，无法对意大利日益混乱的局势有所作为，意大利依然是一片乱象。[②]

面对意大利复杂的政治局面，早在1946年11月21日，美国国务院负责意大利事务的官员沃尔特·道林在一份备忘录中提醒国务院注意意大利日益严重的不稳定形势，并提出了一系列政策建议。其一，道林建议美国政府放弃此前对意大利内政的不干涉立场，以便在1947年5月或6月进行的意大利地方选举中一举击败意大利共产党。其二，建议美国政府采取多管齐下的策略，通过采取对意大利现政权多加亲近、道义上支持和提供经济援助诸手段，造成美国"如此亲近意大利，以致最笨的意大利人也能感受到美国的这一倾向"的局面。其三，建议通过承认意大利仍是国际社会的正式一员来提高意大利的国际政治地位。其四，建议美国政府邀请意大利总理加斯贝利访美。道林认为，通过安排加斯贝利与美国高层官员会晤，在突出美国关注意大利的同时，美国的这一政治姿态还无疑有助于加强加斯贝利在国内的个人地位和政治威信。[③]

道林的建议显然得到了美国国务院的首肯和采纳。当然，此时已焦头烂额的加斯贝利也急于会见美国官员，以便取得美国政府对其政权的进一

---

① *The New York Times,* 18 July, August 28 and October 10, 1946.

② James E. Miller, "The Search for Stability: An Interpretation of American Policy in Italy, 1943–46," *Journal of Italian History*, No.I, autumn 1978, pp.264–286.

③ Walter Dowling to H. Freeman Matthews, November 21, 1946, 865.00/11-2146, Record Group 59, U.S. Department of State, National Archives and Records Service, Washington D.C., 1946.

步支持。1947年1月5日至15日，加斯贝利应邀访美，同时还带来了一份请求美国提供经济援助的清单。从后来的结果看，加斯贝利这为期10天的访问日程紧凑，收获满满，可谓是一次公关胜利。在访美期间，加斯贝利不仅受到了杜鲁门总统的亲自接见，还与即将离任的詹姆斯·贝尔纳斯国务卿以及美国国务院其他高层官员举行了会谈。加斯贝利还利用访问间歇见缝插针，分别会见了美国国会的一些议员、著名的美籍意大利人以及罗马天主教集团成员等。美国新闻界也对加斯贝利的来访表示欢迎，并支持政府向意大利追加援助。总之，加斯贝利此次美国之行可谓不虚此行，他不仅得到了美国政府的高规格接待，而且还得到了几笔赠款。尽管这几笔赠款数额不算大，但对举步维艰的意大利来说，已经是雪中送炭，显得格外珍贵。更值得一提的是，美国国务院还硬逼着美国国际货币与金融问题全国咨询委员会（NAC）从美国进出口银行向意大利再贷款1亿美元。[①] 这一意外收获让加斯贝利大喜过望。

　　这里需要强调指出的是，加斯贝利此次访美具有重要政治意义。访美期间，加斯贝利分别与杜鲁门总统、总统核心智囊和国会领袖进行了接触。其中，最为关键的是他与国会保守派参议员罗伯特·塔夫脱和参议院多数党领袖阿瑟·范登堡之间的接触。在战后初期，这两名共和党领袖在美国国会具有巨大的影响力，尤其是范登堡。这两位共和党领袖明确告诉加斯贝利，一个能够保证美国援助不被浪费掉并保护美国利益的稳定的政府才有望得到美国的支持。有了美国国会领袖的这一明确表态，加斯贝利连忙表示，他和他领导的天主教民主党能够提供这种"保证"。从目前可以看到的证据看，当时的美国政府官员，包括国会领袖并没有"公开授意"加斯贝利将以意大利共产党为首的左派排挤出联合政府，[②] 但加斯贝利显然对美国的真实"想法"心知肚明，心领神会。这里有一个间接证据。据《美国外交文件》记载，在加斯贝利访美三个月之后（此时意大利共产党已被排挤出联合政府），美国驻意大利大使、狂热的反共分子詹姆斯·邓恩曾密告华盛顿："他仍看不到共产党有进入意大利政府的机会。"[③] 显然，美国政要和国会领袖支持加斯贝利的前提条件是加斯贝利必须维持意大利

<hr />

① U.S. Department of State, *Foreign Relations of the United States, 1947*, Vol.III, pp.838–841, pp.845–850.

② *Ibid.*, pp.838–861.

③ *Ibid.*, p.871.

的政局稳定。而意大利政局不稳定的因素是什么呢？相信加斯贝利比谁都清楚。而后来意大利发生的"排共"事件有力地证明了加斯贝利当时完全领会了华盛顿的"暗示"。当然，加斯贝利绝不会承认意大利政局不稳定与自己的无能有关。

除美国因素外，战后国际形势的变化也帮了加斯贝利的大忙。1946年冬天至1947年初春，地处地中海东岸的希腊、土耳其相继出现了政治危机。这些危机显然强化了美国决策层早已存在的遏制所谓苏联共产主义威胁的决心，标志性事件就是1947年3月12日杜鲁门在国会山向国会参众两院发表的咨文，史称"杜鲁门主义"。杜鲁门在咨文中呼吁美国向正在抵御所谓"共产主义征服的各自由民族"伸出援助之手，并警告说："只有美国做出新的扩大经济援助的承诺，才能使欧洲免于被共产主义征服。经济援助和反共政治不可分割。"① 针对此时意大利出现的乱局，乔治·凯南也趁机煽风点火。他认为意大利正面临一场由共产党支持的内战。他还提醒美国国务院注意意大利局势可能出现两种结果：一是暴力冲突很可能使意大利陷入军事割据的局面；二是意大利共产党也可能在不流血的情况下夺取胜利。为此，乔治·凯南主张美国对意大利局势进行直接干预。他说："如果我们对此袖手旁观，那么就是让（意大利）共产党在一次政变中夺取整个半岛，进而波及周边地区，造成恐慌。"②

1947年春天，如果说美国是否要对意大利局势进行军事干预只是一个可能的选项，而对意大利提供经济援助则是一个必然选项。这里主要涉及四个基本考虑：一是意大利独特的地缘战略位置对美国全球战略意义重大；二是意大利在任何欧洲政治经济稳定方案中不可或缺；三是意大利共产党的强势存在不仅是加斯贝利的心腹大患，对美国亦复如是；四是在意大利建立一个亲西方政权是一种国际政治需要。基于上述考虑，美国便开始着手将意大利纳入拟议中的欧洲复兴总计划中。1947年4月4日，新成立不久的美国国务院部际协调委员会专门委员会发表了一份报告，题为《对意大利工作报告草案》。该报告不仅将意大利列为美国必须优先扶持的前五个国家之一，而且重申了经济援助对促进意大利政治和社会稳定的重要作

① U.S. Public Papers of the Presidents, Harry S. Truman, 1947, Washington D.C., 1963, pp.176–180, pp.167–172.

② 〔英〕弗朗西斯·斯托纳·桑德斯:《文化冷战与美国中央情报局》，曹大鹏译，国际文化出版公司，2002，第39页。

用。[1] 该报告还呼吁美国对意大利经济，从出口到国内消费，做出重新定位，并明确建议："对意大利提供长期援助不仅是战胜共产主义的最稳妥办法，也是把意大利融入欧洲和西方阵营的最佳办法。"[2] 由此可见意大利在美国谋划战后国际政治棋局中的地位。

然而，截至1947年春天，腐败无能的加斯贝利政府在国内进行的经济改革收效甚微，这种不作为实际上正一步步蚕食着美国在战后初期对意大利的援助努力。针对加斯贝利政府的不作为，美国驻意大利大使詹姆斯·邓恩的行为却十分耐人寻味。他不仅不指责加斯贝利政府的腐败无能，反而将意大利经济改革的失败归罪于意大利共产党和社会党人，并警告美国国务院，称这些人正在利用一切可能的手段破坏美国的进一步援助计划。邓恩的警告显然触动了新上任的马歇尔国务卿。几个星期之后，由于在莫斯科外长会议上与苏联人在包括德国重建等问题上意见相左，莫斯科外长会议不欢而散。心事重重的马歇尔在归国后迅速对全国发表广播讲话。他在讲话中警告说："不能再等着和苏联人谈判了。欧洲正在迅速下沉，拯救欧洲的行动必须马上展开。"[3]

就在1947年4月28日马歇尔发表广播讲话的当天，加斯贝利显然是从马歇尔讲话中捕捉到了某种信号。为了得到美国的进一步支持，这位意大利总理决定亲自给杜鲁门总统写信，请求美国向意大利追加经济援助。[4] 加斯贝利在信中信誓旦旦地承诺，他不仅要继续维护和巩固意大利民主政治，而且要改组和扩大联合政府，以确保美国政府提供的援助物资得到最合理、最有效的利用。针对加斯贝利的承诺，美国国务院是有顾虑的。为了进一步摸清意大利的底细，5月1日，马歇尔亲自致电邓恩，主要表达了三层意思：一是表示他对意大利形势非常关注；二是他询问邓恩，加斯贝利有没有可能组建一个没有左派政党参加的政府；三是要求邓恩近距离对美国向意大利提供的经济援助和政治支持进行评估，看这些援助努力能否有助于壮大意大利国内所谓的民主力量和亲美势力。[5] 邓恩在5月3日的回

① U.S. Department of State, *Foreign Relations of the United States, 1947*, Vol.III, p.206.

② SWNCC, Special Ad Hoc Committee, "Draft Working Report on Italy," April 4, 1947, "ABC 400/336 Italy," Records of the Plans and Operations Division, Records of the Department of the Army, RG319, U.S. Department of State, National Archives and Records Service.

③ U.S. Department of State, *Foreign Relations of the United States, 1947*, Vol.III, pp.882–883.

④ Maria R. De Gasperi, *De Gasperi Scrive*, Vol.II (Brescia: Brescia Press Co., 1974), p.889.

⑤ U.S. Department of State, *Foreign Relations of the United States, 1947*, Vol.III, p.889.

电中重申，意大利政府之所以陷入僵局和不稳定，其根源是意大利共产党继续留在联合政府内。5月5日，邓恩约见加斯贝利。他向加斯贝利转达了马歇尔国务卿的疑问，并表示美国政府对意大利国内的经济问题十分关注，希望意大利政府尽快采取更加积极的措施来加以解决。加斯贝利与邓恩的这次会面意义有二：其一，进一步印证了加斯贝利几个月来一再从邓恩那里得到的暗示，美国希望在意大利建立一个亲美政权，这是意大利取得援助的前提条件。其二，进一步证实了加斯贝利于年初访美期间与美国国会领袖塔夫脱、范登堡参议员谈话所得出的结论：要想得到美国对其政府的全力支持，他就得把以共产党为首的左派排挤出联合政府。此后不久发生的一件事就更加证实并坚定了加斯贝利此前的判断。美国政府已不再遮遮掩掩了。就在邓恩约见加斯贝利三天后，美国国务院迫不及待地公布了一份题为《美国支持意大利非共产党政府行动计划》的备忘录。该备忘录对意大利共产党恶意中伤，肆意抹黑，将其定格为"对美国在地中海利益的严重威胁"，同时强调指出："一个充满活力、有改革精神的反共政府是遏制意大利共产党的最佳武器。"①

这样，加斯贝利右翼集团和杜鲁门政府一拍即合，双方彼此利用，各取所需。加斯贝利以将意大利共产党为首的左翼势力排挤出联合政府为筹码，要求美国政府继续为其提供经济援助和政治支持。而美国政府则立即发表公开声明，不仅支持意大利进行政府改组和经济改革，而且表示愿意充当掮客，说服英国、法国政府也发表类似声明。美国和意大利之间悬而未决的《美意商业协定》也随即签订并开始付诸实施。不仅如此，美国还以低廉价格将战后过剩的军事装备出售给意大利内务安全部队，以加强加斯贝利维护国内政治稳定的实力。美国政府与加斯贝利右翼集团之间的上述互动行为进一步表明，双方在包括国际、国内政治诸目标上均已达成共识，你情我愿、不可逆地走到了一起。至此，美国对意大利政治的干预已公开化。

显然，加斯贝利的胆子因美国政府的公开支持而迅速膨胀了起来，此后意大利发生的一切似乎也都在意料之中。1947年5月12日，加斯贝利突然宣布辞去总理职务，此举着实令意大利左翼势力（共产党人和社会党人）大吃一惊。5月31日，加斯贝利罔顾民意，擅自组阁，组成了天主教民主

---

① U.S. Department of State, *Foreign Relations of the United States, 1947*, Vol.III, pp.889–894.

党一党独裁政府。6月2日，杜鲁门政府罔顾该右翼政府是依靠新法西斯议会支持而上台这一基本事实，在第一时间公开宣布支持该新政府。[①] 6月5日，马歇尔在哈佛大学发表演讲，宣布美国新的援助欧洲倡议，并旋即邀请包括意大利在内的所有欧洲国家加入拟议中的欧洲重建计划。此间，美国人高悬诱饵，承诺愿意为包括意大利在内的欧洲国家提供援助。这一举动不单意在拆散苏东阵营，而且很快成了对付意大利左派的撒手锏。

时任意大利驻美大使塔西安尼在会见美国国务院副国务卿罗伯特·洛维特时强调了他对意大利共产党可能不会就此善罢甘休的担心并预测：如果意大利共产党人无法用威胁、暴力等手段强行返回政府，他们很可能会另起炉灶，在意大利北部工业区建立一个与意大利中央政府分庭抗礼的分离政府。[②] 洛维特显然同意塔西安尼对意大利形势的分析。针对意大利共产党可能重返政府或者在意大利北部建立一个独立政府，他随即要求乔治·凯南领导的国务院政策设计委员会认真研究，尽快拿出一个具体的对策。与此同时，他还就美国可能对意大利采取的军事行动与国防部长詹姆斯·福里斯特尔交换了看法。[③] 此举表明，美国对意大利的干预由政治、经济层面骤然上升至军事层面。

尽管洛维特要求国务院政策设计委员会研究意大利局势并拿出一个应对意大利发生突发事件的对策报告，尽管该委员会内部也有人对意大利共产党有没有采取什么革命性行动的打算提出质疑，但该委员会还是迅速于1947年9月24日向洛维特副国务卿和国防部长福里斯特尔提交了一份备忘录，主要内容涉及一旦意大利爆发内战、美国应如何进行干预的政策建议。该备忘录强调指出，意大利共产党起义成功势必危及美国在西欧、中南欧，尤其是在东地中海地区的安全利益。为了保护美国在这些地区的利益，除采取军事行动外，美国应尽一切力量援助加斯贝利政府。[④]

这里需要强调说明的是，美国国务院政策设计委员会于9月24日提交国务院的备忘录在美国对外干预史上意义重大，它导致美国政府第一次动用新成立的国家安全委员会（NSC）参与对外干预行动。根据这一备忘录的假设，洛维特和福里斯特尔迅速将美国可能对意大利内战进行全面干预

① U.S. Department of State *Bulletin*, No.16, June 15, 1947, p.1160.
② U.S. Department of State, *Foreign Relations of the United States, 1947*, Vol.III, pp.969–970.
③ Walter Millis, *The Forrestal Diaries: The Inner History of the Cold War*, p.318.
④ U.S. Department of State, *Foreign Relations of the United States, 1947*, Vol.III, pp.976–981.

的议题提交到国家安全委员会讨论，并再次重申，在意大利出现一个"苏维埃政权"不符合美国的战略利益，势必危及美国在整个地中海地区的存在及影响力。国家安全委员会显然同意洛维特和福里斯特尔的看法，答应尽快对意大利安全形势进行研究并起草一份研究报告。[①] 这就导致了10月中旬美国国家安全委员会题为《美国对意大利的立场》的NSC1/1号纲领性文件的出台。

基于国务院政策设计委员会9月24日备忘录以及洛维特和福里斯特尔的警告，美国政府各强力部门便迅速行动起来。美国国务院、陆军部、美军参谋长联席会议（JCS）和国务院部际协调委员会立即响应国家安全委员会的号召，开始组建对策研究小组。国务院部际协调委员会在9月30日提交的研究报告《对意大利和其他国家提供紧急援助建议》显然采纳了国务院政策设计委员会9月24日备忘录中的假设，尤其引用了9月7日陶里亚蒂在巴马的威胁性演讲。[②] 参谋长联席会议也开始研究美国对付共产主义威胁可能做出的军事反应。[③]

尤其值得关注的是，10月15日，依据上述机构的相关研究成果，美国国家安全委员会出台了一份题为《美国对意大利的立场》的纲领性指导报告，编号NSC1/1号文件。概括起来看，NSC1/1号文件的核心内容有以下四点：（1）美国对意大利的基本政策目标：协助意大利建立并维持一个所谓的独立、民主、亲美、反共政府有利于美国的国家安全。（2）具体支持措施：美国应利用一切可行之手段，包括经济援助、政治支持、情报共享等，全力支持加斯贝利政府。（3）关于美军是否军事介入或调整军事部署：美军原则上不应介入意大利国内政治冲突。但如果意大利共产党通过发动内战或其他非法手段控制了整个或部分意大利，美国应扩大在意大利和地中海地区的军事部署。（4）关于美国对意大利政策调整的时机：1948年春天，意大利将举行全国大选。如果意大利共产党通过此次大选组建了新政

---

① Walter Millis, *The Forrestal Diaries: The Inner History of the Cold War*, pp.320–321.

② SWNCC 383, "Proposed Emergency Assistance to Italy and Other Countries," September 30, 1947, "ABC 400/336 Italy," Records of the Plans and Operations Division, RG 319, U.S. Department of State, National Archives and Records Service.

③ Kenneth Condit, *History of the Joint Chiefs of Staff and National Policy, 1947–1949* (Collegeville: Liturgical Press, 1976), p.67.

府，美国必须重新考虑对意政策。①

　　总之，NSC1/1号文件发出了一个十分明确的信号，文件号召美国政府"倾尽全力支持加斯贝利或者一个同样令人满意的接班人"。这种"全力支持"可谓事无巨细，涵盖经济、政治、军事、外交各个层面。从维持意大利面包配给，到为意大利重建提供追加贷款，从加强意大利内务安全部队实力，再到支持加斯贝利政府的主要外交政策目标，其中包括修改对意大利的和平条约、支持意大利加入联合国、支持意大利对与南斯拉夫存在争议的边界诉求等。这里需要强调指出的是，前述"军事支持"仅限于武装意大利内务部队以及美国调整军事部署。对于是否军事卷入意大利内战，美国国家安全委员会还是相当谨慎的。例如，该文件明确指出，一旦意大利爆发内战，美国应避免武装力量军事卷入的可能性。②

　　尽管有了NSC1/1号这个政治指导性文件，但美国政府认为，目前最重要的有三件事：（1）从经济层面讲，向加斯贝利政府追加经济援助攸关该政府的生存。意大利经济形势堪忧，在马歇尔计划启动前有崩溃的迹象。因此，向意大利提供追加援助刻不容缓。（2）从政治层面看，经济形势影响政治稳定。意大利大选在即。如果任由意大利经济继续恶化下去，意大利左翼力量就有可能在大选中东山再起，卷土重来，推翻加斯贝利政府。意大利脱离美国势力范围是美国政府绝对不想看到的。（3）从战略角度看，法国、比利时等西欧国家共产党力量依然十分强大。意大利的失守必然会引起连锁反应，法国、比利时等西欧国家的共产党有可能会如法炮制，推翻现政权。有鉴于此，美国国务院官员催促杜鲁门总统和美国国会尽快采取行动，尽快向意大利提供经济援助。目的很明确，就是要阻止意大利共产党和社会党借意大利经济混乱局势再度联手，重返意大利政坛。③

　　然而，向意大利追加援助并不那么简单，这里边有两个关键性因素：一是杜鲁门总统的态度；二是如何说服美国国会内的保守势力。1947年

---

　　①　U.S. National Archives, NSC1/1, "The Position of the United States with Respect to Italy," October 15, 1947, PD00001, Digital National Security Archives.

　　②　U.S. Department of State, *Foreign Relations of the United States, 1947*, Vol.III, pp.724–726; NSC Action, No. 9, November 14, 1947, Reference Collection, Modern Military Branch, U.S. Department of State, National Archives and Records Service.

　　③　U.S. Department of State, *Foreign Relations of the United States, 1947*, Vol.III, p.323, pp.472–477.

秋天，尽管有大量证据证明意大利形势不容乐观，但此时的杜鲁门总统却举棋不定，认为向意大利提供追加援助和向其他西欧国家提供援助同等重要。杜鲁门总统的这一态度令美国国务院官员感到，在敦促国会尽快通过马歇尔计划的同时，还必须游说杜鲁门总统。这里有一段有趣的插曲。在游说过程中，美国国务院官员发现，在总统身边的特别顾问中，杜鲁门特别信任克拉克·克利福德。于是，他们就决定先从做克利福德的工作入手。从后来的结果看，克利福德果然不负众望。他严肃地告诫杜鲁门总统，如果美国不尽快采取包括提供临时援助在内的行动，不仅意大利会倒下，全世界的和平与安全也将受到严重威胁。杜鲁门显然被克利福德说动了，他很快采取了行动。9月29日，杜鲁门和马歇尔国务卿一道约见了美国国会参众两院领袖并危言耸听地告诫他们，如果意大利、法国在1948年初得不到来自美国的临时援助，它们很有可能转而投入共产主义怀抱，马歇尔计划也会前功尽弃，无疾而终。与此同时，还有两件事推动了杜鲁门最终选择与国会摊牌。一是有越来越多的证据表明，意大利、法国的社会矛盾日益凸显，形势逼人；二是战后美国国内的生产过剩危机也日益显现。10月24日，杜鲁门总统要求国会尽快复会议事。11月11日，他在对国会的讲话中再次警告说："如果意大利、法国得不到及时援助，即将到来的冬天和欧洲物资的奇缺将毁掉欧洲复兴的任何希望并可能导致一场新的世界性危机，连同将欧洲的民主一同毁掉。"①

为了配合政府的行动，回应杜鲁门总统的再三呼吁，也是为了说服共和党内的保守派改变立场，1947年深秋，由美国国会亲自出面，组织了一批在国会内颇有影响的共和党保守派议员到欧洲进行了系列实地考察。所谓"耳听为虚，眼见为实"。这些到访意大利、法国等国的国会议员们收获良多。他们不仅目睹了这些国家广大人民，尤其是底层人民的悲惨生活境遇，也亲身了解了这些国家的左翼势力针对欧洲亲美政府的不满以及针对马歇尔计划所发动的反马歇尔计划运动。简而言之，这一系列考察活动帮了美国国务院和杜鲁门总统的大忙。国会内那些顽固的共和党保守人士最终转变了态度，开始支持美国政府新的对外援助计划。随着国会风向的骤转，美国国内支持政府对外援助的热度也迅速升温，最终加快了杜鲁门于12月17日签署的《1947年临时援助法》的出台，同时也为马歇尔计划

---

① U.S. Public Papers of the Presidents: Harry S. Truman, 1947, pp.445–446, pp.476–479.

的出台扫清了障碍。[1]

综上所述，1947年5月，由于美国政府台前幕后的一系列操作，意大利共产党和其他左翼势力被排挤出联合政府，由加斯贝利组成了天主教民主党一党亲美政府。意大利共产党被排挤出意大利政府宣告了苏联在意大利推行联合政府政策的失败。[2]就在加斯佩里新政府成立后不久，美国迅速推出"欧洲复兴计划"，其实质是要通过经济援助来保证包括意大利在内的欧洲传统资本主义制度的存续，"归根结底是要建立西欧集团作为实施美国政策的工具"。[3]与此同时，美国政府迅即发表公开声明，对加斯佩里新政府表示支持，并邀请意大利加入马歇尔计划。此后一段时间，甚至到1948年春天，尽管意大利共产党一直在通过各种方式进行抗争，试图重返内阁，但由于美国政府对加斯贝利亲美政府公开的政治支持、外交施压和经济援助，包括威胁"随时停止援助"，加斯贝利"排共、反共、剿共"的胆子和信心日益得到加强。意大利共产党只好厉兵秣马，期待着能在1948年4月的大选中有所作为。

## 三、马歇尔计划与美国对1948年意大利大选的强势干预

1948年4月的意大利大选不仅是战后意大利人民政治生活中的一件大事，也是意大利共产党重返政坛的一次机会。为了确保在意大利继续存在一个亲美政权，进而确保美国在东地中海的战略利益，在意大利大选期间，美国政府创造了多个"第一"：第一次动用了国家安全委员会；第一次动员了政府各强力部门，包括美国中央情报局，参与干预行动；第一次实施了具有重大意义的秘密政治行动，并总结出了一套有效"对抗"共产主义的办法。这一切都对此后美国在世界各地，尤其是在第三世界进行的秘密政治行动提供了模板和经验，也对后来美国新干涉主义政策的形成产生了深刻而持久的影响。在这次重大干预行动中，马歇尔计划也发挥了自己独特的作用。

---

[1]　U.S. Congress, House, Subcommittee on Italy, Report on the Italian Crisis and Interim Aid: Preliminary Report, Greece and Trieste, 80th Cong., 1st sess., Washington D.C., 1947.

[2]　沈志华等：《冷战时期美国重大外交政策案例研究》，经济科学出版社，2013，第58页。

[3]　张盛发：《斯大林与冷战》，中国社会科学出版社，2000，第229页。

1948年春天，随着意大利大选的日益迫近，为了帮助亲西方的加斯贝利政府在大选中获胜，美国国家安全委员会再次对意大利形势进行了评估，并于2月10日发布了题为《美国对意大利立场》的报告，代号NSC1/2。与此前的NSC1/1号文件相比，NSC1/2号文件显然是前者的修订版，增加了诸多内容。根据NSC1/2号文件，美国再次将意大利定格为"涉及美国在地中海和近东地区安全利益的关键国家"，强调美国在意大利的基本目标就是要建立并维持对美国国家安全有利的环境。当前美国对意大利的政策是采取各种措施，确保意大利继续作为一个独立、民主、对美国友好的国家而存在，确保意大利能够有效地参与对抗共产主义的扩张。为达此目标，NSC1/2号文件建议美国"应充分使用政治支持、经济援助、甚至在必要时动用军事力量之手段，最有效地帮助意大利避免滑入苏联的控制之下"，"只要当前或其他令人满意的意大利政府继续掌权"，美国应继续采取如下全力支持意大利政府的具体措施：（1）依据临时援助欧洲计划，将小麦和其他必需品运到意大利，至少确保眼下的面包配给能维持至4月大选之后。（2）通过有利的外贸政策，扩大经济援助，以帮助加斯贝利政府稳定国内政治、经济局势。（3）加快将军事装备、补给品运往意大利并提供军事技术服务，以帮助意大利军队提高对付危及意大利内部安全和领土完整的威胁的能力。（4）通过一个行之有效的情报方案或其他可行的途径，积极在意大利发动一场反共宣传攻势。（5）积极通过外交渠道，争取英国、法国政府对意大利抱持有利的态度并积极支持美国的目标。NSC1/2号文件还特别提到了马歇尔计划，并强调指出，欧洲复兴计划的立法和实施迫在眉睫，很可能最终决定这次意大利大选的结果。[①]

有了NSC1/2号这个指导性、纲领性文件，美国国务院便迅速行动起来，一方面进行扩大经济援助的协调准备工作，同时又忙着举行新闻发布会，目的非常明确，就是要向意大利政府和西欧其他国家表明，美国不仅对意大利人民的政治命运十分"关心"，而且由于意大利经济对美国经济有很大的依赖性，意大利离不开美国的经济援助。[②] 与此同时，美国国会相关机构也开始研究如何鼓励并利用美国私人团体、工会和个人筹措

---

① U.S. Department of State, *Foreign Relations of the United States, 1948*, Vol.III, pp.765–769.

② Staples to Mann, March 8, 1948, "National Elections," Records of the Office of Western European Affairs Relating to Italy, RG59, U.S. Department of State, National Archives and Records Service.

资金，插手意大利选举活动。美国中央情报局更是当仁不让，开始筹划如何将政治献金通过基金会或个人渠道秘密打入意大利右翼政党金库，并开始筹划隐秘行动，以支持意大利反共团体在大选中取胜。[①] 除了美国国务院、国会和美国中央情报局赤膊上阵外，还有证据表明，邓恩这位被讥讽为"热闹外交行家里手"的美国驻意大利大使也没闲着，他也正在想办法找到"合法"途径将美国的援助资金秘密打入意大利右翼政党的竞选金库。不仅如此，邓恩还希望美国商界和工会团体也迅速行动起来，积极为意大利天主教民主党和社会民主党秘密筹款。[②]

与此同时，极度反共的梵蒂冈教廷也加紧了干预意大利大选的活动。1948年1月底，罗马教皇派厄斯十二世明确告诉美国官员帕森斯，称尽管他对意大利天主教民主党获胜没有绝对把握，但他仍将带领罗马教廷与共产主义战斗到底。2月22日，派厄斯十二世发表反共演讲。他在演讲中将此次意大利大选定性为一场所谓"共产主义无神论和天主教信条之间的斗争"，号召教廷信徒积极行动起来，挫败意大利共产党。两天后，他宣布所有罗马天主教教士有权在选举中投票。及至2月底，当看到美国发动的反共宣传已初见成效时，派厄斯十二世敕令将教廷的全部力量都投入到此次意大利的选举斗争中。[③]

与此同时，意大利国内政治的变化也驱使美国走向更大胆的行动。几乎与捷克斯洛伐克政治危机爆发的同时，由意大利共产党和社会党组成的左翼团体"人民民主阵线"在意大利东部港口城市佩斯卡拉地方选举中大获全胜，两党获得的选票比1946年选举时还高出10%，远远领先于天主教民主党。在美国政府看来，"人民民主阵线"的这一胜利似乎预示着左派阵

① JCS1808/6: "The Position of the United States with Respect to Italy," January 26, 1948, Combined Chiefs of Staff central files, RG218, U.S. Department of State, National Archives and Records Service; Matthews to Dowling, January 28, 1948, "Cabinet and Activities," Italy Desk Files, RG59, U.S. Department of State, National Archives and Records Service; U.S. Congress, Senate, Final Report of the Senate Select Committee to Study Government Operations with Respect to Intelligence, 94th Cong., 2nd sess., Washington D.C., 1975, Vol.I, p.144.

② Dunn to State Department, Rome, January 16, 1948, 865.00/1-648; January 30, 1948, 865.00/1-3048; February 19, 1948, 865.00/2-1948; February 24, 1948, 865.00/2-2448, all in RG59, U.S. Department of State, National Archives and Records Service.

③ Parsons to Marshall, Rome, January 28, 1948, 865.00/1-2848; February 21, 1948, 865.00/2-2148, both in RG59, U.S. Department of State, National Archives and Records Service; The New York Times, February 23 and 25, 1948.

营在4月意大利全国大选中有望胜出。当此时刻，美国官员相信，这次意大利大选是中原逐鹿，美国的行动可能决定其最终结果。

1948年3月8日，美国国家安全委员会再次对意大利形势做出评估，通过了题为《美国对共产党合法加入意大利政府的立场》的NSC1/3号文件。该文件宣称，美国在地中海的利益因"人民民主阵线"在意大利选举中可能获胜而受到"迫在眉睫的、严重的"威胁。根据这一文件的说法，此时的意大利共产党已暂时放弃了武装政变，转而全力争取在自由选举中获胜。意大利"人民民主阵线"正在利用意大利经济困难所造成的普遍不满和苏联的暗示，可能在选举运动中占据上风，而美国要想在六个星期之内扭转有利于"人民民主阵线"的形势是困难的。因此，NSC1/3号文件认为，立即对意大利民主党派进行援助，非常必要。① 据美国中央情报局前官员雷·克莱因后来透露，为了提供这种援助，NSC1/3号文件授权美国中央情报局在马歇尔国务卿和国防部长福里斯特尔的监督下向意大利社会民主党和天主教民主党提供秘密资金，由国防部长具体负责这些秘密资金的运作。②

除了建议向意大利中右翼政党提供竞选资金外，NSC1/3号文件还提出了如下具体建议：（1）美国应支持意大利收回的里雅斯特自由区。（2）发动一场由美国政府官员发表声明和美国普通民众给意大利人写信的运动，以唤醒意大利人对这次选举意义的认识。（3）一旦意大利共产党人获胜，美国应支持一切决心与共产党统治斗争到底的意大利反共因素，甚至冒意大利爆发内战的风险也在所不惜。此外，该文件还提出了其他一些具体建议，目的都是要劝说潜在支持意大利共产党的选民脱离"意共"选民群。NSC1/3号文件还简要说明了美国对意大利共产党加入联合政府应逐级做出反应的打算。③

为了加大干预力度，杜鲁门总统也亲自赤膊上阵。1948年3月11日，白宫将杜鲁门总统的一封亲笔信转交给美国国会众议院议长约瑟夫·马丁，要求国会追加5500万美元临时援款，以帮助意大利和法国在马歇尔计划启动之前渡过难关。杜鲁门还在信中呼吁国会尽快通过马歇尔计划，并

---

① U.S. Department of State, *Foreign Relations of the United States, 1948*, Vol.III, pp.775–779.

② Ray S. Cline, *Secrets, Spies, and Scholars: The CIA from Roosevelt to Reagan* (Washington D.C.: Acropolis Books, 1986), pp.100–102.

③ U.S. Department of State, *Foreign Relations of the United States, 1948*, Vol.III, p.781.

警告说："不尽快采取行动，将导致共产党在意大利得势的严重后果。"①
由于受杜鲁门发出的警告和欧洲近期突发的政治事件（包括捷克斯洛伐
克"二月事件"和3月10日捷克斯洛伐克外长扬·马萨里克神秘死亡事件）
的影响，美国国内对共产主义的恐惧再次显示了威力，美国参众两院迅
速通过了欧洲复兴计划法案。杜鲁门也迅速做出反应，于4月2日签署了
《1948年对外援助法》，马歇尔计划进入实施阶段。

　　在美国国会加快通过马歇尔计划的同时，来自美国政府的政治威胁也
不断升级。3月15日，美国国务院发言人威胁说，一旦意大利共产党在大
选中获胜，美国将切断对意大利的一切援助。针对这一严肃问题，美国驻
意大利大使馆迅速致电国务院求证这种说法是否属实，马歇尔国务卿又
将原话重复了一遍。②3月16日，美国司法部宣布有意启用第29任总统华
伦·哈定于1921年签署的限制外国人移民美国的移民法，拒绝向所有意大
利共产党党员发放移民签证，并扬言要驱逐居留在美国的所有意大利共产
党人士。美国司法部发出的这一威胁在意大利南部骤然引起了巨大反响，
因为这一地区的移民众多，当地人主要靠旅居海外的亲属从国外汇款来维
持生计。③

　　除威胁要"切断一切援助"和利用移民政策打压意大利共产党外，美
国还重点加强了在意大利的宣传攻势。为了向意大利人民宣传美国的"慷
慨援助"，美国开动了宣传机器，反复强调马歇尔计划援助资金对意大利
经济重建的政治意义。与此同时，美国国务院新闻处也亲自出马，组织美
国主要的电影发行公司在意大利各地免费播放宣传美国对外援助的新闻纪
录片和电影。据不完全估计，截至大选前，每星期大约有500万意大利人
观看了这类纪录片和电影。在宣传美国"慷慨无私"援助意大利的同时，
美国还不忘极力贬低、矮化、抹黑苏联。例如，美国将自己慷慨支持意大
利经济重建和苏联企图在巴黎外长会议上削弱意大利、以及支持南斯拉夫
对意大利提出领土要求进行对比，称没有看到哪一个共产党国家愿意无偿
拿出这么多援助资金来援助欧洲复兴。美国此举显然意在挑起意大利人对
苏联人的仇恨。与此同时，美国中央情报局也粉墨登场，秘密资助印制了

① *The New York Times*, March 12, 1948.
② U.S. Department of State, *Foreign Relations of the United States, 1948*, Vol.III, pp.853–854.
③ *The New York Times*, March 17, 1948.

大量反共传单和招贴画并进行大肆散播。①

在这场针对意大利大选进行的声势浩大的政治宣传攻势中，美国国内的普通民众和社团也被发动了起来，尤其是美籍意大利人更是不甘落后，最著名的恐怕要属发端于俄亥俄州托拉多市的"给意大利人写信运动"。② 1948年1月底，纽约《前进报》著名报人、美籍意大利人格内洛索·波普③开始在该报撰文，鼓吹给意大利人写信。由于意大利至少有16%的人口与在美国的亲属保持着经常的联系，此举很快在美国蔓延开来。波普号召所有美籍意大利人给意大利的亲朋好友写信，向他们吹嘘美国生活如何如何富足。为了让美籍意大利人写信方便，波普颇费心机，起先在报纸上为这些人提供写好了的样板信，后来逐渐发展成大批量机械化生产这样的信件。不光信的内容是印制的，甚至连邮资也预付了，剩下的只是写上收信人和寄信人的姓名和地址。4月初，波普又别出心裁地发起了一场"给意大利人发电报"运动，后来又发展到寄明信片、招贴画等，一时闹得乌烟瘴气。据估计，在短短两个月时间里，由美国向意大利寄出的此类邮件多达1000万件以上，所有邮件内容几乎都千篇一律，一个声音，即决不能让意大利共产党上台。④

在美国上下紧锣密鼓地为意大利选举而忙碌时，加斯贝利政府同样也是信心百倍，并大耍手腕。1948年1月中下旬，意大利外交部开始插手发端于美国的"给意大利人写信和发电报运动"。意大利外交部强烈呼吁美籍意大利人增加这类信函的数量，以便为意大利各反共党派擂鼓助威，壮大声势。2月2日，加斯贝利政府取缔了国内的准军事组织，曾参加过西班牙内战的老兵、右翼共和党领袖兰道夫·帕西亚蒂接管了意大利警察和安全部队，以防不测。3月初，加斯贝利和其他反共政客开始攻击"人民民主阵线"，反对共产主义成了他们主要的谈论话题，而且他们总是以捷克

---

① 舒建中:《美国隐蔽行动研究》，中国社会科学出版社，2022，第27页。

② 关于给意大利人写信运动，见于群主编:《新冷战史研究——美国的心理宣传和情报战》，上海三联书店，2009。

③ 格内洛索·波普，美籍意大利人，一个靠白手起家的百万富翁，有一段极不光彩的法西斯历史，喜好沽名钓誉，颇有组织天赋。二战后，波普仍是一个死心塌地的反共分子，他始终将意大利的所有不幸归罪于苏联。1947年1月加斯贝利以总理身份访美时，波普有幸见到加斯贝利，从此便心甘情愿地用自己掌控的报纸和电台为加斯贝利及其政府卖命。

④ *The New York Times*, January 24, 1948; R. Robbins, "Letters to Italy: A Reconsideration," *Common Ground*, autumn 1949, pp.40–47.

斯洛伐克"二月事件"为反面教材，以证明支持这种政治制度的自由国家就是这个下场。①

如前所述，加斯贝利的选举活动还得到了梵蒂冈教廷的全力支持。罗马天主教会发动了一场所谓的"天主教行动"，利用讲道坛和教堂，大肆攻击共产党人，强化信徒的所谓社会正义感。简而言之，至意大利大选前，几乎所有的天主教教士、甚至包括修道院的修女都被动员起来参加大选。不仅如此，"天主教行动"还大张旗鼓地进行所谓的选民教育，并为天主教民主党参选活动免费提供教职服务人员。②

1948年4月18日，意大利大选如期进行。选举极其平静，有92%的意大利选民参与了投票。选举的结果不出美国人的预料，由梵蒂冈教廷和美国政府联手支持的意大利右翼力量在此次选举中成了最大的赢家，而由意大利共产党、社会党、社会民主党和其他左翼小党组成的"人民民主阵线"则在选举中失利。5月11日，路易吉·伊诺第被意大利参众两院推举为总统，伊诺第旋即任命加斯贝利为政府总理，加斯贝利随即组成了以天主教民主党为主，由自由党、共和党和意大利劳工社会党（后改为意大利社会民主党）参加的联合政府，意大利政治真正实现了右转。在此次大选中，虽然意大利共产党也提高了选票和在议会中的席位，成为左派最大的在野党，但在以天主教民主党为首的国内右翼势力占绝对优势的情况下，在美国铁了心的强力支持下，意大利共产党在短期内很难有所作为。

意大利大选结束后，4月22日，杜鲁门在新闻发布会上声称，意大利的选举结果将鼓舞各自由民族的斗争信心。③4月23日，《纽约时报》记者阿瑟·克罗克撰文，对美国对意大利大选的成功干预大加赞扬，并将美国驻意大利大使邓恩誉为"热闹外交的行家里手"。④5月7日，极度反共的约翰·杜勒斯也发表了自己对意大利大选的看法，称意大利民主势力的胜利表明美国对抗共产主义的强硬路线是成功和正确的。他还呼吁美国加强在

---

① U.S. Department of State, *Foreign Relations of the United States, 1948*, Vol.III, pp.835–836.

② Parsons to State Department, Vatican City, March 2, 1948, Records of the President's Personal Representative to Pope Pius XII, RG 59, U.S. Department of State, National Archives and Records Service; William Knight, Memorandum, May 17, 1948, 865.00/5-1748, RG 59, U.S. Department of State, National Archives and Records Service.

③ U.S. Public Papersof the Presidents: Harry S. Truman, 1948, pp.227–229.

④ *The New York Times*, April 23, 1948.

国外的干预。[①] 根据杜勒斯的呼吁，美国国家安全委员会很快将采取秘密行动的权力下放给美国中央情报局。[②] 为了配合马歇尔计划的实施，美国中央情报局很快便将触角伸向了西欧其他国家。

综上所述，在1948年春天，美国针对意大利共产党发动的选战攻势实现了既定的多重战略目标，具体表现在以下三个层面：其一，成功地阻止了意大利共产党重返政坛，阻断了"意共"重回联合政府或夺取全国政权的可能。其二，在意大利建立并巩固了亲美的中右翼政权，从而稳定了自己在中南欧和东地中海的势力范围。其三，此次美国对意大利政治的成功干预，标志着美国开始奉行一种新的、危险的外交政策，即新干预主义政策，开创了美国以强大宣传攻势配合经济援助计划强势干涉他国内政的先例。从此，美国在这一危险的道路上渐行渐远。在强势干预了法国、意大利政治后，美国政府很快将其秘密行动扩展至欧洲其他地区和第三世界。这是后话。

## 四、美国中央情报局与马歇尔计划

美国中央情报局（CIA，简称"中情局"），前身为二战期间的美国战略服务办公室（OSS），主要任务是负责战时情报的收集、整理、分析和传递，同时与盟国情报机构分享情报，协调行动。1945年9月，杜鲁门总统下令解散该机构，并于1947年7月26日成立了美国中央情报局，总部设在弗吉尼亚州的兰利市。美国中情局是美国最重要的情报机构之一，其局长必须由总统提名，经国会参议院批准，而后由总统亲自任命。中情局局长是总统的高级情报顾问，同时也是美国各情报机构之间的总协调人，主要负责协调和改进美国情报委员会的工作，保证总统在决策时能充分掌握第一手情报资料。

中情局组织机构和雇员庞杂，单在华盛顿特区就设有多个办公室和大约2万名雇员，在国内其他地区和国外还有数万名情报人员，其分支机构遍及美国及世界许多国家和地区。中情局不仅有遍布全世界的监听站，还

---

① *The New York Times*, May 7, 1948.

② U.S. Congress, Senate, Final Report of the Senate Select Committee to Study Government Operations with Respect to Intelligence, 94th Cong., 2nd sess., Vol.I, Washington D.C., 1975, p.494, p.539.

有隶属于自己的广播设施、航空线、通讯卫星、印刷所、训练特种部队的基地以及大批间谍、特务和情报技术人员。这些情报人员身份复杂，大多是具有较高学历的技术专家。涉及该机构的组织架构、人员履历、活动经费以及采取的秘密行动均对外严格保密，即使美国国会也无权过问。

概括起来看，美国中情局的主要任务有四：一是以公开或秘密方式和技术手段搜集、整理国外的政治、经济、军事、外交、文化、科技、商业等领域的情报；二是分析和评估情报，为总统决策提供咨询和政策建议；三是负责对其他国家，包括对盟国进行间谍、特务活动，包括采取隐蔽行动；四是协调国内其他情报机构的活动，如与美国国家安全委员会（NSC）、国家安全局（NSA）、联邦调查局（FBI）、国土安全局（DHS）等机构协调涉及国家安全方面的情报、活动并提出政策建议。

在冷战期间，中情局主要担负对社会主义阵营国家、所谓受社会主义阵营"保护"或"威胁"的国家、甚至盟国进行情报和颠覆活动。例如，在马歇尔计划实施期间，中情局就积极与美国对外援助计划密切配合，除向西欧亲美的中右翼势力提供秘密政治献金外，还积极参与美国在西欧主要国家的秘密政治行动，包括宣传、策反、颠覆等活动。其中，中情局在1948年春天意大利大选期间进行的秘密政治行动最具代表性。

1948年春天，意大利大选进入倒计时。为了帮助亲美的加斯贝利右翼集团在大选中获胜，确保在意大利建立一个反共、亲美、亲西方的中右翼政权，进而维护美国在东地中海的利益，中情局受命开始筹划在意大利的秘密政治行动，包括秘密资助意大利反共势力、进行心理战、策反和文化渗透等。[①]事实上，早在1947年11月，美军参谋长联席会议主席德怀特·艾森豪威尔就建议美国政府准备一份打入意大利的间谍名单，并将这支特殊部队交给中情局，以备在意大利的秘密行动之需。1948年3月8日，美国国家安全委员会赤膊上阵，通过了一份题为《美国对共产党合法加入意大利政府的立场》的文件，即著名的NSC1/3号文件。该文件授权中情

---

① JCS1808/6: "The Position of the United States with Respect to Italy," January 26, 1948, Combined Chiefs of Staff central files, RG 218, U.S. Department of State, National Archives and Records Service; Matthews to Dowling, January 28, 1948, "Cabinet and Activities," Italy Desk Files, RG 59, U.S. Department of State, National Archives and Records Service; U.S. Congress, Senate, Final Report of the Senate Select Committee to Study Government Operations with Respect to Intelligence, 94th Cong., 2nd sess., Vol.I, p.144.

局在马歇尔国务卿和国防部长福里斯特尔监督下，向意大利社会民主党和天主教民主党提供秘密政治资金，并由国防部长福里斯特尔具体负责这些秘密资金的运作。[①] 在NSC1/3号文件的催逼下，杜鲁门居然不顾中情局法律顾问对美国在意大利采取秘密行动提出的反对意见，下令中情局在意大利开展秘密行动。[②]

与此同时，美国驻意大利大使馆也没闲着。美国驻意大利大使詹姆斯·邓恩一直在试图找到"合法"途径，将美国提供的秘密政治献金打入意大利右翼政党天主教民主党和社会民主党的竞选金库。不仅如此，邓恩还建议意大利天主教民主党和社会民主党从美国商界和工会团体秘密筹款。[③]

美国各工会内负责情报的人员也迅速行动起来，积极与中情局密切配合，秘密为意大利右翼政党参选筹款。例如，美国一个对移民和少数民族感兴趣并具有免税资格的非政府组织"纽约市公共事业"就受命充当秘密传递这些资金的渠道。另外，美国政府还通过瑞士一家银行，将5.5万美元秘密输送给意大利天主教民主党。[④]

除了要求中情局通过各种途径向意大利右翼势力秘密输送政治献金外，美国政府还授意中情局积极参与和组织在意大利的政治宣传攻势。例如，1948年3月中旬，美国政府在白宫举行了一个特别捐赠仪式，决定将29艘闲置商船赠送给意大利。为了记录这场"政治秀"，一个意大利电影队应中情局和美国新闻署邀请，亲赴华盛顿拍摄记录这一精心打造的仪式。在馈赠仪式上，杜鲁门当着马歇尔、塔西安尼（意大利驻美大使）、汤姆·克拉克（美国最高法院总检察官）和其他意大利以及美国达官显贵的面签署了馈赠协议，并即席发表了一番热情洋溢的讲话。杜鲁门在讲话中盛赞意大利人民为结束二战及自身解放所做的努力，尤其强调了美国帮助意大利恢复经济繁荣的良好意愿，并对意大利的"新型民主"表示由

---

[①] Ray S. Cline, *Secrets, Spies, and Scholars*, pp.100–102.

[②] U.S. Department of State, *Foreign Relations of the United States, 1948*, Vol.III, p.781.

[③] Dunn to State Department, Rome, January 16, 1948, 865.00/1-648; January 30, 1948, 865.00/1-3048; February 19, 1948, 865.00/2-1948; February 24, 1948, 865.00/2-2448, all in RG 59, U.S. Department of State, National Archives and Records Service.

[④] Dunn to State Department, Rome, March 12, 1948, 865.00/3-1248, RG 59, U.S. Department of State, National Archives and Records Service.

衷的欣赏。① 马歇尔计划正式启动后，为了彰显美国向马歇尔计划参与国家提供的"慷慨的人道主义"援助，美国《1948年对外援助法》第111条（a）款明文规定：必须在所有运往受援国货物的显著位置贴上"美国援助"（U.S. Aid）字样。同时，受援国要广泛宣传美国的仁慈、慷慨，等等。为了显示美国大使馆很重视美国对意大利的援助，有一段时期，邓恩大使一直满脸堆笑地站在码头边，迎接向意大利运送物资的商船。②

1948年3月，意大利大选进入最后冲刺阶段。在中情局的精心安排下，美国国务院新闻处也开始积极参与美国在意大利的宣传攻势，在意大利各地巡回播放宣传美国慷慨援助意大利的新闻纪录片。美国的主流媒体也被动员了起来。在诸多媒体中，宣传最起劲的是美国之音（VOA）。美国之音的宣传对象主要有两种人：一种是美国国内著名的美籍意大利人，如L.安东尼（工会领袖）、文森特（纽约市长）、罗基·格拉齐亚诺（前世界拳击冠军）等。另一种是美国国内的达官显贵、社会名流，譬如：埃利诺·罗斯福（富兰克林·罗斯福总统夫人）、亨利·史汀生（前国防部长）、威廉·多诺万（中情局前局长）、国会保守派议员约翰·洛奇以及工会领袖戴夫·贝克、詹姆斯·凯里等。这些人纷纷做客"美国之音"，在"美国之音"精心制作的节目中呼吁意大利选民主动站出来抵制共产主义，阻止意大利左派重新进入政府或掌握政权。就在意大利大选前的4月15日，"美国之音"还特别制作了一档节目，邀请了诸如宾·克罗斯比、黛娜·肖尔、沃尔特·皮金这些名噪一时的国际大牌演艺明星做嘉宾，目的就是要向意大利人表明，包括演艺界在内的所有人都在关注着一个"民主的"意大利。③

战后，按照美国国家安全委员会对美国对外宣传做出的定义，美国对外宣传应该是"有组织地运用新闻、辩解、援助和呼吁等方式散布信息或

① Statement by Truman, March 16, 1948, U.S. Public Papersof the Presidents: Harry S. Truman, 1948, p.182.

② Arthur M. Schlesinger, Jr., *The Dynamics of World Power: A Documentary History of United States Foreign Policy, 1945–1973*, Vol.I, pp.73–87; U.S. Department of State, *Foreign Relations of the United States, 1947*, Vol.III, p.218, p.227.

③ Marshall to Dunn, Washington, 25 March 1948, 865.00/3-2548; Jesse McKnight to Allen, Washington D.C., March 27, 1948, 865.00/4-2748, all in RG 59, U.S. Department of State, National Archives and Records Service; Morris Janowitz and Dougherty Maurick, "U.S. Propaganda Efforts and the 1948 Italian Elections," in Dougherty Maurick and Morris Janowitz, eds., *A Psychological Warfare Casebook* (Baltimore: Hopkins University Press, 1958), pp.320–325; *The New York Times*, March 24, 1948; U.S. Department of State, *Foreign Relations of the United States, 1948*, Vol.III, pp.875–876.

某种教义，以影响特定人群的思想和行为"。① 在美国国家安全委员会看来，最高明的宣传和教化应该是无形的、潜移默化的。用美国著名心理战专家理查德·格罗斯曼的话说："上乘的宣传是看起来好像从未进行过一样"，应该让"被宣传对象沿着你所希望他们走的方向行进，而他们却以为是自己在选择方向"。② 在这一理念指导下，战后初期，中情局主要将宣传、资助、策反的重点放在各国的自由派知识分子身上，目的就是要在这些国家为美国培养一批以美国价值观和生活方式为准则的知识精英，然后再通过他们去影响本国的公共舆论和政策制定。

在马歇尔计划实施期间，除将秘密资金打入西欧各国右翼政党的竞选金库和或明或暗地安排美国宣传媒体积极干预西欧各国的国内政治外，中情局还利用马歇尔计划对冲基金中由美方支配的那部分基金在文化渗透上大做文章。有证据表明，此间美国许多所谓的慈善机构和基金会的资金来源之一就是美国情报机关。这些基金会包括：法弗德基金会、凯普伦基金会、亚洲基金会、福特基金会、洛克菲勒基金会以及卡内基基金会等。长期以来，美国情报机关就是以上述基金会为幌子，把政府不便公开出面提供的政治资金以各种形式"捐助"给对美国有用的对象。在冷战初期，美国中情局主要就是利用上述秘密渠道资助西欧各国的自由派知识分子、文化团体和社会救济部门，如学校、福利院等，对西欧进行文化渗透。当然，中情局对自由派知识分子的拉拢腐蚀不单单发生在西欧国家，在亚洲和世界其他地区也是如此。这是另一个研究课题，在此不予赘述。

在此需要强调说明的是，中情局最下功夫的策反对象不单单是那些心存幻灭感、挫折感、失败感的左翼知识分子，还包括那些曾一度加入共产主义运动或队伍的名人，如法国作家安德烈·马尔罗、法国社会理论家雷蒙·阿隆、匈牙利裔英籍作家阿瑟·库斯特勒、意大利作家伊格纳佐·斯隆、英国诗人兼评论家斯蒂芬·斯彭德等。中情局之所以选择这些人作为工作对象，当然是经过深思熟虑的。在中情局看来，抗衡共产主义最有效的办法莫过于让这些曾是共产党同路人或从共产主义阵营中脱离出来的人现身说法。对此，曾与中情局过从甚密的美国历史学家小阿瑟·施莱辛格颇有心得。他认为，正是因为这些人是抵御共产主义的最佳屏障，中情

---

① 王绍光:《美国中央情报局与文化冷战》,《读书》2002年第5期，第97页。
② 同上。

局就是要依靠这些本土知识精英、社会名流来影响所在国的民意和政治生态，使之心甘情愿地成为美国的代言人。而这样做的最大好处是掩盖了美国情报机关伸出的黑手，制造出一种美国人惯用的"不在场"假象。

还有证据表明，在马歇尔计划实施期间，美国驻德国专员公署、负责援助事务的美国经济合作署以及美国驻巴黎特别代表处官员均暗中支持并配合过中情局在西欧的秘密行动。据英国学者弗朗西斯·桑德斯在《文化冷战与美国中央情报局》一书中披露，在马歇尔计划实施期间，美国驻德国专员公署高级专员约翰·麦克洛伊曾答应为数十名中情局特工提供掩护身份，而这些人都是专员公署的雇员。[①]另据美国学者萨莉·皮萨尼披露："美国经济合作署的确参与了一些秘密的、不光彩的宣传活动。但宣传只是冰山一角，而且都是与中情局联手进行的。"[②]为了加大对西欧国家的文化战和心理战，1951年初，美国成立了心理战委员会（PSB），该委员会随即成为杜鲁门政府策划和实施对外心理战的重要工具。在马歇尔计划执行后期，美国国务院、美国经济合作署与心理战委员会过从甚密，勾搭连环。例如，美国经济合作署曾向心理战委员会通报："除了华盛顿美国经济合作署总部有69名工作人员参与秘密宣传活动外，巴黎特别代表处还有180名美国人也在从事此类活动。"[③]这一通报有力地佐证了桑德斯和皮萨尼的结论：美国驻德国专员公署、美国经济合作署及其驻巴黎特别代表处均配合过中情局在西欧的秘密行动。

总之，在马歇尔计划实施期间，为了配合马歇尔计划的有效实施，杜鲁门政府充分利用中情局、美国经济合作署、驻欧洲各使团、心理战委员会、国务院新闻处和包括"美国之音"在内的各种文化载体，在西欧国家，尤其是在意大利、法国进行了一系列公开或秘密的政治干预行动，包括向亲美势力输送政治献金、进行文化炒作、发动政治宣传、策反知识精英以及其他见不得人的行动，其目的就是将秘密政治行动与经济援助结合起来，围堵、围剿西欧各国的左派势力，对抗西欧的民族主义思潮和反马歇尔计划情绪，拉拢、收买选民群，最终在西欧各国建立符合美国意志的亲美政权。

① 〔英〕弗朗西斯·斯托纳·桑德斯：《文化冷战与美国中央情报局》，第156页。

② Sallie Pisani, *The CIA and the Marshall Plan* (Lawrence: University Press of Kansas, 1991), p.129.

③ *Ibid.*

# 第七章　马歇尔计划与德国西占区的整合运动

战后，德国问题迅速成为美、苏关注和博弈的焦点，成为决定欧洲未来均势和阵营力量对比的关键。战后初期，如何让资源丰富的德国西占区在战后欧洲整体复兴中发挥其作用，如何化解法、德两国长期形成的历史恩怨，如何阻止德国与苏联潜在的再度联手，进而威胁到美国在欧洲的利益，一直是美国决策者思考和关注的重大问题。正因为马歇尔计划具有打造均势这一重大战略意图，美国决策者决定启动马歇尔计划的另一战略企图便迅速浮出水面，这就是：尽快复兴德国西占区，尽快将其整合到以美国为首的西方政治经济轨道上，进而加强西方资本主义阵营的实力。

## 一、德国西占区对美国冷战大棋局的战略价值

战后，美国之所以把夺取和控制西欧作为其战后外交政策的重中之重，首先是因为西欧特殊的地缘战略位置攸关美国的全球战略利益和政治利益。在冷战帷幕徐徐拉开的背景下，西欧的地位更显得重要，[①] 成了美国对抗苏联的前沿阵地。从战略角度讲，一旦失去西欧，美国就将面临困守美洲大陆的被动局面。而地处中欧的德国又处于东西欧结合部，战略位置极其特殊。要想控制住中欧，遏制住所谓苏联对欧洲潜在的政治野心，美国就必须首先控制住处在冷战前哨的德国，进而稳住西欧。在德国被分区占领和冷战格局初步形成的大背景下，德国问题随之就成了美、苏双方博弈的焦点。

如前所述，在1947春天至1948年春天这短短一年内，美国利用经济援助、政治施压、秘密行动、心理战等手段对法国、意大利的国内政治施加影响，成功地帮助法、意中右翼势力将共产党挤出了联合政府，心满意得地在法、意建立了亲美的中右翼政权。与此同时，美国也没有忘了另一件大事，即复兴德国西占区，将其迅速整合到亲西方的经济共同体中，这样就可以阻止德国资源流向苏联，最终消除威胁美国的一大隐患。

二战结束时，尽管德国法西斯政权因发动侵略战争而使德国遭受了重创，付出了惨重代价，包括柏林几乎被夷为平地，但战后的"德国仍是欧

---

① 李庆余:《美国外交史——从独立战争至2004年》，山东画报出版社，2008，第180页。

洲的工业中心，欧洲的复兴离不开德国的煤和工业"。[1] 事实上，在二战刚一结束，即从1945年夏开始，恢复德国的战前生产能力就成了美国外交政策的一个重要目标。例如，美国总统杜鲁门就曾说过，到1946年4月，安排德国生产2500万吨煤是占领政策的第一要务。美国这样做，主要是基于以下几点考虑：其一，鲁尔的煤藏储量极其丰富，西欧经济重建离不开这不可或缺的资源。其二，复兴德国的生产能力"是稳定西欧政治和遏制当地革命不可缺少的一步"。[2] 其三，德国的重建有利于阻止苏联对整个德国的野心。其四，出于冷战的战略需要，美国必须将地处中欧的德国打造成能与苏联抗衡的桥头堡。

基于上述考虑，自二战结束，美国人就开始对以下几个有关德国的问题疑虑重重：（1）担心苏联人会抛出东欧市场这个诱饵，在波兰边界和德国统一问题上发难。（2）担心苏联可能在要求参与监管鲁尔工业区问题上与西方讨价还价。（3）担心苏联可能秘密支持德国共产党，将整个德国整合到社会主义阵营中去。（4）美国人始终忘不掉当年的莫洛托夫—里宾特洛甫协定，即《苏德互不侵犯条约》，他们无法确定在对德占领结束后，德国人是亲西方或亲苏东。（5）考虑到对德占领的高成本，美对德占领不可能无限期地拖下去，西方面临苏德再次合作的危险。一旦出现这一局面，德国的工业、技术、资源可能会与苏联的劳动力联手，这对杜鲁门、马歇尔、乔治·凯南、福里斯特尔（国防部长）、帕特森（陆军部长）、艾森豪威尔（参谋长联席会议主席）和其他美国上层官员来说是最不想看到的结果。

针对美国决策层的上述疑虑，1947年4月，当时还在美国陆军学院教书的乔治·凯南已深思熟虑并提出了自己的看法。他曾对一群美国军官说："我们坚持认为，我们要么建立一个德国中央政府，使苏联无法控制德国并利用其资源，要么对德国西占区实行完全控制。"[3] 同年5月，当马歇尔授命乔治·凯南着手研究并参与制定欧洲复兴计划时，以乔治·凯南为首的国务院政策设计委员会实际上从一开始就把注意力集中在了德国。该

---

[1] William G. Carleton, *The Revolution in American Foreign Policy*, p.50.

[2] John McCloy Memorandum for Truman, April 26, 1945, box 178, President's Secretary File (PSF), Harry S. Truman Papers, Truman Library.

[3] Kennan's Answers to Questions at the National War College, April 10, 1947, box 17, George F. Kennan Papers, 1948, Seeley G. Mudd Library, Princeton University.

委员会在后来提交美国国务院的报告中强调指出，美国政府必须重视德国西占区的煤炭资源，必须尽快恢复莱茵盆地煤的生产，并让德国加入欧洲复兴计划。[①] 总之，及至马歇尔发表哈佛演讲之前，乔治·凯南以外交家特有的敏锐已经意识到了美、苏迟早会在德国问题上有一番激烈较量，后来事态的发展也充分证明了他的预判的准确性。

## 二、整合德国西占区与安抚法国的现实必要性

1947年春天，基于欧洲形势的日益复杂，美国政府在是否邀请德国参与马歇尔计划一事上举棋不定，相当纠结。如果让德国加入马歇尔计划，不仅会引起苏联人的不悦，而且势必引起与德国长期不和的法国人的担心和反对。因此，就算暂不考虑苏联人的感受，如何安抚法国人必须提上议事日程。从某种程度上说，法国人对德国参加复兴计划的态度决定着马歇尔计划能否顺利实施，美国决策层对于这一点是非常清楚的。

就法国而言，法国人在德国是否参与马歇尔计划一事上也处于左右为难的境地。一方面，法国人从马歇尔计划中看到了诸多好处，主要的好处有二：一是能得到美国的经济援助；二是有机会利用鲁尔丰富的煤炭资源。这些好处既有利于国内莫内计划的顺利实施，也有利于法国加快复兴的步伐，更有利于法国重新步入世界政治大国行列。一如迈克尔·霍根所说："法国人把复兴看作是通向在西欧霸权的捷径，而达到这一目标取决于按照莫内计划实现法国工业的现代化。"[②] 而莫内计划的成功与否又取决于法国能否先于自己的宿敌德国实现复兴，取决于法国能否利用鲁尔丰富的资源，取决于法国对德国复兴和德国重新统一的掌控和信心。

另一方面，尽管战后初期的法国非常需要来自美国的援助，但法国人又十分担心马歇尔计划可能对其安全带来负面后果。一旦德国也加入欧洲复兴的行列，法国既担心德国作为一个独立的政治实体的复兴，更担心德国因经济复兴而诱发军国主义的复活，从而像过去那样威胁到法国的安全。换句话说，在法国人看来，一个独立的德国，如果不再被盟国占领，并允许其支配鲁尔和莱茵盆地丰富的煤、焦炭和钢铁等资源，它就有可能

① U.S. Department of State, *Foreign Relations of the United States, 1947*, Vol.III, pp.222–223.

② Michael J. Hogan, *The Marshall Plan: America, Britain, and the Reconstruction of Western Europe, 1947–1952* (Cambridge: Cambridge University Press, 1987), p.438.

将其工业能力迅速转向军事用途，也可能拒绝向法国提供法国实施莫内计划和现代化所亟须的煤炭资源。不仅如此，在捷克斯洛伐克"二月事件"之后，法国还担心，如果法国同意实行西占区三区合并、货币改革、由德国管理本国煤矿以及成立一个德国临时政府，这种局面就可能再次激起法国国内共产党左派和戴高乐主义者的抗议浪潮，进而可能危及现政权，甚至可能诱发内战。鉴于国内的政治压力，战后初期的法国政府一直抵制英美要求提高德国西占区工业水平的建议，抵制美国要求放宽对德国贸易进行限制的努力，一直试图维持对鲁尔进行一定程度的控制，并要求美国对法国的安全提供切实保证。①

法国对复兴德国的担心自然引起了美国高层，尤其是马歇尔国务卿的极大关注。自1947年春天担任国务卿伊始，马歇尔就已经开始考虑如何维系欧洲整体的复兴与德国统一之间的平衡问题，而且他始终愿意对欧洲大陆做出政治承诺，尤其是愿意为法国提供安全保证。马歇尔很清楚，这是取得法国政府合作的前提条件。1947年3月，他向法国总统文森特·奥里奥尔和法国外长皮杜尔许诺："美国决不重犯两战期间从欧洲政治上撤退的错误。"②马歇尔同时强调了由他的前任国务卿贝尔纳斯提议、由四大国负责实现德国非军事化和解除其武装的承诺。然而，随着美苏矛盾的加深以及莫斯科外长会议的无果而终，马歇尔很快发现，在德国问题上，如果按照美国可以接受的条件与苏联进行合作，已不现实。于是，他和他的顾问们认为，必须把贝尔纳斯条约转化成切实可行的工具。1947年12月，马歇尔对英国外交大臣贝文就建立大西洋安全机制做出回应，表示美国支持成立一个西方国家联盟，并支持建立非正式的双边军事合作。在捷克斯洛伐克"二月事件"和法国在伦敦外长会议上持不妥协态度的推动下，马歇尔同意对协商性条约进行讨论，再次承诺美国将支持建立一个西方联盟，并对贝文呼吁就大西洋安全机制进行试探性会谈做出了积极回应，他还接受了在鲁尔设立一个管制机构和军事安全委员会的建议，并强调了美军将在德国进行无限期驻防的承诺。马歇尔的上述明确态度和随后采取的一系列做法，主要目的就是提高法国和意大利的士气，加强舒曼内阁和加斯佩里

---

① U.S. Department of State, *Foreign Relations of the United States, 1948*, Vol.II, p.79, p.95, pp.98–100, pp.104–105, pp.110–111, pp.230–231, p.266; Vol.III, pp.617–622.

② U.S. Department of State, *Foreign Relations of the United States, 1947*, Vol.II, pp.192–195, pp.247–249.

内阁对付国内不安定因素的决心，尤其是鼓励并争取法国人支持美、英复兴德国的计划。①

1947年春夏之交，当发现法国人仍在是否执行伦敦协定一事上犹豫不决时，马歇尔国务卿和副国务卿罗伯特·洛维特立即对美国国会进行游说，旨在敦促国会参议院尽快通过一项允诺美国加入欧洲区域性防务条约的决议案，以换取法国人的同意。与此同时，英国外交大臣贝文也积极建言献策。他在发给马歇尔的电报中这样写道："要想诱导法国人接受（我们的）德国计划，我们就必须在有效安全机制上让法国人看到希望。"②事实上，考虑到战后国内孤立主义势力的再次抬头，美国决策层在承诺担负欧洲防务责任上也是有着相当的顾虑的。但随着冷战的升级，他们很快认识到，能否对苏联势力在欧洲不断扩大的影响进行遏制取决于马歇尔计划，而马歇尔计划又与切实可行的德国西占区政治实体复兴不无关联。美国决策层同样认识到，复兴德国西占区，离不开法国人的支持。如果美国拒绝承担在西欧的政治、军事义务，不对法国做出郑重的安全承诺，复兴德国西占区就只能是纸上谈兵。1949年2月，已接替马歇尔担任国务卿的迪安·艾奇逊对国会一些参议员明确表示："成立北大西洋公约组织将给予法国防御德国和苏联以更大的安全感，因而实质上有助于法国对德国问题的现实考虑。"③

从法国的角度看，法国也有理由对本国眼前面临的危险和长期危险采取必要的防范措施。对此，法国驻伦敦大使勒内·马西利曾向美国官员解释说，法国面临的长期危险是任何德国政府，不管它是不是共产党政府，一旦条件合适，就会与苏联结盟。法国面临的短期危险是苏联可能将西方大国撵出柏林，以此作为对伦敦协定的回应。那么，一旦西方对此做出反应，就可能引起突发性战争。一旦引发战端，法国将首当其冲。④按照时任法国国防部长威廉·德拉佩的说法："一旦战争爆发，苏联军队就会长驱直入，碾碎法国，将西欧的生产能力悉数纳入苏联的战时经济。"⑤

① U.S. Department of State, *Foreign Relations of the United States, 1948*, Vol.IV, pp.735–736; Vol.III, p.49, pp.45–56.

② U.S. Department of State, *Foreign Relations of the United States, 1948*, Vol.III, p.138.

③ U.S. Department of State, *Foreign Relations of the United States, 1949*, Vol.IV, p.109.

④ U.S. Department of State, *Foreign Relations of the United States, 1948*, Vol.II, p.98.

⑤ *Ibid.*, pp.270–272, pp.274–275, p.284.

苏联封锁柏林和随后发生的柏林危机说明，法国人的担心也不是没有道理的。柏林事态的发展也的确在法国引发了新的政治危机。法国国内再次出现的通货膨胀引起了人民的普遍不满，新一轮罢工和示威浪潮此起彼伏。这种突发局面不仅让舒曼内阁坐立不安，也引起了美国人的警觉，他们开始担心舒曼及其同盟军会不会在执行欧洲复兴计划和伦敦协定的决心上产生动摇。美国驻法大使卡弗里随即警告说，绝不能让法国共产党二次进入法国政府。美国驻德国占领军司令卢修斯·克莱也在德占区坚定地推进伦敦协定的贯彻执行，以配合法国政府。① 总之，马歇尔、哈里曼和美国其他高层官员已充分认识到了此间法国政府面临的巨大压力。他们得出的结论是：为了支持法国勇敢地、心甘情愿地面对国内可能出现的内乱、接受德国政治实体的重建以及为抵御苏联可能的挑衅做准备，除了向法国提供经济援助外，军事援助也断不可少。②

事实上，在1949年夏天，就在美国国家安全委员会授权就《北大西洋公约》进行谈判的同时，它就拟就了一个军事援助总方案。美军参谋长联席会议也派出代表赶赴伦敦，与西方盟国代表就该军事援助方案的性质进行非正式磋商。该方案的实施主要取决于欧洲是否接受自助和互助原则，但必须要等到北大西洋条约完成和战略计划设计完毕。随着冷战的升级，马歇尔、福里斯特尔、哈里曼和参谋长联席会议此时已经认识到，法国政府不可能等那么久。于是，美国政府决定先向法国运送一批军需品。8月，在事先未得到国会授权的情况下，杜鲁门下令向法国驻德国的三个陆军师提供军事装备，用于重新武装。11月，在目睹了法国的不稳定形势后，马歇尔再次要求国防部长福里斯特尔向法国追加军事援助。当然，就军事力量对比而言，这些装备远远不足以抵抗苏联的攻击。马歇尔此举的目的显然是为了安定人心，是为了鼓励法国人采取必要措施，对付通货膨胀，抵制共产党的要求，接受德国复兴，因为欧洲的均势与美苏工业、军事潜力的总对比全仰赖于此。

除了得到军事援助之外，法国还要求与美、英协调战争应急计划。其

---

① U.S. Department of State, *Foreign Relations of the United States, 1948*, Vol.III, pp.637–641, pp.661–664, pp.649–650, p.667. 关于美国驻德国占领军司令卢修斯·克莱的相关行动，见John H. Backer, *Winds of History: The German Years of Lucius DuBignon Clay* (New York: Van Nostrand Reinhold, 1983), pp.255–278。

② U.S. Department of State, *Foreign Relations of the United States, 1948*, Vol.I, pp.585–588.

理由是，美国决定继续对柏林实施空投并在伦敦协定上绝不让步，这意味着柏林危机要更耗时日。一着不慎，就会引发战争。法国显然面临着巨大的现实压力。① 基于这一现实，美军参谋长联席会议迅疾授权美国驻德占领军司令克莱将军与法国、英国协调行动。尽管当时的杜鲁门总统还有些担忧，但他最终还是接受了马歇尔国务卿的建议，即：一旦战事爆发，美国占领军应置于西方联盟的指挥之下。② 这样做的战略意义在于：一旦苏联突然发动进攻，美军就会有史以来第一次立足莱茵河畔，而不是撤出欧洲大陆。③ 一旦美国人撤出欧洲大陆，他们根本无法想象法国人能承受欧洲复兴计划，尤其是伦敦协定所带来的危险。

当然，法国人不单单要这些，他们还希望美国承诺在战时向欧洲增兵，希望美国将防卫莱茵兰作为根本战略概念纳入美国军事计划。同时，他们还希望与美、英战略制订者展开全面合作，包括一旦战争爆发，法国政府能了解美国可能采取的军事行动等。

面对法国的上述过分要求，美国军方断然予以拒绝，理由是他们担心军事安全机密会从法国武装部队中泄露出去。事实上，更重要的是，美国人还担心自身有限的军费开支能否担负起整个欧洲大陆的防务，至少在短期内是这样。④ 这里还有一个问题，即美国国务院高层官员、军事计划人员和参谋长联席会议已发现美国外交政策和美军作战计划之间实际上存在着矛盾。将美国国家安全利益放在欧洲重建，恢复其经济实力，然后在战时再把这些资源拱手转让给苏联，这是绝对讲不通的。对此，美国"联合战略计划委员会"（JSPC）明确表示："参谋长联席会议的讨论断不可基于这样一种'战略概念'，即不战而放弃西欧和地中海沿岸国家，将资源、人力和工业生产能力拱手交给苏联，让他们利用这些资源来对付我们。这样做只能抵消西方联盟的坚定信心，破坏它努力发展共同防务的决心。"⑤

在美国竭力安抚法国并防范苏联的同时，苏联也加快了德国苏占区苏维埃化的步伐。在苏占区，苏联支持统一社会党上台执政，同时支持将土

---

① U.S. Department of State, *Foreign Relations of the United States, 1948*, Vol.III, pp.142–143, p.643.

② *Ibid.*, pp.221–222.

③ *Ibid.*, p.660.

④ *Ibid.*, p.643; Vol.IV, p.121, pp.256–257.

⑤ U.S. Department of State, *Foreign Relations of the United States, 1949*, Vol.III, pp.145–146.

地分给农民，摧毁德国旧的容克地主阶级，实施工业国有化。[①] 虽然英国在西占区政策上与美国保持着一致，但英国和法国一样，也担心美国对德政策过于软弱。的确，在战后德国，民族主义、激进主义、军国主义和极权主义传统依然存在。许多德国人并不恨希特勒，而是恨他的失败。到1950年为止，许多新纳粹分子蜂拥而入德国西占区。[②]

在凡此种种压力之下，美国政府最终认识到，为了让法国心甘情愿地支持美国的德国政策并接受德国西占区参与马歇尔计划，该是向法国做出进一步妥协的时候了。于是，除了继续向法国提供经济、军事援助并允许法国使用鲁尔的煤资源外，美国政府还拿出了一个协定草案，并对法国做出了如下郑重承诺：（1）在德国西占区完成"四D"计划；[③]（2）美国承诺担负起对德国未来25年的监督责任（如果其他国家同意，40年也行）；（3）美国将和其他国家一道，共同限制德国发动战争的潜力，并维持监督。[④]

随着马歇尔计划的逐步推进，随着上述这些集体安全措施的出台，法国政府放弃了此前的对德路线，最终接受了美国的对德政策。及至1949年春天，随着"北约"和《共同安全计划》的出台，法国对德国复兴和苏联威胁的担心也随之消失了。

回头来看，当年美国、法国、英国对苏联的种种担心都是多余的。即使在1948年7月初冷战两大阵营关系最紧张的岁月里，即使在柏林"大空投"热火朝天的那些日子，苏联并没有采取任何过激行动，始终把事态控制在可控范围之内。然而，这件事不仅没有令美国决策者反思，反而使他们更加固执地认为：只要美国态度坚决，行为果断，苏联人就会打退堂鼓。实际上，美国国务院高层官员，包括洛维特、乔治·凯南、汉克森、波伦等人也心知肚明，他们曾不断提醒正在就安全问题展开试探性会谈的西方

---

① William G. Carleton, *The Revolution in American Foreign Policy*, p.50.

② *Ibid.*, p.52.

③ 所谓"四D"计划，即消灭纳粹主义（De-Nazism）、去军事化（Demilitarization）、解除武装（Disarmament）和实行民主化（Democratization）。

④ William G. Carleton, *The Revolution in American Foreign Policy*, p.51. 需要补充说明的是，在"四D"计划中，消灭纳粹主义和解除德军武装实际上在战后初期已经完成，但消灭纳粹主义却进行得很不彻底。随着冷战的升级，许多原纳粹分子纷纷进入美英双占区，双占区实际上成了藏污纳垢的庇护所。不仅如此，美英占领当局很快将权力移交给亲美英的德国右翼党派，如基督教民主党等，开始了所谓的民主化改革运动。

盟国外交家们：克里姆林宫并不准备打仗，他们也不想打仗。后来，斯大林与铁托之间的矛盾和分道扬镳也进一步证实了克里姆林宫实际上一直是在尽量避免战争。

客观地讲，以美国为首的西方盟国之所以要大造苏联军事进攻的烟幕，有着不可告人的政治企图，即欧洲要迅速实现重建，就需要充分利用德国丰富的资源并取得法国的通力合作。西方的当务之急就是要设法阻止苏、德可能的再度联手，尽可能将苏联这只"北极熊"控制在其传统的边界之内。当年马歇尔曾自信地认为："美国的原子弹足以威慑苏联人。而将B–29远程轰炸机部署到英国本土，也许使斯大林变得更为谨慎。"[①] 在今天看来，包括马歇尔在内的美国官员当时的真实想法其实很简单，就是以威慑为手段，吓阻苏联可能发动的挑衅，以期安抚法国并确保法国支持美国的德国政策，确保法国全力支持马歇尔计划并同意德国加入马歇尔计划。

## 三、美国整合德国西占区步伐的加快及其原因

1949年，除了安抚法国支持美国的对德政策外，在充分评估了苏联的挑衅可能后，美国高层认为，眼前的战略第一要务并不是要将大量精力和资源花在战争应急计划上，而是要尽快把德国西占区更彻底地整合到西欧，将其资源用于西欧重建和大西洋联盟的所谓和平目标，避免这些资源流向苏联，最终用于可能的战争。

1949年初，加快整合德国西占区的问题已成为美国官员关注的焦点。在实行货币改革后，此时德国西占区的复兴已出现了重大转机，下一步的任务已不是尽快恢复生产，而是如何为德国产品找到销路。这一时期，美国官员一想到德国经济的未来、"大空投"付出的代价和德国对美国日益加剧的背离倾向就感到焦虑不安。令美国驻德国占领军司令克莱和美国国务院失望的是，伦敦协定迟迟得不到执行，德国临时政府的建立遥遥无期，占领法的修改也一推再推。与此同时，有迹象显示，西占区德国的民族主义和中立主义情绪日渐明显。1949年3月，乔治·凯南受命出访德国西占区。在访问期间，乔治·凯南耳闻目睹德国西占区政治之脆弱，令他感到

---

① U.S. Department of State, *Foreign Relations of the United States, 1948*, Vol.III, pp.280–281; Vol.I, pp.654–655.

惊恐不已。他在3月29日写给新上任不久的迪安·艾奇逊国务卿[1]的信中形象地指出："当此时刻,你可以听到时间女神衣服穿越时空的窸窣作响声。谁听不到这种声音,谁就要付出代价。"[2]

不管美国官员是否听到了"时间女神衣服穿越时空的窸窣作响声",1949年4月,苏联主动提出暂停柏林封锁,并倡议召开外长会议,愿意与西方缓和关系。与此同时,苏联还暗示要建立一个统一、中立、独立于两大阵营之间的德国。面对苏联发动的这一强大和平攻势,美国人一时感到有些猝不及防,没有心理准备。这里需要说明的是,在战后几年间,尽管美、苏都大谈德国统一,但双方却是各怀异志。尽管双方也有共识,比如,都担心如果德国问题未能从根本上得以解决,一个再次统一的德国可能是对世界和平的威胁。然而,在如何统一、由谁来主导统一等具体问题上,双方难以沟通,话不投机。

显然,1949年4月苏联政策的突然改变大大出乎美国的预料并危及了美国在过去两年所做出的努力。美国清楚,欧洲大陆的复兴和在欧洲形成令人满意的均势均取决于将鲁尔和莱茵地区的资源整合到西欧,而克里姆林宫此时发动的和平攻势显然企图阻止建立一个被整合到西方轨道的西德。苏联的和平倡议之所以更令美国人害怕,是因为艾奇逊国务卿的主要德国问题顾问,包括乔治·凯南、菲力普·杰瑟普、罗伯特·墨菲、亨利·拜罗德、雅各布·比姆、卢埃林·汤姆森、波伦一干人等均认为苏联人是严肃的,他们说到做到。在与自己的智囊就与苏联可能的妥协进行大量、深入的评估之后,艾奇逊最终的结论是,只有在将苏占区并入西占区的基础上,才可能考虑实现德国统一。[3]而美国中央情报局也认为:"只有在美苏都做出让步并在西方占据优势的情况下,才能筹划一个统一、中立的德国。同时,又要提防这样一个德国受到东欧市场、原材料和食品的诱惑,提防它可能最终被纳入苏联阵营。"[4]这样的地缘政治后果和由此而引

---

[1] 1949年1月20日,马歇尔因健康原因辞去国务卿,由负责行政事务的副国务卿迪安·艾奇逊接任。

[2] Kennan Draft Letter to Acheson, March 29, 1949, box 23, George F. Kennan Papers, Seeley G. Mudd Library, Princeton University.

[3] U.S. Department of State, *Foreign Relations of the United States, 1949*, Vol.III, pp.73–175, pp.694–751, pp.856–913.

[4] CIA, "Review of World Situation," May 17, 1949, and "The Soviet Position in Approaching the CFM," May 18, 1949, boxes 206 and 256, PSF, Truman Papers.

发的战略危险肯定是美国人所不愿看到的。

然而，建立一个由西方主导的、统一的德国显然也是苏联人所不愿看到的。在此背景下，杜鲁门政府以其强大的经济实力为后盾，咄咄逼人，坚持认为未来的德国必须被完全纳入西欧，必须与大西洋联盟捆绑在一起。如果这样做会出现德国分裂（这一点早在美国官员预料之中），那也只有遗憾，但又无法避免，因为鲁尔—莱茵工业区和德国人力资源是西方实力不可或缺的组成部分。即使此前美国国务院唯一坚定鼓吹德国统一和欧洲需要第三种势力的乔治·凯南也认为，必须把德国和苏联分开。他说："危险在于德国和苏联美满的联姻。如果事情果真是这样，那我们也可能会就此完蛋。"[1]

1949年6月，巴黎外长会议在永久解决德国问题上陷入僵局，艾奇逊、贝文、舒曼和维辛斯基仅在结束柏林封锁和结束美苏在德对抗问题上达成了一致。[2] 面对这一局面，美、英、法抓住时机，立即将伦敦协定付诸实施。他们迅速将美、英、法三占区合并，成立了德意志联邦共和国（即西德），同时终止占领军政府运作，代之以高级专员公署。约翰·麦克洛伊接替卢修斯·克莱将军担任美国驻西德高级专员。与此同时，艾奇逊国务卿也在华盛顿牢牢掌握了美国的对德政策。[3]

然而，到1949年夏秋之交，马歇尔计划的设计者最初所设想的将德国西占区纳入西欧政治经济轨道的前景依然扑朔迷离。英国从自身特殊利益考虑，依然顽固地反对西欧金融和经济一体化。在没有英国参与的情况下，法国人担心自己独木难支，无力独自面对德国。而德意志联邦共和国刚刚成立，国内仍存在着亲社会主义阵营或成为第三种力量的潜在危险。面对这一错综复杂的局面，面对冷战的逐步升级，美国高层官员，如艾奇逊国务卿、麦克洛伊专员、哈里曼特使等忧心忡忡，一筹莫展。

1949年10月，艾奇逊最终下定了加快整合德国西占区的决心。他强调指出："之所以认为欧洲一体化很有必要，主要考虑的是西德问题……有迹象表明，它已显示出一种危险的民族主义倾向。如果不将德国西占区的资

---

[1]　George Kennan, "Contemporary Problems of Foreign Policy," September 17, 1948, and "Estimate of International Situation," November 8, 1948, box 17, George F. Kennan Papers; U.S. Department of State, *Foreign Relations of the United States, 1948*, Vol.I, pp.609–610.

[2]　U.S. Department of State, *Foreign Relations of the United States, 1949*, Vol.III, pp.913–1039.

[3]　*Ibid.*, pp.187–361.

源和能源加以控制，使之为整个西欧的安全与福祉服务，那么，这种（危险的民族主义）趋势肯定会继续下去。"[1] 因此，美国整合德国西占区的步子必须加快。

当然，美国之所以要加快将德国西占区整合到西方阵营的步伐，除了上述原因，还包括其他一些原因。这些原因主要有以下几点：

其一，1949年，西欧国家的收支压力依然存在，增加了美国解决德国问题的紧迫感。艾奇逊国务卿和具体负责援助事宜的美国经济合作署署长霍夫曼、哈里曼特使都十分清楚，马歇尔计划再过两年就要终止，而西欧的美元缺口仍高达35亿美元左右。如果找不到有效的解决办法，美国在西欧努力逆转的外汇管制、经济萎缩和政治混乱就会再度发生。而一个包括德国在内的、统一的西欧将有助于为欧洲企业提供规模经济所必需的大市场，以便降低生产成本，参与国际市场竞争，赚取外汇。因此，在美国高层看来，将德国西占区整合到西欧既是马歇尔计划赖以成功的基础，也是维持欧洲财政乃至政治稳定的核心，更是避免美国决策者视为战略梦魇的苏德联合的关键。

其二，1949年9月23日，苏联打破了美国的核垄断，成功地爆炸了第一颗原子弹。这一重大事件立即引起了国际社会尤其是美国的高度关注，加强了美国整合德国西占区的紧迫感。在美国高层看来，苏联在原子弹方面的研制成功势必抵消美国的核威慑优势。在失去核优势的背景下，包括西德在内的西欧国家对美国提供核保护的能力和信心必然产生动摇，进而导致美国和西欧的防务脱钩。

其三，由于美国决策层无法理解苏联的社会主义发展理论，固执地认为苏联要全面地推进世界革命。因此，"只要苏联侵略的可能性依然存在，拥有主要由先进武器组成的军事潜力的美国就不准备考虑裁军或军备限制的建议"，因为"军事力量的语言是强权政治信徒们唯一能理解的语言，美国必须使用这种语言"。[2] 在这一理念支配下，美国高层固执地认为，随着苏联核实力的逐步提升，克里姆林宫正变得更加冒险，突然发动战争的概率在增加。在这一背景下，西方盟国可能由此而动摇对美国核霸权和提供核保护的信心。

---

① U.S. Department of State, *Foreign Relations of the United States, 1949*, Vol.IV, pp.469–470.

② Arthur M. Schlesinger, Jr., *The Dynamics of World Power: A Documentary History of the United States Foreign Policy, 1945–1973*, Vol.I, p.301.

其四，此时的西欧已经露出了美国所不愿看到的种种离心迹象。例如，英国单方面宣布英镑贬值，并拒绝向欧洲大陆盟国透露它的作战计划。这一做法既令法国和其他欧洲盟国感到不满，同时也令美国人忧心忡忡。而此时的法国正深陷印度支那战争泥淖不能自拔，它已无法集中精力担负起欧洲防务。不仅如此，法国还一直不愿放弃对西德工业、贸易和外交政策的支配权。

其五，新成立的德意志联邦共和国（西德）的政治局势仍不稳定，国内的民族主义情绪日渐抬头，特别是以德国共产党为首的左翼力量的影响力依然存在，西德仍存在着亲社会主义阵营或成为第三种力量的潜在可能。有越来越多的证据表明，随着德国人对美国核威慑地位失去信心以及对欧洲传统防务无序的担心，德国西占区民众似乎感到自己特别易受到攻击。1950年3月，美国驻德国高级专员约翰·麦克洛伊不无担心地告诫艾奇逊："德国人感到很紧张，情绪异常波动，没有安全感。"[1] 同年春夏之交，美国参谋长联席会议一再敦促艾奇逊国务卿和杜鲁门总统重新武装西德，并采取必要的措施。[2] 与此同时，艾奇逊及其国务院同僚以及五角大楼的军方人士对西德的局势也表示忧虑。在美国国家安全委员会的第68号文件（NSC/68）[3] 正式成为美国国家政策之前，艾奇逊接受了该文件提出的假设和结论，并原则上接受了重新武装西德的政策目标。

需要补充说明的是，在1950年春天这一敏感时刻，艾奇逊对重新武装西德还是相当有顾虑的。他认为，眼下就将重新武装西德的目标付诸实施，时机尚未成熟。如果贸然将这一问题纳入欧洲盟国的考虑议程，只能使其他欧洲一体化措施变得更加复杂，并可能削弱西德国内的"民主力量"。然而，有一点艾奇逊和参谋长联席会议的官员则是一致的，那就是：为了安抚西欧国家，必须尽快将西德捆绑到西方，让西德加入新成立的"欧洲支付同盟"（EPU），将其丰富的资源用于欧洲防务。

简而言之，在1950年春天，像其他美国官员的复杂心情一样，作为国

---

① U.S. Department of State, *Foreign Relations of the United States, 1950*, Vol.III, pp.640–641; Vol.IV, pp.682–683, pp.797–820.

② NSC/71, "United Sates Policy toward Germany: Extract of Views of the Joint Chiefs of Staff with Respect to Western Policy toward Germany," June 8, 1950, box 207, PSF, Truman Papers.

③ 该文件出自新任国务院政策设计委员会主席保罗·尼茨之手。关于 NSC/68 号文件，见 U.S. Department of State, *Foreign Relations of the United States, 1950*, Vol.I, pp.140–324.

务卿的艾奇逊很担心马歇尔计划功败垂成，进而导致整合西德的努力胎死腹中。其理由有三：其一，到1950年春夏之交，欧洲许多令美国人头疼的问题并没有得到解决，尤其是西欧的支付问题尚未得到解决，欧洲复苏的动力缺乏后劲。其二，面对苏联核力量的出现，西欧各国"民主力量"的胆子在苏联的卧榻之侧变得更小了。其三，新成立的西德政府是否亲西方尚无定数。虽然艾奇逊坚决支持法国的舒曼计划和欧洲支付同盟，但他认为这些措施并不足以重整西方联盟，也不一定能说服西德人去对抗苏联的威胁或诱惑。他的基本结论是："他们（指西德人——作者注）与西方的关系并不那么铁，他们对东欧的仇视和担心也不那么强烈，不排除他们因形势的变化或因苏联人聪明的伎俩诱使他们与东欧达成协议的可能。如果此时在西德建立一支强有力的军队，而它最终是否忠于西方又存在变数，这样做不一定是在真正加强西方力量。"[1] 基于这种情况，虽然重新武装西德的问题可以暂时放一放，但美国必须抓住时机，尽快将西德彻底整合到西方阵营。

其六，1950年6月25日，朝鲜战争爆发，冷战骤然升级，为美国重新武装西德提供了借口。美国开始进一步加快整合西德的步伐，但这种整合并没有偏离朝鲜战争爆发之前的大方向。在美国人看来，朝鲜半岛局势的陡然恶化进一步印证了西方对共产主义的猜疑，并引发了西方世界对东德可能进攻西德的种种猜想和担心。就军事层面而言，北朝鲜军队在战争初期取得的胜利也折射出了以美国为首的西方在朝鲜半岛的军事软肋，同时也凸显了欧洲防务的脆弱，并加强了欧洲的中立主义情绪，尤其是在西德。美国驻欧洲外交官、国务院官员和五角大楼的军事专家开始担心，朝鲜半岛爆发的危机完全可能会带来连锁反应，而欧洲人的自我不信任和西德人的焦虑可能危及马歇尔计划已经取得的成就。因此，防卫欧洲和将西德并入西方就成了美国国家安全的重中之重，也成了挽救马歇尔计划免于失败的关键。

面对朝鲜半岛局势对欧洲产生的溢出效应，德国的资源问题再次引起了美军参谋长联席会议的关注。1950年7月初，美军参谋长联席会议提醒美国国务院："鲁尔工业中心是世界最重要的战略目标之一。不管是在战

---

① NSC/71/1, "Views of the Department of State on the Rearmament of Western Germany," July 3, 1950, RG 273, NSC Records.

时还是在和平时期，都不能让克里姆林宫打它的主意。如果我们要保卫西欧，就必须利用德国的人力和工业资源，而且防御阵地必须建立在莱茵河东岸。"① 尽管艾奇逊、麦克洛伊和国务院其他高层官员赞同参谋长联席会议的这一看法，但他们很快又发现，这样做会陷自己于左右两难之境地。要重新武装西德，就不能不建立一支由西德人支配的军队。而这样做又必然意味着既要考虑东、西德分治局面，又要考虑法国人的感受，同时也可能招致苏联人插手西德问题。因此，解决这一棘手问题的最安全办法就只能是建立一支包括西德武装部队在内的"欧洲军"，并将其置于"北约"的控制之下。这样做，不仅可以将西德完全整合到西欧，而且也是确保德国不再发动侵略战争的最佳办法。② 换句话说，建立一支包括西德军队在内、以均衡集体力量原则为基础的"欧洲军"，可以在保卫欧洲资源、调解德国与其邻国矛盾、防止苏德可能的再度联手，以及建立并维持欧洲重建动力的心理和战略框架诸方面发挥决定性作用。与此同时，为了确保法国对重新武装西德的支持，尽可能减少西德重新武装带来的政治风险，除了建立一支"欧洲军"，美国还必须在欧洲额外部署军队，追加经济援助，并委派美国人担任这支"欧洲军"最高长官。当然，要完成这一部署，绝非一朝一夕之事。但在1950年夏天这个多事之秋，在马歇尔计划援助资金可能因欧洲防务问题而发生转向的关键时期，美国高层坚定地认为："一旦马歇尔计划还在执行当中，美国就无法回避用军事承诺和资源来防卫欧洲以及实现德国统一的责任，也无法回避担负起领导欧洲的责任。"③

综上所述，尽管马歇尔计划是一个经济援助计划，但它所衍生出的地缘政治和军事战略意图同样不可低估。马歇尔计划的重要战略意图之一就是要挫败欧洲土生土长的左派，收买、拉拢法国参与对德国西占区的整合。其战略目标就是要在帮助西欧国家实现复兴的同时，与西欧国家协力阻止克里姆林宫攫取或控制欧洲资源、工业设施、技术劳动力的潜在野心，抵御、遏制、化解所谓共产主义在西欧的潜在扩张。当苏联牢牢控制住东欧、当中南欧和西欧动荡加剧、当柏林危机不可避免时，美国政府日益意识到必须采取新的措施来遏制克里姆林宫潜在的野心，并再次向法

---

① U.S. Department of State, *Foreign Relations of the United States, 1950*, Vol.I, pp.344–346, pp.353–357.

② U.S. Department of State, *Foreign Relations of the United States, 1950*, Vol.III, pp.180–182.

③ *Ibid.*, pp.273–278.

国人做出保证，以期达到如下目标：（1）确保法国心甘情愿地支持美国对德国西占区的整合行动；（2）确保包括西德在内的欧洲国家继续留在西方阵营内；（3）确保马歇尔计划继续得以顺利实施。然而，必须承认，马歇尔计划的实施又不可避免地加快了德国和欧洲走向分裂。换句话说，在帮助重塑欧洲均势的同时，该计划又使冷战格局人为地、不可逆地固定了下来，冷战因马歇尔计划而升级。

## 四、马歇尔计划在法德和解中扮演的角色评析

如前所述，战后初期，德国问题不仅是困扰法国的一个问题，也是困扰美国的一大难题。如何化解法德矛盾、实现欧洲和解成了战后初期摆在美国政府面前的一个重要课题。而美国启动马歇尔计划的一个主要目的就是要"既解决德国的经济复兴问题，又不致德国再次成为一个大国，控制欧洲"，[①] 进而一劳永逸地解决德国与其邻国，尤其是法国之间的恩恩怨怨，实现欧洲的最终和解。

从历史上看，德意志和法兰西是两个极具特质的民族。由于种种历史原因，法德两国长期不睦，矛盾由来已久，且常常兵戎相见。仅从1870年普法战争至二战结束的短短70多年间，两国就有过三次大的交战，法国首都巴黎曾两度被德国占领，法兰西的民族自尊心由此受到了极大伤害。正因为如此，长期以来，法国始终视德国为其国家安全的主要威胁和称霸欧洲大陆的劲敌。如何削弱德国、限制其发展以维护法国的国家安全和在欧洲大陆的霸主地位，始终是困扰法国的一大难题。二战的结束、德国的战败终于为作为战胜国的法国提供了解决这一难题的机会。为此，法国在战后力主肢解德国，限制其工业发展，将德国变成一个农业国，使其回到德意志统一之前的松散联邦状态。

1947年，法国站在了必须做出抉择的十字路口。随着国际形势的发展变化，随着美、苏对抗的加剧和冷战的逐步展开，随着两大阵营的形成，在夹缝中求生存、谋发展、在经济上依赖美国援助的法国人突然发现很难实现自己的对德政策，法国必须选边站，必须倒向一边。

战后初期，战争的破坏和国内经济的持续恶化导致法国社会动荡不

---

① Henry Pelling, *Britain and the Marshall Plan*, p.9.

安。法国尽管也是战胜国，但法国的国际地位却一落千丈，在国际政治舞台上根本无法与美、英、苏相提并论。而一个国家国际政治地位的提高又仰仗其强大的经济实力作为后盾。法国人日益认识到，要想恢复昔日的大国地位，称雄欧洲大陆，就要得到来自美国的援助。因此，当马歇尔哈佛演讲发布后，法国政府立即做出了积极回应。然而，美国却为法国取得援助设定了两个前提条件：一是必须建立一个亲美政权；二是必须与德国人实现和解。法国政府明白，在冷战格局逐渐明朗的背景下，要想得到美国的援助，法国就必须奉行追随美国、反对苏联的外交政策，就必须首先将法国共产党排挤出联合政府。随着1947年5月"法共"的出局，法国在政治上已完全倒向了以美国为首的西方阵营。

与此同时，随着美国与苏联在德国问题上矛盾的日益公开化，美国开始视德国西占区为美国称霸全球的战略重点和对付苏联的桥头堡。就法国而言，虽然与德国和解与法国传统的肢解、削弱德国的主张尖锐对立，但此时的法国已没有更多的选择。要想得到美国的援助，法国人就必须缓和与德国的关系，就只能把法国的对德政策纳入美国的对德政策和美国的全球战略轨道上来。就美国而言，要想让法国心甘情愿地支持美国的对德政策，就必须居中化解法德之间的矛盾，消除法国长期以来的安全顾虑。而美国启动马歇尔计划的政治目的之一就"在于消除欧洲国家之间长期的、不必要的仇视"，[1] 从而最终"实现西德与西欧其他国家的和解"。[2]

战后法德和解不仅是世界史上重大的历史事件，也掀开了法德关系史上新的一页，具有重要的历史意义和现实意义。具体表现在以下几个方面：

其一，法德和解解决了长期困扰两国的许多重大问题，包括两国历史上宿怨、萨尔问题、西德的重新武装等，结束了两国自1870年至二战结束长达70多年相互敌视的历史，成了法德关系的新起点、里程碑。法德和解对欧洲和世界的意义同样不可低估。它消除了欧洲大陆的一大安全隐患，不仅为法德两国关系的正常化扫清了道路，实现了两国和平相处的愿望，而且为欧洲乃至世界持久和平作出了贡献。

其二，法德和解为两国经济复兴和发展创造了条件。战后，两国都存

---

[1]　U.S. Department of State, *Foreign Relations of the United States, 1947*, Vol.III, p.285.

[2]　Henry Pelling, *Britain and the Marshall Plan*, p.125.

在着重建经济的问题。法德和解为两国在资金、技术、原料、市场，尤其是在资源共享等方面创造了条件，从而也就为两国经济的快速恢复乃至为两国后来的经济腾飞提供了契机。以1950年的工业生产指数为100，到1962年，西德的工业生产指数达到296，法国也达到208，而英国和美国却只有139和159。美、英1950—1962年的出口额在世界出口总额的百分比都是负增长，而西德和法国则是正增长，法国达到107%，西德增幅竟然高达297%。[①] 如果没有马歇尔计划促成法德之间的和解与合作，这一经济成就是难以想象的。

其三，法德和解改变了欧洲政治力量的对比，两国也逐渐成为西欧政治舞台上的生力军。马歇尔计划结束后不久，法德两国在欧洲大陆确立了事实上的领导地位，既给英国造成了一种竞争压力，同时也对美国继续控制西欧提出了严峻挑战。随着20世纪60年代西欧联合力量的壮大和政治实力的增强，西欧逐渐成长为世界政治舞台上一只不容忽视的力量。其中，德法两国在涉及欧洲的诸多重大问题上相互协商，互相配合，尽量用一个声音说话，不仅大大增强了西欧的凝聚力和自信心，而且加强了西欧与美国分庭抗礼的实力。

其四，法德和解也为欧洲最终走向联合和统一奠定了坚实基础。可以说，法德和解既是欧洲走向联合的先导，也为欧洲走向统一提供了方向，是西欧最终成为世界一极的重要基石。之所以这样说，理由有三:（1）它使二战后的欧洲一体化思想从理论变成了现实。在二战之前，关于欧洲联合的想法层出不穷，但都停留在理想和谋划阶段。随着战后国际形势的变化，随着法德两国和解愿望的提升以及和解步伐的加快，欧洲一体化才实现了真正的起步。换句话说，法德和解是启动欧洲一体化进程的重要前提条件和政治保障，"法德关系担当了欧洲一体化的发动机、火车头和方向盘的作用"。[②]（2）从1949年到1963年短短14年间，以法德为首的西欧国家共同创建了"欧洲煤钢联营"（ECSC）、"欧洲原子能共同体"（EURATOM）、"欧洲经济共同体"（EEC），这些联合体的出现标志着西欧经济一体化已初具规模，为欧洲走向一体化提供了新的架构和制度基础。（3）法德之间形成的一整套行之有效的磋商、协调机制为欧洲统一过程中

---

① 〔德〕路德维希·艾哈德:《大众的福利》，丁安新译，武汉大学出版社，1995，第48页。
② 伍贻康:《法德轴心与欧洲一体化》，《欧洲》1996年第1期，第34页。

重大决策的出台和危机的处置提供了现成的经验。在后来的岁月里，不管是两国政局的波动还是领导人的更迭，欧洲一体化前进的步伐风雨无阻，稳步推进。

由此可以肯定，法、德这两个曾经的宿敌之所以能携手成为带动欧洲一体化的"发动机""领头羊"，欧洲一体化之所以能取得后来的巨大成就，既是法德和解的结果，也是欧洲人共同努力的结果，而这一结果显然与马歇尔计划也是分不开的，马歇尔计划也因此而受到了欧洲人经年不息的怀思。1972年6月5日，当时的西德总理威利·勃兰特在纪念马歇尔哈佛演讲发表25周年大会上发表了题为《感谢美国》的演说。在演说中，勃兰特感激地说："我们在此聚会，纪念乔治·马歇尔在25年前发表的演讲。那次演讲提出的计划是最令人钦佩和当时美国最伟大的成就之一……我想让美国人民知道，我们对美国的感谢以及欧洲人民对美国的感谢一刻也没有停止过。"[1] "通过艰苦的努力和美国的支持，西欧现在重新站了起来。由于美国的援助，西欧再次找到了自我。因此，我们欧洲人，尤其是联邦德国人，深感欠美国太多。"[2] 这大概算是威利·勃兰特代表欧洲人，尤其是代表德国人对马歇尔计划的最大褒奖吧。

然而，我们也不能就此夸大、甚至神化马歇尔计划在法德和解进程中的作用。众所周知，促使法德和解的因素是多方面的，是各种因素共同作用的结果，马歇尔计划只不过起到了提供契机和"助推器"的作用。从这一意义上讲，马歇尔计划对法德和解的作用又是有限的。理由如下：

首先，法德和解是因为两国在政治上、经济上、外交战略上相互需求，存在着寻求和解的内生动力和主观愿望。

从政治上讲，由于法德两国在政治上存在着相互需求，"彼此都看到对方有太大的价值、优点和吸引力"，[3] 这是促使法德和解的内在动因，是第一位的。的确，在战后初期，尤其是马歇尔计划实施期间（1948—1951年），美国向法国、西德提供了大量援助。据不完全统计，法国共得到了将近30亿美元的援助，西德得到了近16亿美元，这些援助无疑为法、德两国经济重建打下了一定的基础。然而，法德领导人明白：任何国家的经济发展都不能仅仅依赖外援，必须要立足于自身的发展。长久地依赖外援

① Stanley Hoffmann & Charles Maier, eds., *The Marshall Plan: A Retrospective*, p.103.
② *Ibid.*, p.111.
③ 《戴高乐言论集》，国际关系研究所编译，世界知识出版社，1964，第2页。

只能使自己在经济、政治上更难摆脱外国的控制。而且美国的援助往往带有苛刻的政治、经济附加条件。要想得到美国的援助，受援国就必须拿自己的主权和国家利益与之交易。例如，法国人就有这种切身体会。在法国人看来，"每一笔贷款的给予都取决于政治现实。每获得一笔贷款，我们（指法国人——作者注）的独立就减少一些"。[①] 同样，法国的对德强硬政策最终也不得不随着1948年伦敦协定的签订而放弃，最终并入美国的对德政策。因此，如何寻找利益交汇点，寻找法德和解的突破口，尽快摆脱对美国的依赖，就成了法德两国的政治共识。

从经济角度看，法德经济也存在着优势互补，存在着诸多共同利益，这是两国和解的另一重要前提条件。尽管法德两国是世仇，但两国的经贸联系却由来已久。就法国而言，地处法德边界的洛林地区是法国主要的钢铁工业基地，该地区的生铁产量占法国生铁总产量的七成以上，钢产量也超过六成。然而，法国缺乏煤炭资源，尤其是缺乏炼钢用的焦炭。过去法国就一直从德国盛产煤炭的鲁尔地区和靠近法德边界的萨尔地区进口煤和焦炭。就德国而言，鲁尔地区一直是德国最重要的工业中心。由于德国的铁矿石藏量有限，因此，鲁尔地区所需铁矿石又主要从法国的洛林地区进口。由此可见，两国的经济互补性很强，尤其是两国重工业之间的相互依存度很高。1950年5月，法国提出了舒曼计划。法德两国之所以都能接受该计划，正是由于这个计划有利于恢复和加强两国这种固有的联系，使法国和西德的煤钢工业都能够迅速发展起来。"欧洲煤钢联营"同样也是法德两国共同需要的产物。在美国一再向法国保证防卫西欧、确保德国不致军国主义复活的前提下，在战后两国共同谋求经济重建和发展的现实面前，法德两国再继续对立下去已失去了理由，从而为法德和解和经济合作提供了现实可能性。

从外交战略角度看，法德也存在着和解的理由。一方面，西德在外交上有求于法国。战后，德国被盟国分区占领，德国作为正常独立国家实体的可能已不复存在。为了改变这种尴尬的外交处境，如何恢复邻国对自己的信任，改变被占领状态，争取国际上的平等地位，获得完全主权，进而恢复德国在国际政治舞台上的发言权，就成了西德成立后的首选外交目

---

① 〔美〕戴维·霍罗威茨：《美国冷战时期的外交政策：从雅尔塔到越南》，上海市"五七"干校六连翻译组译，上海人民出版社，1974，第55页。

标。而这一外交目标的实现，如果得不到法国的默许和支持，是难以想象的。换句话说，战后法国人的态度及其对德政策直接攸关西德外交目标的实现。因此，阿登纳政府上台后，就把化解同法国的世仇列为西德对法政策的第一要务，尽量投法国所好，希望在国际政治舞台上借重法国达到自己的目标。正如戴高乐后来回忆："德国（指西德——作者注）有求于法国者，实乃盼望法国帮助其在国际上建立起自己的地位和信心。"[①] 考虑到"法国在政治上有更多的自由"，"同法国结成紧密联盟，即使有时会出现争夺，对联邦共和国来说，在外交上（仍然）是极其有利的"。[②] 后来的事实也证明，由于法国愿意与之和解，西德扫除了恢复国家主权、重返西欧大家庭和国际社会的障碍，继成为"欧洲经济合作组织"成员国之后，又成为"欧洲共同体"的核心成员国，在国际政治和外交舞台上有了更多的发言权。从法国的角度看，法国在外交战略上也有求于西德。其理由有三：一是借联合西德制衡美国；二是借西德地缘优势防御来自苏联的威胁；三是要想再次成为欧洲大陆的霸主，法国需要西德的外交支持与配合。

简而言之，由于法德两国在政治上、经济上、外交上存在着上述共同利益交汇点，努力打破对立僵局、实现和解与合作也就是顺理成章的事了。

其次，法德和解也离不开当时的国际大背景。战后国际形势的嬗变成为特定历史条件下法德和解的重要外因。尽管这些外部因素错综复杂，但归纳起来看，主要体现在以下几个方面：

（1）战后初期，欧洲在国际舞台上的地位和影响力已大大下降，联合自强的强烈愿望和历史使命感客观上要求法德实现和解。一如美国前总统理查德·尼克松所说："在二战中，所有的欧洲国家都输了。"[③] 战争使曾经长期主宰国际事务的欧洲列强一夜之间从权力巅峰上跌落下来，沦为二流国家。由于力量被大大削弱，欧洲传统大国不仅失去了昔日的威风，甚至沦落到不能主宰自己命运的地步，"成为两个大国（指美苏——作者注）的

---

① 〔法〕戴高乐：《戴高乐从政回忆录》，尹国祥等译，黎明文化事业公司，1982，第168页。

② 〔西德〕彼特·本德尔：《盘根错节的欧洲》，马灿荣等译，世界知识出版社，1984，第195页。

③ 〔美〕理查德·尼克松：《领导者》，尤勰等译，世界知识出版社，1983，第88页。

赌注"，① 随时都可能沦为大国争霸的牺牲品。几个世纪以来，欧洲人一向以"欧洲中心论"而沾沾自喜，而战后的这种巨大反差是他们绝对无法接受的。在这一背景下，欧洲自近代以来要求联合的呼声日益高涨，各种旨在推进联合的组织纷纷建立。欧洲人产生了日益强烈的使命感，决心要实现欧洲再次复兴，排斥并消除超级大国对欧洲的影响，从美苏的控制下解脱出来，重振昔日雄风。而要想实现自主、自强、自立，重新获得在国际政治舞台上曾经的地位和风光，单靠一个或几个国家的力量是远远不够的，欧洲必须走联合自强的道路。正如德国前总理阿登纳所说："超级大国可以漠视某一个欧洲国家……但一个统一起来的欧洲声音，它们也会出于自身利益而加以重视的。我们欧洲人唯有联合起来，才有指望生存下去……欧洲（在国际政治舞台上）占有的分量大了，别人对欧洲的利益才会另眼相看。"② 而欧洲联合自强道路上最大的绊脚石就是法德之间的不睦。没有法德之间的和解，欧洲的联合就只能是一句空话。因此，战后欧洲联合自强的愿望成了法德和解的强大推动力。

（2）战后德国的分裂也有利于法德实现和解。战后初期，随着美、英、法、苏四大国分区占领德国和大柏林，德国已出现了事实上的四分五裂。随着德意志联邦共和国（西德）和德意志民主共和国（东德）的相继成立，德国的分裂已成既定事实。德国被分裂后，其力量被进一步分散和削弱。这样，法国的"恐德症"就有所缓解，其长期固执地坚持肢解德国的强硬政策已失去了存在的理由，这就为法德和解提供了现实可能性。也难怪有学者说："事实上，法德之间的友谊是建立在德国分裂这一基础之上的。"③

（3）冷战的爆发和升级也是法德和解的一大促动因素。1945年反法西斯战争的结束并不意味着和平的必然到来。随着战后大国合作体系的破裂，世界被人为地分裂成带有各自政治标签的冷战两大敌对阵营。由于西方固执地认为"共产主义的扩张以及在世界各地对自由的威胁已成为当今

---

① 〔法〕让·莫内：《欧洲之父：莫内回忆录》，孙惠双译，国际文化出版公司，1989，第635页。

② 〔西德〕安纳丽丝·波萍迦：《回忆阿登纳》，原上海外国语学院德语系译，上海人民出版社，1976，第430页，第109页。

③ Klaus Hildebrand, *German Foreign Policy from Bismark to Adenauer: The Limits of Statecraft* (London: Unwin Hyman, 1989), p.205.

压倒一切的问题",①处在两大阵营紧张对峙前沿的西德对苏联可能威胁其自身安全的担心日益强烈。随着法国倒向美国,法国也存在着对苏联的现实担心,它不能因为有西德作为其天然屏障就可以高枕无忧。②面对共同的威胁,法德两国领导人都清楚地意识到,再对立下去,对谁都没有好处。最佳的办法就是摒弃前嫌,化敌为友,变对抗为合作,共同对付苏联可能的威胁。他们还明白,虽然美国一再承诺要防卫西欧,但显然欧洲不能永远指望美国担负起欧洲的防务。就连丘吉尔也对美国的承诺表示过怀疑。他在《欧洲联合起来》一书中这样写道:"虽然美国的肩膀很宽,但我们能够无限期地依靠它扛着走下去吗?"③冷战给西欧国家造成的不安全感客观上要求法德实现和解,客观上要求在法德领导下,共同打造一道防卫西欧的坚固"堤防"。

综上所述,战后种种因素的互动最终促成了法德和解。法德两国寻求和解的共同需要和愿望是内因,是根本原因,是第一位的,而国际形势的变化是外因,但又是不可或缺的。就马歇尔计划而言,马歇尔计划对法德和解的最主要贡献是它以援助为杠杆和诱饵,迫使有求于美国的法国一步步将自己的对德政策并入美国的对德政策,客观上促进了法德两国走近,为法德和解提供了前提条件和助力。当然,就美国而言,要想让法国心甘情愿地支持美国版的对德政策,就必须化解法德之间长期存在的矛盾,消除法国长期以来对德国的恐惧和顾虑。而美国启动马歇尔计划的重要政治目标之一就是要消除欧洲国家,尤其是法国和德国之间长期的、不必要的相互仇视。由此可见,在促进法德和解这一具有重大历史意义的事件上,马歇尔计划发挥了自己独特的作用,客观上推进了法德和解的历史进程。但必须再次强调指出的是,马歇尔计划的这种作用是以法德两国的相互和解需求和愿望为前提的,是以当时的国际大背景为条件的,其历史作用不可夸大或拔高。

---

①　Denna W. Fleming, *The Cold War and Its Origins, 1917–1960* (New York: Doubleday and Company, Inc., 1961), p.5.

②　U.S. Department of State, *Foreign Relations of the United States, 1948*, Vol.II, pp.270–272, pp.274–275, p.284.

③　〔英〕温斯顿·丘吉尔:《欧洲联合起来》,商务印书馆翻译组译,商务印书馆,1977,第56页。

# 第八章　马歇尔计划：神话与现实

　　著名的冷战史学者戴维·霍罗威茨有一句名言："一个阵营的神话只有在另一个阵营才有可能还原其本来面目，而在自己一方看来则始终是真理。"[1] 这句话同样可以用来评价马歇尔计划。长期以来，由于马歇尔计划出台的历史背景、动机、目标及其产生的结果较为复杂，更由于长期存在的阵营意识和定式思维，国际社会对马歇尔计划的评价毁誉参半、褒贬不一。综合起来看，尽管近年来西方对马歇尔计划的研究和评估日趋理性、客观、细化，但溢美之词仍居主流，尤其是那些来自传统学派的观点。如，"在战后几十年林林总总'蓝图式'的国际设计中，马歇尔计划是唯一成功的计划。它达到了预期的目标，花的时间比预计要短，付出的代价远比预期要低很多"[2]，"马歇尔计划必将被视为本世纪（指20世纪——作者注）美国所奉行的最成功的和平时期外交政策之一"等[3]。然而，社会主义阵营，甚至包括美国的修正学派或新左派则得出了截然相反的结论，认为马歇尔计划就是一个"赤裸裸的帝国主义计划"，[4] 其目的就是要"确保美国繁荣"。[5] 针对这些来自不同阵营、不同学派的评价，如何去客观、理性、公正地评价马歇尔计划，去伪存真，还原其真相，就成为本章所要解决的一个核心问题。

## 一、欧洲人对四年生产目标的承诺

　　单从纯经济角度讲，马歇尔计划就是一个经济援助计划，其核心目标是要把西欧国家联合起来，拿出一个共同复兴方案，并对未来四年生产目标做出具体承诺，然后由美国施以援手，实现西欧国家经济的复兴，进而实现这些国家的政治和社会稳定。因此，在考察西欧国家总体经济复兴状

---

　　① David Horowitz, *From Yalta to Vietnam: Foreign Policy in the Cold War* (Garden City: Penguin Books Ltd., 1969), Preface.

　　② Lincoln Gordon, "Lessons from the Marshall Plan: Successes and Limits," in Stanley Hoffmann & Charles Maier, eds., *The Marshall Plan: A Retrospective*, p.53.

　　③ Michael J. Hogan, *The Marshall Plan: America, Britain, and the Reconstruction of Western Europe, 1947–1952*, p.445.

　　④ *Ibid.*, p.444.

　　⑤ William G. Carleton, *The Revolution in American Foreign Policy*, p.55.

况之前，有必要回顾一下马歇尔计划设计者最初设计的总目标以及西欧国家于1947年9月22日提交给美国国务院的CEEC总报告中所做出的承诺，以便更准确地评估当初美国人所希望达到的目标和欧洲人所做出的具体承诺在多大程度上实现了。

1947年5月23日，乔治·凯南领导的美国国务院政策设计委员会发表了《关于美国援助西欧的政策》的声明，指出："美国援助欧洲的目的不在于应对共产主义威胁，而在于恢复欧洲社会的活力和健全经济……其目的不是同共产主义做斗争，而是同经济失调做斗争。"[①] 根据这一声明，美国政府之所以决定向西欧提供大规模援助，除了希望给美国经济带来转机外，为了尽快恢复西欧的经济、政治和社会稳定，恢复各国人民对本国政府和本国货币的信心，确保西欧不致因经济原因而游离于资本主义阵营之外，同样是美国决策层的重要考虑。而达到这些目标的第一保证就是恢复和提高西欧各国的生产和创汇能力，从而消除导致西欧困难的最大瓶颈，最终实现西欧经济的复兴。在商人出身的保罗·霍夫曼被任命为美国经济合作署署长的听证会上，他这样说道："我认为这份差事的职责就是署长和他的班子应盯紧一个目标，即提高生产。"[②] 霍夫曼如此看待他未来的工作重点，实际上是重申了马歇尔计划形成期间美国人和欧洲人反复表达的观点。不管是从西欧国家根据美国的要求在CEEC总报告中所做出的四项承诺，还是从美国《1948年对外援助法》中所列出的援助必要条件的顺序，都可以清晰地看出欧美决策者对提高欧洲生产力的高度重视。

然而，令人感到好奇的是，尽管美国国会和美国国务院一再要求未来接受援助的国家必须兑现"努力发展生产，扩大对外贸易"的承诺，但美国国务院提交给美国国会讨论的欧洲复兴议案和美国《1948年对外援助法》都没有具体规定判断这一努力的量化标准。换句话说，美国政府和国会从一开始并没有具体规定西欧国家的工农业生产应该提高多少、达到何种程度才算是欧洲人兑现了"努力发展生产"的承诺，也没有明确说明要求西欧国家"扩大对外贸易"的具体指标是什么，比如，出口额预计提高多少，如何抑制通货膨胀，通货膨胀率在何种水平上才算降下来等。

如果说美国国务院和美国国会为避嫌干涉欧洲内政而有意忽略了这些

---

① U.S. Department of State, *Foreign Relations of the United States, 1947*, Vol.III, p.225.

② U.S. Congress, Senate Committee on Foreign Relations, ERP Hearings in Executive Session, 1948, p.501.

细节的话，那么欧洲人则在美国官员的"指导"下主动做出了先期承诺。在1947年9月22日提交给美国国务院的CEEC总报告中，欧洲经济合作委员会成员国承诺要在以下几个领域达到一定的生产指标，并保证尽一切努力在四年内达到这些预期目标：（1）在农副产品生产方面：到1951年，争取将小麦和谷物类农产品生产恢复到战前（1938年）的水平；大力提高食糖、土豆的产量，争取超过战前水平；一定程度地提高油类和油脂产量；在饲料供给许可的条件下，尽可能扩大畜类产品生产。（2）在工业生产方面：到1951年，煤产量超过1947年水平的三分之一，大约超过1938年的战前水平的6%；电力生产超过1947年水平的40%，与战前相比，发电能力提高三分之二；原钢生产超过1947年水平的80%，超过战前水平的20%。（3）积极发展内陆运输业。到1951年，运载能力拟超出战前水平的25%，争取将各成员国商船数量恢复到战前水平。[①] 该报告最后写道，受援国"对实现这一庞大的生产计划充满信心"，当然，前提条件是美国提供的援助必须及时足量地得到保证。[②]

1947年秋天欧洲人做出的上述雄心勃勃的承诺，其目的主要是加重该报告首先被美国政府，而后再被美国国会接受的分量。然而，从后来的实际结果来看，从一开始起，欧洲人和美国官员均对实现上述目标过于乐观。就美国而言，在1947年9月22日欧洲经济合作委员会总报告，即CEEC总报告递交美国时，美国政府事实上对欧洲经济合作委员会和美国自己的技术专家们所提供的欧洲收支赤字及欧洲人要求的援助数额的准确性是存疑的。因而，美国国务院提交给国会作为欧洲复兴计划立法支持的生产和援助数据主要是基于国务院的一种设想，而不是基于欧洲人和美国技术专家所深信可以实现的目标。换句话说，当时美国国务院考虑更多的是政治因素，而非经济因素。正如美国一位欧洲观察家所说："（之所以）选择四年期限，与其说是基于具体的经济数据和计划，倒不如说是基于政治决策。"[③] 尽管美国国会肯定也清楚欧洲人提交的CEEC总报告中含有大量预测成分，但它还是更愿意信以为真，至少在当时是这样。有意思

---

① Committee for European Economic Cooperation (CEEC) General Report, Vol.I, Paris, September 1947, pp.14–15.

② *Ibid.*, p.25.

③ Ernst H. Beugel, *From the Marshall Plan to Atlantic Partnership: European Integration as a Concern of American Foreign Policy*, p.166.

的是，既然美国政府提出以四年为援助期限，并要求西欧国家履行自己承诺的复兴目标，但美国自己却没有提出一个具体的欧洲复兴量化标准，这多少会让今天的马歇尔计划史研究者对当年美国复兴欧洲的诚意产生某种怀疑。

1948年10月16日，此时已作为欧洲经济合作组织成员国的西欧国家再次向美国提交了一份报告，即《致美国经济合作署第一个年度计划报告》。该报告要求各受援国根据对本国复兴方案的认真审查和分析，共同制定一个1948年至1949年的具体行动路线，同时要求各国方案必须包括各种商品的生产、消费、进口和出口目标。然后，在对各国方案进行集体筛选的基础上，由欧洲经济合作组织做出在各成员国之间分配美国援助的方案，并说明各国下一年准备采取的行动在多大程度上会有助于推进复兴进程。当然，这些行动的中心任务必须是"努力发展生产"，而且，西欧国家必须拿出一个共同的生产目标。根据《致美国经济合作署第一个年度计划报告》，与1947年相比，西欧国家承诺在1948年度拟达到如下具体工农业生产提高目标：细粮45%、粗粮12%、甜菜糖26%、煤13.7%、焦炭32%、生铁68%、原钢50%、铝37%、铜16%、铅78%、锌45%、锡38%、纸浆23%、纸23%、合成纤维33%，以及加工能力54%和海洋运输能力17%。[1]

从上述两个报告可以看出，马歇尔计划各参与国对自己提出的行动路线和生产目标可谓信心满满，认为只要有美国及时提供的足额的援助，这些生产目标的实现就指日可待。那么，欧洲经济合作组织成员国预定的目标最终实现了吗？在回答这一问题之前，我们先来看看马歇尔计划实施初期的实际效果。

## 二、援助初期的欧洲复兴状况

1948年4月，就在美国国会对马歇尔计划实施第一年度授权拨款之

---

[1] Organization for European Economic Cooperation (OEEC), Report to the Economic Co-operation Administration on the First Annual Program, Paris, October 1948, pp.21–22 (Hereafter cited as OEEC, Report on the First Annual Program, with page after).

前，美国国家预算局[①]官员阿尔文·罗斯曼曾对"欧洲复兴"下了一个简单而明确的定义。他在写给预算局局长弗雷德里克·劳顿的备忘录中这样写道：界定复兴的依据是到1952年西欧达到的消费水平。他建议将这些用来满足消费水平的商品划分为两类：一类是欧洲内部生产的商品，另一类是必须进口的商品。据此，各参与国制定的具体生产目标应旨在：1. 尽可能提高国内生产；2. 提供足够的出口商品，以平衡必要的进口。他认为这才是欧洲复兴计划中"努力发展生产"的实质性目标。换句话说，提高西欧各国消费品的生产，就可以减少欧洲国家对美元进口产品的依赖。而减少美元的支出，就可以逐步实现欧洲的收支平衡，减少其对西半球（即美元区）的巨大赤字。[②] 罗斯曼的这一建议其实也是西欧国家所担心的。早在1947年6月，法国驻美大使亨利·博内在与马歇尔国务卿谈话时就曾不无顾忌地说："在重建期间，重要的是欧洲国家应减少自美国进口的煤炭量，从而减轻其国际收支的压力。"[③]

当然，阿尔文·罗斯曼对复兴所下的这一定义本身又包含着美国国内生产商、出口商极不愿看到的一面。不言而喻，西欧国家生产的大幅提高必然导致西欧对用美元进口产品的替代，以及西欧向美国和第三方市场出口的扩大，这将对美国生产商和出口商造成现实和潜在的威胁。也就是说，在美国政府通过马歇尔计划帮助西欧国家实现生产现代化、大幅提高生产力的同时，它也将自己置于被国人指责和诟病的境地。这种指责就是，美国政府是在拿着本国纳税人的钱来削弱本国人的经济利益。有证据表明，美国国内利益集团当时并不买政府的账。在马歇尔计划执行期间，出于自身利益的考虑，美国许多制造业主对美国经济合作署多有抱怨，而且这些抱怨常常因代表这些行业的国会议员的质询而加剧，而美国经济合作署必须对来自国会议员的这些质询做出合理答复。因此，有一段时期，美国经济合作署官员与国会议员之间的交锋可谓如火如荼，尖锐对立。这些来自美国制造业主的抱怨和国会议员质询的核心是：美国制造商和出口商已经意识到了这种威胁来自欧洲生产的提高，而这种生产的提高又因美

---

[①] 美国预算局原隶属美国财政部，是协助总统编制和审核国家预算的机构，1970年更名为"（美国）行政管理和预算局"（OMB）。

[②] To the Director from Alvin Roseman, Subject: ERP Appropriation Estimate, April 11, 1948, copy in Papers of Frederick J. Lawton, Harry S. Truman Library.

[③] U.S. Department of State, *Foreign Relations of the United States, 1947*, Vol.III, pp.252–253.

国的援助而得到加强并成为可能，这绝对是美国制造商和出口商所不愿看到的。

在马歇尔计划实施一年后，针对美国国内制造商和出口商的抱怨和担忧，美国国内也出现了一些理性的声音。例如，美国观察家帕特里克·麦克马洪在1949年8月这样写道："在美国纳税人把数十亿美元倾注到欧洲，以前所未有的努力去提高西欧的生产的时候，西欧各国却有许多企业在搞减产和解雇工人，这主要是因为他们的高物价哲学在作祟。西欧的生产商甚至卖不掉他们自己生产的产品。"① 按照麦克马洪的这一说法，如果欧洲人连自己生产的产品都卖不掉，他们又如何指望去和美国生产商进行竞争，进而提高在美国市场上的销售份额呢，美国商人又何必如此紧张呢？1950年初，来自美国的另一名观察家西摩·哈里斯在其《外援与我国经济》一书中同样对这一问题做出了理性的回答。他的结论是，"美国（从欧洲）进口的必然扩大不会很快到来"，因此，"在未来五至十年内，解决欧洲美元赤字的办法仍得靠美国不断的援助"。②

其实，只要看一看马歇尔计划实施一年后西欧生产和出口的实际结果，就能看出美国国内利益集团对西欧国家因生产提高而可能危及其利益的担心是多余的。在欧洲经济合作组织成员国于1948年10月中旬递交美国经济合作署的《第一个年度计划报告》中，虽然该报告重申了"提高生产是经济复兴的试金石"③ 这一基本主题，也写进了1948—1949年度西欧提高生产的一系列指标，但该报告又实事求是地认为，"（西欧复兴的）许多障碍在第一个年度复兴计划中难以克服"，因此，对"欧洲复兴计划会立竿见影"不能抱太大希望。④ 该报告的结论是："提高生产，扩大出口，尤其是扩大对西半球的出口，将耗费时日。"⑤ 换句话说，由于战争带来的巨大破坏和欧洲经济结构自身存在的问题，尽管有美国提供援助，但"在未来四年内，（欧洲）某些经济薄弱环节仍将继续存在"。⑥

① Patrick McMahon, "Report on ERP: Summary of Observations," August 24, 1949, p.12, copy in Clark Clifford Papers, Harry S. Truman Library.
② Seymour E. Harris, *Foreign Aid and Our Economy* (Washington D.C.: Public Affairs Institute, 1950), pp.29–30.
③ OEEC, Report on the First Annual Program, p.21.
④ *Ibid.*, p.15, p.20.
⑤ *Ibid.*, p.20.
⑥ *Ibid.*, p.67.

　　简而言之，截至1949年6月，欧洲人是否实现了他们在1948年秋天在《第一个年度计划》中为自己制定的"信心满满的"生产目标呢？这里不妨看一看美国经济合作署于1949年6月30日提交给美国国会的报告。为了不至于被国会指责，美国经济合作署在提交的报告中采取了"报喜不报忧"的策略，刻意回避了一些问题。换句话说，该报告只是挑出了西欧国家某些令人满意的生产结果，但对大多数结果却三缄其口，避而不谈。例如，美国经济合作署提到，在1948—1949年，西欧煤、钢产量得到了大幅提高，棉花、人造纤维、水泥和汽车生产也迅速提高。然而，该报告并没有告知美国国会，西欧煤炭的实际产量要比欧洲经济合作组织原定的目标少500万吨，钢产量也比原定目标少了大约100万吨。报告也没有告诉国会，西欧电力生产实际上仅提高了8%，要低于欧洲经济合作组织原定计划的9%（参见表8.1）。

　　美国经济合作署的上述"疏忽"似乎也在情理之中，因为从欧洲经济合作组织成员国最初设定的目标来看，西欧国家在马歇尔计划实施的第一个年度的生产记录相当混乱。根据欧洲经济合作组织1949年第二季度的报告，尽管西欧的农业总产量的确比一年前提高了15%，工业生产的总指数也比战前提升了18%，但如果把欧洲经济合作组织最初指定的12种重要产品的预估产量和实际产量进行对比就会发现，只有3种产品（粗粮、甜菜糖、锡）的指标超额完成了，1种产品（铝）的目标刚好完成，而其余的8项指标则均未达到预期的目标（详见表8.1）。

表8.1：1948—1949年度西欧部分产品预计与实际提高幅度一览表（与1947年同比）

| 产品 | 预计提高 | 实际提高 |
|---|---|---|
| 细粮 | 45% | 42.1% |
| 粗粮 | 12% | 16.9% |
| 甜菜糖 | 26% | 40.1% |
| 煤 | 14% | 12.7% |
| 生铁 | 68% | 62.8% |
| 钢 | 50% | 46.7% |
| 铅（金属） | 78% | 61% |
| 锌（金属） | 45% | 25% |
| 锡（原材料） | 38% | 52% |
| 铝 | 37% | 37% |

| 产品 | 预计提高 | 实际提高 |
|------|---------|---------|
| 铜 | 16% | 9% |
| 电力 | 9% | 8% |

资料来源：OEEC, European Recovery Program: Second Report of the OEEC, Paris, February 1950, p.265.

当然，考虑到欧洲经济合作组织《第一个年度计划》出台的复杂背景以及制订年度计划存在的诸多不确定性，考察马歇尔计划对西欧经济复兴的初期贡献似乎不应紧盯着预计生产目标和实际结果之间的数字出入。从表8.1可以看出，除了锌、铜、铅差距较大之外，有5种产品（细粮、煤、生铁、钢和电力）的产量，虽然没有达到预期目标，但数字已相当接近。从另一个方面来看，尽管在1948年第二至第四季度西欧对美出口有了明显的扩大，但西欧国家在1948—1949年并没有实现对美出口的持续扩大。到了1949年的前两个季度，西欧对美出口又出现了急转直下的颓势。

总之，从援助初期西欧国家的复兴程度和达到的具体生产指标来看，美国制造商和出口商对来自西欧国家竞争的担心和抱怨显然是多余的。当然，随着西欧国家元气的恢复，随着西欧整体经济的逐步振兴，西欧国家后来在国际市场上与美国分庭抗礼，在某种程度上也印证了美国利益集团一开始的担心并不是没有道理的。它同样也印证了美国官员起初对美国人的一再提醒，即马歇尔计划是带有很大经济风险的。但在援助初期的1948—1949年度，美国制造商和出口商的上述担心显然是多余的。

## 三、马歇尔计划宣布结束时的西欧经济状况考察

1951年12月31日，美国政府对外正式宣布马歇尔计划结束。据资料显示，在整个马歇尔计划实施期间（1948年4月—1951年12月），美国向西欧国家提供的援助物资及服务各项开支大约共计124亿美元。[①] 在今天看来，这一援助数额不算大，甚至可以说是微不足道，但在当时，它对西欧

---

① U.S. President, First Report to Congress on the Mutual Security Program, Washington D.C., December 31, 1951, p.56.

国家的意义和马歇尔计划本身所包含的深远战略意义却非同寻常。单就经济层面而言，今天考察马歇尔计划的成败得失，不仅要看马歇尔计划实施期间美国政府提供的具体援助数额是多少，还要考虑美国扩大对欧援助后所带来的实际效果。换句话说，判断马歇尔计划成败的最终标准是要看马歇尔计划的设计者最初设计的目标究竟在多大程度上得以实现了，有哪些目标没有实现。这样才能还原马歇尔计划的历史真相，同时还可以求证美国官方历史学家哈里·普赖斯当年所谓的"马歇尔计划是有史以来最成功的神话之一"[①] 的结论是否言过其实。

在具体考察之前，不妨回看一下马歇尔计划设计者最初设想的援助总目标。1947年6月5日，马歇尔在哈佛演讲中明确指出："美国政府应尽力帮助世界恢复经济常态……本政府在未来提供的援助应该是一劳永逸地解决问题……挽救之道在于打破恶性循环，恢复欧洲人民对本国和整个欧洲经济前途的信心。"[②]《1948年对外援助法》第102条（a）款再次明确："欧洲国家个人自由、自由制度和真正独立之原则的恢复或维持在很大程度上取决于稳固的经济形势、稳定的国际经济关系之确立，取决于欧洲国家不再依赖临时外援之健康经济。"[③] 为了实现上述援助总目标，美国国会依据西欧国家在CEEC所做出的郑重承诺以及美国国务院提交国会讨论的议案中重申的具体保证，最终批准了基于以下四项具体经济目标的欧洲复兴计划（即马歇尔计划）。这四项具体经济目标是：努力发展生产；扩大对外贸易；建立和维持国内财政金融稳定；发展（国家间）经济合作。西欧国家和美国都希望通过上述四项具体经济目标的实现，最终在未来四年内实现马歇尔计划宣布的总目标，即西欧各国经济在不依赖外援的情况下实现自立和健康发展。基于上述预定的总目标和具体目标，如何用经济学、统计学、计量学术语将这些目标具体转化成可以量化的语言就成为判断马歇尔计划成败的最有说服力的证据。

第一，国民生产总值（GNP）是衡量一个国家或经济体经济是否健康的重要标尺。我们来看看马歇尔计划宣布结束时西欧国民生产总值的增长幅度（详见表8.2）。

---

① 　U. S. President, First Report to Congress on the Mutual Security Program, Preface.

② 　U.S. Department of State, *Foreign Relations of the United States, 1947*, Vol.III, pp.238–239.

③ 　Arthur M. Schlesinger, Jr., *The Dynamics of World Power: A Documentary History of United States Foreign Policy, 1945–1973*, Vol.I, p.72.

表8.2：1947—1951年西欧国民生产总值一览表（单位：10亿美元）

| 年份 | 西欧（GNP） | 与前一年GNP同比增长百分比 |
| --- | --- | --- |
| 1947 | 119.6 | |
| 1948 | 131.6 | 10.0 |
| 1949 | 140.8 | 7.0 |
| 1950 | 151.4 | 7.5 |
| 1951 | 158.8 | 4.7 |

资料来源：OEEC, Europe–The Way Ahead: Fourth Annual Report of the OEEC, Paris, December 1952, p.112 (Hereafter cited as OEEC, Europe–The Way Ahead, with page after).

　　由表8.2可以看出，从1947年到1951年，西欧国民生产总值从1196亿美元上升到1588亿美元，实际增幅高达32.5%，成绩一目了然。然而，由于种种原因，年度增长率却一路下滑，从1948年的10%下降到1951年的4.7%。尽管同比增长率在逐年下降，但西欧国民生产总值的持续增长则是可圈可点的，这在很大程度上应归功于大多数马歇尔计划参与国持续的高投资率。从1948年至1951年马歇尔计划存续期间，西欧国内资本形成总值上升了30.1%，年平均增长率超过9%。需要指出的是，如果没有马歇尔计划所提供的援助资金，这样的高投资率就很难维持下去，尤其是在复兴计划实施的初期。在1948年度和1949年度，欧洲复兴计划配额分别占欧洲总资本形成的19.7%和13.2%。[①] 在战后初期西欧各国美元储备捉襟见肘的情况下，这笔来自美国的启动资金被视为马歇尔计划对西欧工农业复兴所作的最重要贡献，则是一个不争的事实。

　　第二，考察马歇尔计划成败得失的关键还是要看该计划宣布结束时西欧各国工农业生产的实际提高状况。1948年12月，欧洲经济合作组织递交美国的《欧洲复兴计划临时报告》曾设想，到1952年西欧工业生产总值超过战前的30%，农业生产超过战前的15%。[②] 在马歇尔计划实施期间，通过西欧各国政府和广大人民的共同努力，西欧工业生产的确实现了大幅提升，超额完成了预定目标（30%）。如表8.3所示，到1951年底，西欧（包括西德在内）工业生产总值超出了战前的（1938年）35%。如果不包括西

---

① OEEC, Europe–The Way Ahead, p.112.

② OEEC, Interim Report, Vol.I, pp.11–12.

德在内，西欧工业生产则超出战前的45%。当然，因实际情况不同，各国的生产成就有所差异。除了西德和希腊，西欧各国的工业增长幅度均超过了原定的30%的目标（参见表8.3）。另据联合国经济与社会事务部发布的调查结果显示，1948年至1953年，欧洲煤炭业和制造业人均年增长率为6.2%。[①]

表8.3：1948—1951年西欧各国工业生产指数一览表（1938=100）

| 国别 | 1948 | 1949 | 1950 | 1951 |
|---|---|---|---|---|
| 奥地利 | 85 | 114 | 134 | 148[a] |
| 比利时 | 122 | 122 | 124 | 143 |
| 丹麦 | 135 | 143 | 159 | 160 |
| 法国 | 111 | 122 | 123 | 138 |
| 西德 | 50 | 72 | 91 | 106 |
| 希腊 | 76 | 90 | 114 | 130 |
| 爱尔兰 | 135 | 154 | 170 | 176[b] |
| 意大利 | 99 | 109 | 125 | 143 |
| 卢森堡 | 139 | 132 | 139 | 168[a] |
| 荷兰 | 114 | 127 | 140 | 147 |
| 挪威 | 125 | 135 | 146 | 153 |
| 瑞典 | 149 | 157 | 164 | 172 |
| 土耳其 | 154 | 162 | 165 | 163[a] |
| 英国 | 120 | 129 | 140 | 145 |
| 所有参与国 | 99 | 112 | 124 | 135 |
| 所有参与国（不含西德） | 119 | 130 | 138 | 145 |

注：a. 1951年前三季度平均增长。

　　b. 1951年前两季度平均增长。

资料来源：U.S. President, First Report to Congress on the Mutual Security Program, p.75.

　　然而，在马歇尔计划实施期间，西欧农业生产的增幅却有些差强人意。尽管在1948年至1951年，西欧的农业总产量提高了接近30%，尽管

---

① United Nations, Department of Economic and Social Affairs, Patterns of Industrial Growth, 1938–1958, New York, 1960, p.84.

美国经济合作署在提交美国国会的最后一份季度报告中也向国会说明，由于农业生产的提高，到1951年西欧各国已实际达到了战前的粮食消费水平。[①] 然而，到马歇尔计划宣布结束时，西欧各国农业实际总产量仅超过战前的11%，没有达到欧洲经济合作组织当初设想的超过战前的15%的总目标，有许多国家仍需要继续从国外大量进口粮食和饲料。在此，同样存在着因国情不同而出现的国别差异（参见表8.4）。

由表8.4可以看出，截至1951年底，丹麦和英国的表现最为抢眼，农业产量增幅分别超过战前的26%和22%，低地国家比利时、荷兰、卢森堡和北欧国家挪威紧随其后，而奥地利、希腊的农业产量仍不及战前。

表8.4：1948—1951年西欧各国农业总产量指数一览表（战前=100）

| 国别 | 1948/49 | 1949/50 | 1950/51 |
|---|---|---|---|
| 奥地利 | 66 | 79 | 88 |
| 比利时—卢森堡 | 93 | 116 | 119 |
| 丹麦 | 92 | 113 | 126 |
| 法国 | 100 | 103 | 111 |
| 西德 | 76 | 96 | 106 |
| 希腊 | 79 | 110 | 93 |
| 爱尔兰 | 88 | 95 | 103 |
| 意大利 | 95 | 103 | 109 |
| 荷兰 | 93 | 116 | 119 |
| 挪威 | 92 | 112 | 120 |
| 瑞典 | 111 | 115 | 116 |
| 瑞士 | 98 | 98 | 104 |
| 土耳其 | 120 | 94 | 106 |
| 英国 | 111 | 114 | 122 |
| 所有参与国 | 95 | 104 | 111 |

资料来源：OEEC, Statistical Bulletin, Paris, May 1952, p.66.

通过对西欧各国国民生产总值增幅和具体工农业生产指数的现实考察，我们可以得出一个明确而清晰的结论：到马歇尔计划宣布结束时，尽管西欧农业生产差强人意，许多国家并没有实现预定的生产目标，但从总

---

① ECA, Thirteenth Report to Congress, pp.22–23.

体上看，欧洲人还是基本上兑现了当初许下的"努力发展生产"的承诺，证据就是欧洲经济合作组织最初确定的总生产目标超额完成或接近完成了，或者说它要达到的主要经济目标大部分已经完成。西欧国家国民生产总值和工农业生产，尤其是工业生产的显著提高充分表明，在帮助西欧国家重建生产能力、大幅提高工农业产量、加快经济复苏方面，马歇尔计划是有贡献的。

第三，实现参与国"扩大对外贸易"既是马歇尔计划追求的另一具体目标，也是西欧国家当初的郑重承诺和理想。在这一领域，马歇尔计划可谓成败参半，既有成功的一面，也留有一些遗憾。当然，个中原因比较复杂，还需要具体问题具体分析。

就成功的一面来看，到马歇尔计划宣布结束时，西欧国家在扩大内部贸易和拓展对外贸易方面均取得了可喜的成就，大大超出了当初的预期。首先，就扩大内部贸易而言，1948年12月，欧洲经济合作组织在起草《欧洲复兴计划临时报告》时曾相当悲观地估计欧洲内部贸易恐怕只有到1952年或1953年才能恢复到战前水平。然而，实际记录显示，在马歇尔计划实施期间，欧洲内部贸易渐次恢复到了70%多。1950年、1951年和1953年，欧洲内部贸易量已分别超出战前的24%、36%、40%。其次，在扩大内部贸易的同时，西欧国家的进出口贸易也稳步提高。同一时期，对外出口提高了66%，进口提高了接近20%。[①] 在马歇尔计划出台前的1947年，西欧的总赤字一度高达110亿美元，而到了1948年，这一数额则迅速减至63亿美元。及至1949年后半年到1950年前半年（朝鲜战争爆发前），西欧美元短缺的压力稳步放缓，收支几近达到平衡。[②] 这一结果显然超出了西欧国家最初的预想。

从困难和阻力方面看，尽管在朝鲜战争爆发前，西欧内部贸易和西欧与世界其他地区的贸易得到了稳步恢复，出现了明显的改善，但随着1950年6月朝鲜战争的爆发和欧洲重新武装的加强，到马歇尔计划宣布结束时，收支困难卷土重来，再次困扰着整个西欧。事实上，到了1951年下半年，西欧内部贸易状况开始再度恶化。具体而言，在1950年末，马歇尔计划参与国与世界其他地区的月贸易赤字平均为2.8亿美元。从1951年起，月平

---

① Imanuel Wexler, *The Marshall Plan Revisited: The European Recovery in Economic Perspective*, p.252.

② William G. Carleton, *The Revolution in American Foreign Policy*, pp.59–60.

均赤字则从4.4亿美元到5.9亿美元波动不等。其结果导致西欧的硬通货储备进一步枯竭。尽管有1950年7月成立的"欧洲支付同盟"（EPU）提供贸易与支付自由化便利，但欧洲内部贸易仍受到种种制约，包括双边贸易协议、外汇管制和大额进口准入等。总之，到马歇尔计划宣布结束时，西欧国家的收支不平衡状况仍然相当严重。换句话说，马歇尔计划并没有从根本上解决西欧的收支平衡问题。截至1953年，西欧贸易总赤字仍徘徊在50亿美元左右。[①]

第四，关于"维持国内财政金融稳定"问题。与西欧的收支问题没有得到根本性解决一样，到马歇尔计划宣布结束时，西欧各国的通货膨胀问题也没有得到根本性的解决。从1949年底开始，随着防御性援助和相关投资的逐步增加，美国经济合作署和西欧国家对控制通货膨胀的实际关注度已大大降低了。除了英国、挪威和丹麦，对冲基金日益被用于与防御相关的生产和投资活动。

虽然说美国经济合作署在马歇尔计划执行后期对西欧国家财政金融稳定的关注度有所下降，但必须承认，一定程度的关注还是有的。例如，1950年9月中旬，针对扩大防务开支会对欧洲财政赤字产生冲击的可能性，美国经济合作署署长保罗·霍夫曼曾致电驻巴黎特别代表处。他提出了几个尖锐的问题供特别代表处考虑，其中就包括他提出，有没有可能对西欧国家施加直接控制，限制人均消费水平，以此作为控制通货膨胀的手段。[②]针对霍夫曼署长的这种担心，时任霍夫曼副手的经济专家小理查德·比斯尔后来也坦承，朝鲜战争对重新武装的日益需要实际上加重了西欧各国直到1952年尚未完全控制的通货膨胀的压力。他列举了西欧出现的某些"结构性特征"，认为正是这些"结构性特征"导致财政金融政策的实施大大复杂化了。从某种意义上说，比斯尔提供这些"特征"的目的是想解释"什么是欧洲复兴计划没有和不可能实现的"，[③]但他显然也是在为美国没有兑现承诺进行辩护。对于这一点，美国经济合作署班子成员、著名经济学家理查德·伯恩伯格似乎概括得更为直截了当。他在1952年接受

---

① William G. Carleton, *The Revolution in American Foreign Policy*, p.61.

② TOREP #7999, From ECA Administrator to OSR, September 15, 1950, copy in ECA Policy Series.

③ Richard M. Bissell, Jr., "European Recovery and the Problems Ahead," *American Economic Review: Papers and Proceedings*, Vol.42, No. 2, May 1952, pp.316–324, p.325.

美国著名记者、官方史学家哈里·普赖斯采访时直言："我认为，在欧洲复兴计划中，（欧洲国家）内部财政稳定问题并没有得到（美国）足够的对待。"[①]

当然，考察马歇尔计划实施期间西欧国家究竟在多大程度上实现了内部财政金融的恢复和稳定，最终还是要看一些具体数据。这里不妨看一看马歇尔计划实施期间西欧国家的物价走势（参见表8.5）。

表8.5：1948—1951年西欧批发价指数一览表（1948=100）

| 国别 | 1948年6月 | 1948年12月 | 1949年12月 | 1950年12月 | 1951年12月 |
|---|---|---|---|---|---|
| 奥地利 | 92 | 111 | 154 | 187 | 259 |
| 比利时 | 101 | 101 | 94 | 113 | 123 |
| 丹麦 | 101 | 104 | 107 | 129 | 151 |
| 法国 | 98 | 114 | 113 | 133 | 170 |
| 德国（双占区） | 100 | 124 | 126 | 145 | 166 |
| 希腊 | 95 | 114 | 112 | 128 | 134 |
| 爱尔兰 | 100 | 99 | 102 | 113 | 123<br>（1951年9月） |
| 意大利 | 94 | 105 | 87 | 100 | 100 |
| 荷兰 | 100 | 103 | 110 | 128 | 144 |
| 挪威 | 100 | 101 | 103 | 127 | 149 |
| 葡萄牙 | 97 | 100 | 104 | 102 | 118 |
| 瑞典 | 101 | 101 | 102 | 118 | 149 |
| 瑞士 | 100 | 100 | 92 | 100 | 105 |
| 土耳其 | 101 | 105 | 103 | 101 | 106 |
| 英国 | 99<br>（1948年3月） | 101 | 110 | 133 | 151 |

资料来源：Compiled from ECA, Thirteenth Report to Congress, p.105; U.S. President, First Report to Congress on the Mutual Security Program, p.78.

由表8.5可以很清晰地看出马歇尔计划执行期间西欧各国物价的总体走势。从1948年到1951年，所有马歇尔计划参与国的物价都在持续上涨，

---

[①] Interview with Richard Birnberg (ECA economist), Harry B. Price Oral History Interviews, 1952, Harry S. Truman Library.

只是涨幅不同而已。在1948年12月至1949年12月，如果说有例外的话，意大利、比利时的商品批发价前后表现还可以，分别下降了8个和7个百分点。法国大概也可以算一个，只有1个百分点之差。然而，这也仅是马歇尔计划实施第一年的昙花一现。从1950年后半年开始，随着朝鲜战争的爆发和欧洲重新武装步伐的加快，随着美国援助性质和方向的改变，整个马歇尔计划参与国的物价一路飙升，迅猛上涨。到1951年12月马歇尔计划宣布结束时，除意大利外，其余所有马歇尔计划参与国的批发价均超过了1950年的同期水平，而且大多数国家提高的幅度相当惊人。例如，奥地利的物价竟在短短一年内飙升了72个百分点。法国紧随其后，上升了47个百分点。不仅如此，在同一时期，西欧各国也都经历了零售价格的不断上涨。需要特别注意的是，甚至在1950年12月之前，西欧的物价已开始呈加速上升态势，只有葡萄牙和土耳其1950年12月的批发零售价格实际低于1949年12月，德国的零售价格指数在同期也呈下降趋势。而在其余的所有国家，1950年12月批发零售价格指数均高于1949年12月（详见表8.5）。

这种现象同样也反映在西欧国家同期的消费指数（CPI）中。众所周知，物价飞涨必然导致消费指数的攀升和民众生活水平的相应下降。与1950年同比，1951年西欧各国的消费指数均出现了程度不同的提升，个别国家的增幅甚至达到了惊人的程度，最典型的仍是奥地利，冰岛、法国和希腊紧随其后（参见表8.6）。

表8.6：1948—1951年西欧消费指数一览表（1948=100）

| 国别 | 1948年6月 | 1948年12月 | 1949年12月 | 1950年12月 | 1951年12月 |
|---|---|---|---|---|---|
| 奥地利 | 88 | 104 | 135 | 158 | 220 |
| 比利时 | 101 | 101 | 95 | 97 | 107 |
| 丹麦 | 99 | 101 | 101 | 113 | 121（1951年10月） |
| 法国 | – | – | 117 | 127 | 152 |
| 德国（双占区） | 100 | 111 | 103 | 94 | 106 |
| 希腊 | 99 | 112 | 111 | 138 | 149 |
| 冰岛 | 99 | 101 | 105 | 139 | 165 |
| 爱尔兰 | 101 | 100 | 101 | 103 | 114 |

**续表**

| 国别 | 1948年6月 | 1948年12月 | 1949年12月 | 1950年12月 | 1951年12月 |
|------|-----------|------------|------------|------------|------------|
| 意大利 | 100 | 102 | 98 | 103 | 112 |
| 荷兰 | 100 | 104 | 110 | 120 | 127 |
| 挪威 | 100 | 99 | 100 | 112 | 127 |
| 葡萄牙 | 96 | 104 | 103 | 98 | 102（1951年11月） |
| 瑞典 | 101 | 102 | 102 | 108 | 126 |
| 瑞士 | – | – | – | 99 | 105 |
| 土耳其 | 99 | 103 | 110 | 102 | 106 |
| 英国 | 102 | 101 | 104 | 108 | 121 |

资料来源：Compiled from Table IX-2 in ECA, Country Data Book: All Participating Countries, Washington D.C., March 1950; Table F–9 in U.S. President, First Report to Congress on the Mutual Security Program, p.79.

从表8.6可以清楚地看出，在整个马歇尔计划存续的三年半历史上，只有一个时期（1949年初到1950年6月）大多数参与国的物价和消费水平相对比较稳定。一直到1951年后期，西欧各国个人消费水平并没有超过战前水平，尤其是人均农产品消费指数。这一时期，西欧大约30%的食品、专业用具、机械设备、煤、钢和一些工业用零部件仍依赖从美国或世界其他地区进口。对此，负责援助事宜的美国经济合作署当时给出的解释是，西欧恢复财政金融稳定的主要动力是工农业生产的复兴，反过来，工农业生产的复兴又因政府反通货膨胀的行动不力而加速。西欧工农业生产之所以有所成就，应"归因于对强大的、此前几乎失控的通货膨胀压力可控部分的控制"。[1] 这只是美国经济合作署给出的解释。然而，表8.6所提供的西欧消费指数不会撒谎。在整个1948年至1951年，通货膨胀压力始终困扰着西欧国家，尤其是奥地利、冰岛和法国，而得到美国援助最多的英国也好不到哪里去。[2]

简而言之，马歇尔计划催生的西欧短暂的财政金融稳定局面最终证

---

① ECA, Country Data Book: All Participating Countries, p.7.

② 关于1949年和1950年西欧各国的月度物价增长幅度，见ECA, Country Data Book: All Participating Countries, p.7, Tables IX–1 and IX–2; ECA, Thirteenth Report to Congress, p.105.

明是昙花一现。尽管西欧各国的通货膨胀在1949年至1950年上半年得到了一定程度的控制，西欧各国恢复内部财政和金融稳定的努力也取得了阶段性成效，但这些来之不易的成果很快又被重新武装和共同安全计划（MSP）所吞噬。到马歇尔计划结束时，西欧各国并没有兑现"维持国内财政金融稳定"的承诺。究其原因，这种遗憾在很大程度上应归因于朝鲜战争爆发后西欧各国政府不断地扩大防务预算、大量进口高价原材料以及将民用生产资源向军工生产转移，结果导致新的通胀压力卷土重来。总之，到马歇尔计划宣布结束时，该计划头两年半反通货膨胀所取得的阵地实际上已丧失殆尽。此后一段时期，通货膨胀仍如影随形地困扰着西欧国家。美国学者威廉·卡尔顿在回顾这段往事时曾不无动情地说："即使在1954年，欧洲民众依然怀念1938年，甚至是1914年，视其为更美好的岁月。"[1] 卡尔顿的这番话很值得玩味，它也为评价马歇尔计划成功与否提供了一个有力的佐证。

综上所述，单就经济层面而言，马歇尔计划既有其成功的一面，也留下了一些遗憾和缺失。具体表现在以下几个方面：到马歇尔计划宣布结束时，西欧国家国民生产总值，尤其是工业生产实行了大幅提升，达到了预期目标；尽管农业生产差强人意，但也基本接近了预期目标；对外贸易和西欧国家之间内部贸易也有所扩大；许多国家在一定程度上恢复了财政和金融稳定，当然这种恢复和稳定只是短期的、暂时的。对于马歇尔计划留下的遗憾，有一个客观原因必须加以强调。这一客观因素就是：随着1949年《共同防御援助法》（MDAA）的出台，尤其是随着1950年6月朝鲜战争的爆发，重新武装和欧洲共同防务的现实需要改变了马歇尔计划的援助性质和援助方向，严重干扰和冲击了马歇尔计划，以至于造成马歇尔计划给人一种虎头蛇尾的感觉。这当然也是美国和西欧国家所始料未及的。

## 四、体现在马歇尔计划中的美国现实主义

美国自由派历史学家小阿瑟·施莱辛格在其《美国历史的周期》一书中对外交政策有过这样一段描述："外交政策是一个国家向世界展示的面孔。所有国家的（外交政策）目标都是一致的，即保护国家的完整和利益。

---

[1] William G. Carleton, *The Revolution in American Foreign Policy*, p.60.

然而，一个国家设计和实施本国外交政策的方式却受其国家特性的巨大影响。"① 具体到美国而言，施莱辛格在此所讲的影响美国外交政策设计和实施的"国家特性"就是美国人始终用狭隘而固执的意识形态偏见和价值取向作为其外交政策的指导思想，同时又用一种灵活、弹性、务实的实用主义方式去从事外交实践。这种把理想主义与现实主义有机结合起来，假理想主义之名而行现实主义之实构成了美国外交政策的基本特征，并在美国外交实践中一以贯之，少有更张。

纵观美国历史，高举理想主义是美国历届政府一贯的做法。这首先还要从美国的"天定命运观"说起。众所周知，美国人从立国之初就有一种"拯救世界""改造世界""引领世界"的强烈使命感，而这种强烈的使命感实际上就是美国"天定命运观"的具体表象。对此，美国人自己也不避讳。美国前国务卿迪安·艾奇逊曾这样描述美国处理国际事务的动机："它（美国）促进国际合作的目的是为了维护和平、增进人权、提高生活水准、推进各国人民对平等权利和民族自决原则的尊重。"② 美国学者约翰·艾肯伯瑞在《美国缘何要输出民主》一文中对战后美国在国外推行自由化大战略的解释是："美国在国外推进民主，尤其是像自二战结束以降它所做的那样，反映了它对如何建立稳定而相对和平的世界秩序的现实的、逐渐发展的、深刻的理解，这就是所谓的美国'自由化'大战略。"③ 美国学者弗雷德里克·西格尔则从"天定命运"的角度来解读美国的自信。他说："美国人一直确信未来是他们的，民主政治将传遍全球。"④ 总之，在"天定命运"这种使命感驱使下，美国人始终把"拯救世界"，"把民主模式推及全世界"视为自己义不容辞的责任。

第二次世界大战后，美国一跃而成为资本主义世界的龙头老大。愈发自信的美国人以"自由世界的守护者"自居，自诩为"自由世界领袖"。理想主义理所当然地也就成了美国推行其冷战外交政策的工具。例如，在战后初期，美国之所以对苏联推行遏制政策，一个最重要的理由就是要捍

---

① Arthur M. Schlesinger, Jr., *The Cycles of American History* (Boston: Houghton Mifflin Harcourt, 1986), p.52.

② U.S. Department of State *Bulletin*, Vol.XXIII, No.574, July 3, 1950, p.17.

③ 〔美〕约翰·艾肯伯瑞：《美国缘何要输出民主?》，载美国驻华大使馆新闻文化处编《交流》1999年第3期，第61页。

④ 〔美〕弗雷德里克·西格尔：《多难的历程——四十年代至八十年代初美国政治生活史》，刘绪贻等译，商务印书馆，1990，第9页。

卫所谓西方的自由、民主制度，捍卫西方文明。同样，美国之所以要出手援助西欧，也是出于同样的理由。此间，美国在推出新的援助欧洲政策过程中最抢眼的宣传口号就是美国负有维护世界和平、维护自由世界民主和自由的神圣责任。1947年3月12日，杜鲁门在国会山发表的那篇著名演讲中称："世界上所有国家都必须在两种生活方式中做出选择……美国外交政策的首要目标之一就是创造条件，使我们和其他国家能够共同建立一种不受高压统治的生活方式。"[①] 杜鲁门甚至危言耸听地把希腊、土耳其危机上升到一场世界性灾难。他说："世界各自由民族都在巴望着我们支持其维护自由。如果我们对自己的领导责任产生动摇，我们就可能危及世界和平。"[②] 同年4月21日，美国国务院新成立的部际协调委员会专门委员会在其提交国务院的报告中称："美国之安全不仅与威胁任一自由国家之危险息息相关，而且与这些危险可能对其他国家产生影响息息相关。无论什么时候，只要极权政治通过直接或间接侵略强加于一个自由民族，都将削弱美国之安全、国际和平之基础。"[③] 同年6月5日，马歇尔在哈佛大学的演讲中也没忘了把维护世界自由制度看作是美国的政策目标。[④] 美国《1948年对外援助法》在阐述美国推出欧洲复兴计划的必要性时同样高唱："美国的倡议不单单是出于维护本国利益。欧洲的现状危及持久和平的建立，危及普遍福祉和美国的国家利益以及联合国目标的实现。"[⑤] 总之，战后初期美国出台的一系列重大外交政策，从抛出对苏遏制政策到抛出杜鲁门主义，再到启动马歇尔计划，维护所谓"自由、民主、和平、独立"始终是美国高举的一面旗帜。

反共在以美国为首的西方世界根深蒂固，也是美国政府经常高举的一面黑旗。一如美国学者塞缪尔·亨廷顿所说，战后"美国追求的目标很多，但它压倒一切的国家目标就是遏制并击败共产主义"。[⑥] 战后初期，随着冷战两大阵营结构性矛盾浮出水面，随着社会主义制度由一国扩展至数国，

---

① World Peace Foundation, Documents on American Foreign Policy, Vol.IX, pp.6–7.

② Joseph M. Jones, *The Fifteen Weeks: February 21–June 5, 1947*, pp.273–274.

③ U.S. Department of State, *Foreign Relations of the United States, 1947*, Vol.III, pp.208–209.

④ *Ibid.*, p.238.

⑤ Arthur M. Schlesinger, Jr., *The Dynamics of World Power: A Documentary History of United States Foreign Policy, 1945–1973*, Vol.I, Part I, p.72.

⑥ Samuel P. Huntington, "The Erosion of American National Interests," *Foreign Affairs*, Sep./Oct. 1998, p.30.

美国政府迅速将自己的意识形态、国家安全、地缘战略利益捆绑到一起，祭出了"反共主义"的黑旗。1947年3月12日，杜鲁门在美国国会联席会议上发表讲话时说："极权制度的种子因痛苦和贫困而滋生，在贫穷和纷争的罪恶土壤中蔓延、生长。当人民要求改善生活之希望破灭时，这些种子就达到完全成熟。"① 而美国的责任就是要将这种"罪恶种子"消灭在萌芽状态。1947年5月23日，美国国务院政策设计委员会在阐述美国援助欧洲政策的报告中再次明确指出："美国援助（欧洲）的目的不是同共产主义做斗争，而是同经济失调做斗争，因为这种失调所导致的欧洲社会之脆弱会被一切极权主义运动所利用……"②

对此，美国学者诺姆·乔姆斯基在《论实力与意识形态》一书中对美国实施马歇尔计划的真实意图进行了诠释。他一针见血地指出："美国之所以采取马歇尔计划等举措，并不是为了对付来自苏联的威胁，而是要对付（欧洲）经济和民主政治崩溃的威胁，因为这种威胁可能导致美国占统治地位的世界秩序框架外的社会经济的发展。"③ 乔姆斯基在此提到的另一类"社会经济"形态实际上就是指在东欧国家渐次展开的社会主义经济模式。在美国看来，这种社会制度的存在和发展显然是对西方资本主义制度的一大挑战。在战后初期美国国内保守主义重新抬头的背景下，恐怕没有什么比鼓噪共产主义的"威胁"更能激发起美国人"同仇敌忾"的情绪。对于美国人的反共情结，英国人也是洞若观火。1948年4月2日，美国国会高票通过了美国《1948年对外援助法》。当时的英国外交部官员J.H.迪金森就指出，在美国国会通过政府议案时，显然"国会舆论把欧洲复兴计划看作是在西欧对抗苏联扩张主义的一个非军事计划，而不是一个纯粹的经济复兴计划"。④

二战后，美国频繁打的第三张牌就是时刻不忘抬出联合国，假维护《联合国宪章》及其原则之名而行维护美国利益之实。例如，杜鲁门于1947年3月12日在国会山发表的讲话中指出："为了确保各国的和平发展，免受高压统治，美国已在建立联合国的过程中扮演领导角色。联合国的

---

① Joseph M. Jones, *The Fifteen Weeks: February 21–June 5, 1947*, p.274.

② U.S. Department of State, *Foreign Relations of the United States, 1947*, Vol.III, p.225.

③ Noam Chomsky, *On Power and Ideology* (Boston: South End Press, 1987), p.28.

④ United Kingdom, Foreign Office (FO) Comment on Inverchapel to FO, "Weekly Political Summary," 2 April, 1948, FO 371/68018.

建立旨在促使所有会员国获得持久的自由和独立……在帮助自由、独立国家维护其自由的过程中，美国将执行《联合国宪章》之原则。"[1] 同年4月21日，美国国务院部际协调委员会专门委员会在其报告中也重申："在帮助各自由、独立国家维护其自由的过程中，美国将支持《联合国宪章》之原则。"[2]

在自我标榜的同时，美国还借维护《联合国宪章》之名频频对苏联进行抨击。例如，美国先是指责苏联"插手"波兰和其他东欧国家内政，"破坏"了《雅尔塔协定》有关《被解放的欧洲宣言》中确立的民族自决原则，企图在这些国家建立亲苏的"一党独裁政权"。捷克斯洛伐克"二月事件"发生后，杜鲁门又公开指责苏联"屡次破坏联合国有关国际协议"，"滥用否决权"。客观地讲，美国是否如其高调标榜的那样，忠实地执行了联合国的有关决议呢？这里同样有一系列证据。（1）在有关德国赔偿问题上，美国从1946年起就带头不执行《雅尔塔协定》中的相关决议，拒绝或减少苏联从德国西占区获得的赔偿。（2）在此后召开的伦敦外长会议上，美国、英国、法国又绕开联合国和苏联，在德国问题上固执己见，我行我素。（3）及至1947年4月，为了维护美国的国家安全利益，美国居然有意抛开联合国单干。例如，美国国务院部际协调委员会的报告明确写道："国家安全之维持只能通过重建稳定和平的世界……对世界形势的现实评估表明，世界还存在着诸多对美国安全利益有不利影响的问题，这些问题可能超出了联合国的权限。"[3] 这就等于说，美国要担负起"联合国权限"所不能及领域的工作。而这些领域是什么呢？美国人却不愿明言。一个确凿的证据是，在欧洲复兴计划由谁来起草一事上，因为苏联也是"联合国欧洲经济委员会"（ECE）成员国，美国毅然决定抛开该委员会单干，理由是避免苏联掣肘。（4）更离谱的是，在后来西欧国家联合起草的CEEC总报告中，美国政府根本无视西欧国家的主权和尊严，强行对受援国附加了一系列苛刻的援助条件，[4] 结果导致西欧伙伴怨声载道。美国这种出尔反尔的做派既有悖于《联合国宪章》所规定的"国家不分大小，一律平等"的原则，也让美国的道义尽失。

---

① Joseph M. Jones, *The Fifteen Weeks: February 21–June 5, 1947*, pp.272–273.
② U.S. Department of State, *Foreign Relations of the United States, 1947*, Vol.III, p.209.
③ *Ibid.*, pp.216–217.
④ 王新谦：《马歇尔计划：构想与实施》，第131—140页。

　　由此看来，实用主义才是美国外交政策的传统和本质特征。纵观美国历史，美国总是先高唱理想主义，最后落脚的却是现实主义，尤其是二战之后。而美国的实用主义外交政策又总是带着很大的随机性、灵活性、隐蔽性。在不同的历史时期，随着自身国力的增减和国际形势的变化，美国决策者对美国国家利益的侧重点会做出不同的界定。在美国步入超级大国之前，维护国家独立、国家安全和商业利益是美国国家利益的主要考虑。及至二战后，美国则将维护其霸权地位的稳固视为其核心的国家利益。任一国家，包括盟友在内，一旦被认定威胁到了美国的霸权地位，就是美国的敌人。然而，考虑到经济利益在国家利益中同样占有不可忽视的地位，美国又不得不同这些曾经的大国或正在崛起的国家和力量发生经济关系，在所谓"开明利己主义"的前提下，间接地实施利他主义。马歇尔计划就是这一背景下的产物。

　　有意思的是，美国学者对于美国外交的实用主义传统也从不避讳，这也是美国之所以称之为美国的一大特色。例如，美国学者约翰·艾肯伯瑞曾对美国之所以在战后热衷于民主输出这样评论说："美国在国外促进民主是基于非常现实的观点，即其他国家的政治特性对美国能否确保其安全和经济利益有重大影响。"[①] 约翰·沙特克和布赖恩·阿特伍德也联名在美国《外交》季刊上撰文，对美国外交的现实主义性质做了更为透彻的剖析。其基本结论是：美国在国外推行促进民主的政策是基于现实主义的愿望，即在当今的全球市场中，唯有民主治下的开放社会才会为稳定而公平的经济发展提供最佳机会。[②] 然而，沙特克和阿特伍德没有提到的是，在战后美国综合实力无可匹敌的背景下，这种所谓的"公平的经济发展机会"只能是美国独占的，其他国家能否分一杯羹，那要看美国高兴不高兴。

　　更有意思的是，美国决策层对美国在战后援助欧洲过程中推行"利己主义"外交政策也毫不讳言。对于这一点，只要稍加留意，就可以从美国启动马歇尔计划前林林总总的外交文件中检索出大量关于"维护美国国家安全和利益"的表述，俯拾即是，令人叹为观止。这里仅以1947年为例，（1）1947年3月12日，杜鲁门称美国之所以向希腊、土耳其提供援助，是因为这"与美国的外交政策和国家安全休戚相关……如果我们对欧洲的困

---

① 〔美〕约翰·艾肯伯瑞：《美国缘何要输出民主？》，第61页。

② John Shattuck and Brian J. Atwood, "Defending Democracy: Why Democrats Trump Autocrats?" *Foreign Affairs*, March/April 1998, p.168.

难坐视不理，我们就可能危及世界和平——无疑也将危及我国人民之福祉"。①（2）对美国国家安全和利益讨论最多的恐怕要数4月21日美国国务院部际协调委员会专门委员会向美国政府提交的报告了。该报告一再声称，在援助欧洲复兴问题上，美国必须考虑自身国家安全和国家利益。"为了美国的国家安全和至关重要的国家利益，美国应支持自由民族抵抗少数武装分子或外部压力之征服企图……美国在决定提供明确援助手段时应仔细确定和考虑美国利益，也就是美国眼前和未来的安全和福祉利益。"②美国安全是美国向其他国家提供援助的根本出发点。现在某些国家正处在风雨飘摇之中，加强这些国家维护独立的决心符合美国利益。为此，美国在对外援助过程中应采取积极的、深谋远虑的、预防性的行动，以推进美国利益。通过及时地提供适量的援助，避免紧急的、需要更大开支的危机的发生。从现实问题的严重性看，显然有必要提出一个组织严密的综合援助方案。如果美国提供的援助要想实现美国国家利益和达到美国外交政策的目标，就必须对分配的优先顺序做出一种制度上的安排。③（3）5月8日，美国国务院副国务卿艾奇逊受杜鲁门总统的委托，在密西西比州克利夫兰市三角洲议会发表演讲。他在演讲中也对美国的对外援助政策目标做出了明确界定。他说："今天，我国外交政策的主要目标之一就是要利用我们的经济、金融资源来扩大我国的利益。要想维护我们的自由和民主制度，维护我国的国家安全，我们就必须伸出援助之手。这是我们的责任。"④（4）5月23日，乔治·凯南领导的美国国务院政策设计委员会向国务院提交了一份题为《关于美国援助西欧的政策》的报告。该报告警告说："共产党正在利用欧洲危机。他们的进一步得逞将对美国安全造成严重威胁。"⑤（5）6月5日，马歇尔在著名的哈佛演讲中也没有回避欧洲困难可能对美国经济利益造成的影响。（6）6月24日，在美国国务院为副国务卿威廉·克莱顿赴英国与英国人秘密会谈所准备的备忘录中再次提到："一个稳定而自立的欧洲事关美国人民的切身利益。"⑥

---

① Joseph M. Jones, *The Fifteen Weeks: February 21–June 5, 1947*, pp.269–274.

② U.S. Department of State, *Foreign Relations of the United States, 1947*, Vol.III, p.208, p.216.

③ *Ibid.*, p.208, pp.217–218.

④ Joseph M. Jones, *The Fifteen Weeks: February 21–June 5, 1947*, p.30.

⑤ U.S. Department of State, *Foreign Relations of the United States, 1947*, Vol.III, p.225.

⑥ *Ibid.*, p.248.

　　总之，在马歇尔计划酝酿期间，这种对"美国国家利益"的反复强调，不仅来自美国各种外交文件和政府要人发表的政策声明和公开性讲话，美国学界也在反复用不同的语言和理念来诠释美国援助欧洲所附带的国家利益。最具代表性的是美国康涅狄格大学政治学教授伊曼纽尔·韦克斯勒。他在《马歇尔计划回瞻：从经济视角看欧洲复兴计划》一书中认为，尽管在马歇尔哈佛演讲时、甚至到1948年春天美国并没有一个明确的援助欧洲的计划，但美国对欧援助性质已十分清楚：这是一种政治经济努力。这种努力旨在通过促使欧洲国家追求具体的经济目标，推进美国的外交政策利益。[1] 美国著名学者斯坦利·霍夫曼和查尔斯·梅尔在其合编的《回顾马歇尔计划》一书中也明确指出："美国在帮助参与国实现经济复兴一事上有着至关重要的人道、经济、战略和政治利益。"[2]

　　这里需要明确的是，美国人此间反复提到的"国家安全"并不是一般意义上的领土安全、军事安全、国防安全，而是指地缘政治安全、经济安全和战略安全。美国弗吉尼亚大学历史学教授梅尔文·莱弗勒在《美国和马歇尔计划的战略维度》一文中对此有过精辟论述。他说："美国官员所谓的国家安全就是对欧洲原材料、工业基础设施、技术劳动力和军事基地的控制。在他们看来，美国最基本的战略利益就是阻止任何潜在对手或对手结盟，动员欧洲的资源和经济、军事潜力，出于战争目的对付美国。"[3] 正是基于这种战略安全的考虑，美国才决定出手援助西欧这一具有重大战略意义的地区。同样是基于这种战略安全考虑，在投放援助物资的方向上，美国也必须"根据优先提供援助的方法，向能最佳促进美国安全和国家利益的地方投放援助，特别是要优先向对美国国家安全和国家利益至关重要的国家和地区提供援助"。[4] 在美国人看来，战后的西欧就是能够最佳促进美国安全和国家利益的地区。

　　同样，此间美国人反复提到的"国家利益"也不是国内政治的范畴，而是国际政治的范畴。换句话说，战后美国的核心国家利益主要是指政治

---

[1]　Imanuel Wexler, *The Marshall Plan Revisited: The European Recovery Program in Economic Perspective*, p.5.

[2]　Stanley Hoffmann & Charles Maier, eds., *The Marshall Plan: A Retrospective*, p.16.

[3]　Melvyn P. Leffler, "The United States and the Strategic Dimensions of the Marshall Plan," *Diplomatic History*, Vol.12, No.3, summer 1988, p.277.

[4]　U.S. Department of State, *Foreign Relations of the United States, 1947*, Vol.III, p.208.

利益和经济利益。一如美国国务院政策设计委员会在《关于美国援助西欧的政策》报告第四部分澄清"杜鲁门主义"的含义中所述:"必须说明白,美国扩大援助实质上是一个政治经济问题。"① 因此,维护和扩大政治经济利益自然也就成了战后初期美国外交政策的首选目标。其中,维护自身经济安全利益实际上被摆在了突出位置。一如美国学者诺姆·乔姆斯基所说:"美国外交政策的第一原则是确保以美国为基础的工业、商业、农业综合企业和金融有一个有利的全球环境。"② 在冷战时期,用政治或意识形态术语定位国家利益始终是美国外交政策中居支配地位的因素。如果一国是共产党执政,有亲苏或亲华的政府,美国人就会预计自己的影响会遭受损失,美国的利益就会被假定受到危害。然而,不管美国人怎样界定其国家利益,"其核心都是保护或扩大美国国家安全、经济繁荣和战略利益(防卫和资源意义上的),其目标就是维护和扩大美国的国家实力和地位"。③

综上所述,战后外交政策的根本目的在于巩固其霸权地位,捍卫其国家利益,而非追求世界的和平与繁荣。④ 追求利益最大化是最突出的美国国家特征。不管在战后初期美国对西欧国家的援助是出于维护所谓的民主、维系西欧资本主义制度,抑或是出于道义召唤或悲天悯人的人道主义情怀,或者是为了维护《联合国宪章》之宗旨和原则,在这些种种高调宣传的背后,美国真正关心的永远是自身的国家利益,这是由垄断资本主义的国家特性所决定的。换句话说,实现利益最大化一向是美国制定外交政策的立足点和出发点。这就让人一下子想起了战后美国极力倡导的多边主义。众所周知,在战后初期,美国曾竭力倡导建立国际多边自由贸易制度和秩序。然而,这一多边主义进程的推进有一个大前提,那就是必须由美国来主导。对此,美国学者约翰·鲁格在《赢得和平:新时代的美国与世界秩序》一书中曾一针见血地指出:"美国绝对无意在违背其自身利益的情况下倡导多边世界秩序。或者说,美国绝对无意使自己对国家利益的追求

① U.S. Department of State, *Foreign Relations of the United States, 1947*, Vol.III, p.229.

② Noam Chomsky, *On Power and Ideology*, p.10.

③ Sara Steinmetz, *Democratic Transition and Human Rights: Perspectives on U.S. Foreign Policy* (New York: State University of New York Press, 1994), p.4.

④ 李昀:《"自由"话语与冷战初期美国国内政治动员——以欧洲复兴计划为中心》,《世界历史》2016年第4期,第36页。

受制于多边主义理念。"① 同样，战后美国推出的所有对外援助计划，包括马歇尔计划和后来的"第四点计划"，说到底都是要服从并服务于美国的国家利益。对此，美国前总统尼克松在《1999：不战而胜》一书中有句名言："我们需要学会用我们的外援来为自己的战略目标服务。"② 尼克松的话很坦率。然而，美国官方却一再对外高调宣称，美国之所以出手援助西欧国家完全是出于人道主义考虑，是为了维护所谓的自由、民主与和平。明明是利己主义，却要站在道德制高点，刻意拔高自己行为的"高尚""无私""慷慨"，美国外交政策的隐蔽性、虚伪性、欺骗性恰恰就在于此。

## 五、如果没有马歇尔计划，西欧能否实现复兴?

如前所述，在马歇尔计划实施期间，西欧许多经济指数，包括国内生产总值、工农业生产、贸易与创汇能力等确实实现了长足的提高，总体经济形势得到了明显的控制和改善，为后来西欧各国经济迈上健康发展轨道奠定了坚实基础。换言之，马歇尔计划的确实现或接近实现了美国决策者和欧洲人最初设想的诸多预定目标。然而，多年来，国内外学界却一直在追问一个问题，即：如果没有马歇尔计划，西欧能否实现复兴? 或者说，就西欧经济复兴取得的成就而论，马歇尔计划的贡献与欧洲人自身的努力之间如何区分? 对此，美国历史学家迈克尔·霍根的回答是："美国不能把成就全算在自己头上。1947年（欧洲）危机不是生产危机，而是收支危机。马歇尔计划只不过使得受援国利用美元填补了赤字，从而使西欧得以继续其早已开始的复兴。"③

回头来看，霍根的结论不是没有道理的。对于战后西欧是否真正存在着美国所谓的严重经济危机，或者说，美国人是否刻意夸大了战后初期西欧的困难，史学家之间一直存在着争议。笔者认为，除了德国、英国饱受战争蹂躏外，战争对西欧其他国家经济造成的破坏程度远没有美国所宣传的那么严重。理由是：尽管西欧国家在德军占领期间以及德军撤退期间遭

---

① John Ruggie, *Winning the Peace: America and World Order in the New Era* (New York: Columbia University Press, 1996), p.23.

② Richard Nixon, *1999: Victory without War* (New York: Simon & Schuster, 1988), p.104.

③ Michael J. Hogan, *The Marshall Plan: America, Britain, and the Reconstruction of Western Europe, 1947–952*, p.431.

到了毁灭性破坏，但战后西欧既不缺乏劳动力，也不缺乏自然资源和技术资源，更不缺乏消费市场。还有一个基本的事实是，在马歇尔计划出台之前，西欧国家已经踏上了重建之路，尽管步履维艰，进展速度缓慢。那么，战后初期西欧的问题究竟出在哪里呢？制约西欧经济复兴的瓶颈究竟是什么呢？对此，曾参与对欧援助全过程的美国国务院前官员哈罗德·克利夫兰的回答显然与迈克尔·霍根是一致的。他在《假若没有马歇尔计划》一文中明确表示：战后西欧的经济困境主要是结构性危机，即缺乏启动复兴的硬通货——美元，这一问题成了制约西欧复兴的最大瓶颈。而1946年夏秋的粮食欠收和继之而来的漫漫寒冬又使得西欧经济雪上加霜，陡然使得美国的援助显得更加必要和迫切。[1] 对此，英国学者亨利·佩令也有类似看法。他认为，1947初的西欧并不缺乏技术和劳动力，也不缺乏投资市场。当时已经实现了工业化和现代化的西欧各国实质上面临的仍是国际收支失衡，缺乏启动复兴所需的外汇，"欧洲人在等待原材料的供应，以便让工业重新运转起来"。[2] 上述学者的结论的共同点是：战后西欧的经济危机是结构性危机，是收支危机。只要能及时得到重建和复兴所需要的启动资金和原材料，西欧国家就会很快摆脱困境。后来的事实也充分证明了这一点。

还有一个基本事实是，在整个马歇尔计划实施期间，美国花费的代价相当有限，大约在130亿美元。用杜鲁门总统自己的话说，美国对西欧国家的援助总额"与我国的全部国民收入相比，还不到3%"。[3] 从这个意义上说，马歇尔计划对西欧经济复兴的作用又是有限的，"美国的援助是边际的"。[4]

然而，必须承认的是，在西欧国家美元短缺、急需得到启动复兴资金的背景下，正是这一有限的、"边际的"援助真正帮了西欧国家的大忙。霍根在客观评价马歇尔计划的这一贡献时说："虽然美国资本对西欧复兴的贡献只是微不足道的，但正是这一关键的微不足道才使得（欧洲）复兴成

---

① Harold Van B. Cleveland, "If There Had Been No Marshall Plan," in Stanley Hoffmann & Charles Maier eds., *The Marshall Plan: A Retrospective*, p.63.

② Henry Pelling, *Britain and the Marshall Plan*, p.125.

③ Harry S. Truman, *Memoirs of Harry S. Truman: Years of Trial and Hope*, Vol.II, p.118.

④ Michael J. Hogan, *The Marshall Plan: America, Britain, and the Reconstruction of Western Europe, 1947–1952*, p.431.

为可能。"① 美国学者斯蒂芬·舒克也同意霍根的结论，认为正是这一"关键的边际作用才使得欧洲人的自助成为可能"。② 换句话说，在战后初期所有欧洲国家经济凋敝、收支严重失衡的背景下，如果没有财大气粗的美国及时向西欧国家伸出援助之手，恐怕"任何一个国家也不可能拿出一个像现在这样的计划（指马歇尔计划——作者注）"。③ 从后来的实际结果来看，也正是由于马歇尔计划进展得比较顺利，该计划在原定四年的基础上提前宣布结束。因此，也可以说，马歇尔计划"达到了预期的目标，花的时间比事先预计的要短，而且付出的代价要低得多"。④ 从这种意义上说，我们又不能说马歇尔计划的作用是有限的。当然，在认可马歇尔计划的贡献的同时，我们也不能就此夸大其作用。所谓内因决定外因，外因只能通过内因发挥其作用。因此，必须强调，西欧国家取得的经济成就首先是欧洲人民共同努力的结果，这样的视角和结论才符合辩证史观。

综上所述，不管美国最初启动马歇尔计划的动机是什么，也不管其动机有多复杂，但必须客观、公正地讲，马歇尔计划的最大贡献在于它在西欧国家最困难的时候伸出了援手，暂时缓解了"美元荒"，消除了西欧国家经济复苏面临的最大瓶颈，为西欧经济走上健康发展轨道注入了一支不可或缺的"强心剂"，也为后来西欧的联合和欧洲走向一体化道路奠定了坚实基础。反过来说，如果没有马歇尔计划，西欧国家和西欧各国人民肯定也不会坐以待毙，迟早会走上联合复兴之路，但其复兴的步伐可能不会那么快，也不会那么稳健。就援助国与受援国双方对欧洲重建的贡献而言，笔者在此更愿意借用迈克尔·霍根的评论作为结论："从总体上说，美国倡议的成功之处在于它实现了美国与重要参与国利益和志向的和谐。"⑤

---

① Alan S. Milward, "Was the Marshall Plan Necessary?" *Diplomatic History*, p.233.

② Michael J. Hogan, *The Marshall Plan: America, Britain, and the Reconstruction of Western Europe, 1947–1952*, p.432.

③ OEEC, Interim Report, Vol.I, pp.11–12.

④ Lincoln Gordon, "Lessons from the Marshall Plan: Successes and Limits," in Stanley Hoffmann & Charles Maier eds., *The Marshall Plan: A Retrospective*, p.53.

⑤ Michael J. Hogan, *The Marshall Plan: America, Britain, and the Reconstruction of Western Europe, 1947–1952*, p.436.

## 六、波兰间接加入马歇尔计划及其对欧洲复兴的作用

长期以来，国内外马歇尔计划史研究领域存在着一个短板，即对东欧国家与马歇尔计划、东欧国家与欧洲整体复兴之间的关系关注不够，有许多问题至今没有得到深入研究。比如，在拒绝参与马歇尔计划后，东欧国家是否间接参与了马歇尔计划？在马歇尔计划实施期间，东西欧之间传统的经贸联系是否彻底中断了？东欧国家自身的经济政策是否间接推进了欧洲的整体复兴？对这些问题做出回答，无疑有助于马歇尔计划史的整体研究。限于篇幅，这里仅以波兰为例，旨在说明波兰在恢复本国经济以及在欧洲整体复兴过程中发挥的独特作用。

如前所述，在马歇尔哈佛讲话之后，包括波兰在内的东欧各国政府一度对获得美国援助充满期待。然而，随着苏联拒绝参与马歇尔计划并要求所有东欧国家与苏联保持一致，左右为难的波兰政府一方面坚持不与西方国家发生政治上、外交上的交往，另一方面则采取机动灵活的经济政策和商业政策，尽可能与西欧国家维持传统的贸易往来。在整个马歇尔计划酝酿和实施期间，面对美国对社会主义阵营的贸易禁运、拒绝提供财政援助以及竭力让马歇尔计划参与国与美国出口管制保持一致的压力，波兰政府排除干扰，不仅为波兰争取到了难得的贷款，而且扩大了对西欧的煤炭出口，既为本国经济重建创造了机会，也为欧洲整体复兴作出了特殊贡献。

从马歇尔计划执行的整个脉络和后来解密的档案资料看，当初大多数美国政府高层官员并没有指望苏东阵营，尤其是苏联会在马歇尔计划上提供任何合作。随着西方政治意图的日益暴露和苏联决定不参加马歇尔计划，处在夹缝中的波兰政府只能一方面与苏联保持一致，对马歇尔计划的"险恶用心"进行揭露和批判。另一方面，出于发展本国经济和解决民生的现实考虑，波兰的商业政策和策略则是充分利用自己丰富的煤炭资源，尽可能为波兰争取外援。

1947年7月初，在加入马歇尔计划的希望破灭后，波兰经济并没有转向内向型经济，而是继续努力争取外援。其努力方向有二：一是尝试从美国进出口银行和联合国国际复兴开发银行获得重建贷款；二是坚持与西欧国家谈判，争取与后者签订有利的贸易协定。从目前可以看到的波兰与国际复兴开发银行的贷款谈判记录来看，波兰政府是很愿意在西欧复兴中发

挥其积极作用的，希望通过国际复兴开发银行提供的贷款，继续成为西欧煤炭的供应国，从而间接加入马歇尔计划。对此，波兰政府是持乐观态度的。波兰政府的这种乐观有三个依据：其一，1947年9月11日，波兰驻美大使约瑟夫·维尼维茨致电华沙，称波兰煤炭出口对于欧洲重建的重要性问题已经提上了巴黎会议的议程。尽管波兰并非马歇尔计划参与国，但欧洲经济合作委员会仍希望波兰在欧洲复兴计划中发挥重要作用。[①] 这表明，西欧国家对波兰是寄予厚望的。其二，1947年10月，据欧洲经济合作委员会在CEEC总报告中的估计，参与欧洲复兴计划的16国将在1948年不得不从美国、波兰分别进口煤炭4100万吨和1700万吨。估计1951年要从美国进口600万吨，从波兰进口3100万吨。[②] 其三，波兰外交部经济司司长塔多兹·里乔渥斯基认为，无论德国还是英国都无法满足西欧不断增长的对煤炭的需求。一旦有了国际复兴开发银行提供的贷款，波兰就能在1951年出口超过3100万吨煤。[③]

与此同时，波兰驻美大使维尼维茨也在极力游说美国在马歇尔计划之外向波兰提供援助，尤其是在1947年波兰粮食歉收之后。1947年12月19日，在美国俄勒冈州波特兰市的一次演讲中，维尼维茨大使提到了波兰在国际复兴开发银行、联合国粮农组织（FAO）以及其他国际经济组织中的合作努力，表示波兰愿意继续与这些机构展开合作。他指出，波兰与欧洲复兴计划16个国家中的14个国家有正常的外交关系和贸易协定，波兰当然希望维持并扩大与这些国家业已存在的经济联系。尽管维尼维茨在演讲中再次强调，先重建德国而置经济落后的德国受害者于不顾，这种做法很不道德，但他同时也对德国重建传达了一种调和、妥协、留有余地的语气："我并不是说必须在经济上摧毁德国，但我强调，德国不应先于其他欧洲国家重建起来。"[④]

---

① Winiewicz to Warsaw, September 11, 1947, Ministry of Industry and Trade Records, File 51, Archivum Akt Nowych [Archive of newer records], Warsaw, Poland.

② Report of Dr. Tadeusz Lychowski, "Report of the Paris Conference on the Marshall Plan," October 14, 1947, Ministry of Industry and Trade Records, File 51; "Economic Cooperation General Report," undated, Papers of Harry S. Truman, PSF, Subject File, box 163, Truman Library, Independence, Missouri.

③ "Report of the Paris Conference on the Marshall Plan," October 14, 1947, Ministry of Industry and Trade Records, File 51.

④ Winiewicz Speech to City Club of Portland, Oregon, December 19, 1947, Congressional Record, 80th Cong., 1947, 93, pt. 13: A4918-19.

在此必须强调的是，战后初期，西欧国家对煤炭的需求量很大。在苏东阵营拒绝参与马歇尔计划后，煤炭资源颇丰的波兰实际上成了东欧唯一一个需要美国进出口银行给予更多贷款的国家。然而，直至1947年底，基于杜鲁门主义和马歇尔计划在美国催生的反共情绪的高涨，出于政治考虑，美国政府不可能允许美国进出口银行向波兰提供贷款。因此，波兰的最后希望只能是向联合国国际复兴开发银行寻求贷款。波兰的理由很充分。自1946年国际复兴开发银行成立以来，波兰不仅一直是该组织的成员国，而且还在该银行存有黄金和硬通货。同时，波兰人还认为，该组织"禁止政治因素影响贷款"的银行章程也使他们在贷款问题上处于有利地位。目前只有一个问题，那就是他们到底能得到多少贷款。[①]

从目前掌握的资料来看，在战后初期，联合国国际复兴开发银行负责人和美国国务院一开始是支持向波兰提供贷款的。据当时的波兰国家银行行长爱德华·德罗兹迪亚克回忆，1946年，在美国佐治亚州萨凡纳召开的国际复兴开发银行和国际货币基金组织联席会议上，"我们在所有场合见到的人都对我国经济生活的重建怀有极大的兴趣，而且对我们迄今为止所取得的成就持理解、支持和积极的态度"。[②]一向关注欧洲事务的时任美国国务院经济事务司司长威廉·克莱顿也赞成国际复兴开发银行向波兰提供贷款，特别是在1946年至1947年欧洲遭遇严冬之后。1946年，波兰共向西欧提供了所需总量15%的煤炭。克莱顿据此认为，给波兰煤炭工业提供贷款至少有两大好处：一是能显著提高波兰煤炭的出口比例；二是贷款势必导致波兰减少对苏联的依赖。直至1947年秋天，当欧洲经济合作委员会决定使用鲁尔的煤炭供应欧洲时，尽管克莱顿反对向波兰或其他苏东社会主义阵营国家提供马歇尔计划的援助基金，但他仍支持联合国国际复兴开发银行向波兰煤炭工业提供贷款。然而，由于此时波兰国内政治局势变得日益复杂，出于政治考虑，美国国务院负责欧洲和东欧事务的各司均反对向波兰提供贷款。这种政治施压最终导致国际复兴开发银行的美国执行董事

---

① See translation of articles from *Les Nouvelles Economiques*, November 14, 1947, and The *Economist*, February 14, 1948, p.280, in Centralny Urzad Planowania, Akty [Central Planning Office Records], File1930, Warsaw, Poland.

② *Rzeczpospolita* [*The Republic*], Warsaw, April 30, 1946.

埃米利奥·科拉多一再推迟就波兰煤炭贷款要求做出决定。[①] 在随后的两年时间里，这种拖延战术让波兰政府日益感到沮丧，但它又无可奈何。

就波兰政府而言，尽管波兰在政治宣传上必须与苏联保持一致，必须配合苏联抨击马歇尔计划对主权国家经济主权构成的威胁，但务实的波兰人也意识到，为了获得国际复兴开发银行贷款，他们得改变策略，必须做出妥协。例如，波兰全国委员会的一名社会党代表就公开表示，为了获得贷款，波兰人必须"讲这些（资本主义）国家的语言，并确保它们获得最低限度的经济利润，以证明他们把储备金投到波兰重建是合理的"。[②] 从现实角度讲，波兰之所以愿意做出让步，是因为这些贷款对于波兰实现战后重建计划意义重大。据波兰中央计划署（CPO）的资料显示，波兰政府估计，波兰在1947年至1949年的"三年支付平衡计划"中需要6亿美元的国外贷款。其中，有3.755亿美元贷款将依赖联合国国际复兴开发银行提供。[③]

为了得到国际复兴开发银行提供的贷款，波兰政府于1947年夏天派出谈判代表赶赴美国，直接向国际复兴开发银行申请1.3亿美元贷款，计划优先用于波兰煤炭业及相关产业。波兰代表的理由很充分：为了提高向西欧出口煤炭，这笔贷款是必要的。[④] 当然，波兰代表也希望能为波兰农业争取到一笔贷款，因为波兰农产品的出口同样也可以缓解西欧的粮食短缺问题。换句话说，在波兰代表看来，对波兰提供贷款实际上就是惠及整个欧洲的贷款。[⑤]

同年夏天，波兰政府邀请国际复兴开发银行的一个调查团前往波兰访问。尽管接受了邀请，但国际复兴开发银行在接受邀请时并没有明确它对

---

[①] Richard Lukas, *Bitter Legacy: Polish-American Relations in the Wake of World War II* (Lexington: University Press of Kentucky, 1982), p.84.

[②] "Ninth Session of the National Council on New Economic Problems," *Przeglad Sozialisticzny* [*Socialist Review*], No.2, March 1946, p.8.

[③] "Balance of Payments, Three-Year Plan," undated document, Central Planning Office Records, File 610.

[④] Szyr in Warsaw to Topolski in Katowice, June 12, 1947, Ministry of Industry and Trade Records, File 51; Communique on the IBRD visit to Poland (June 20–July 20, 1947), June 23, 1947, Central Planning Office Records, File 1930.

[⑤] Communique on the visit of the IBRD delegation in Poland (June 20–July 20, 1947), June 23, 1947, Central Planning Office Records, File 1930.

波兰的贷款请求采取何种立场。① 在宣布接受邀请的新闻发布会上，国际复兴开发银行官员明确表示，虽然西欧重建优先于波兰重建，但该官员也认为，波兰煤炭对西欧的重要性高于意识形态和政治考虑。② 这一表态让波兰人再次看到了希望。

在为期一个月的访问期间（1947年6月20日至7月20日），国际复兴开发银行调查团不仅会见了波兰负责经济事务的官员，而且考察了波兰的经济状况，特别是西里西亚的煤炭业生产状况。在与国际复兴开发银行调查团交谈时，波兰工贸部长明兹告诉调查团，波兰愿意在决定煤炭出口的数量和目的地方面给予国际复兴开发银行一定的发言权，并保证煤炭出口的部分利润将用于偿还贷款。明兹明确告诉调查团，尽管波兰政府最近以经济主权可能受到威胁为由拒绝了马歇尔计划，但只要贷款条件公平，波兰就可以接受。明兹还告诉调查团，波兰政府愿意出面为偿还贷款提供担保，但该协议的实际条款还必须等待波兰代表与国际复兴开发银行在华盛顿进行的直接谈判时敲定。③

简而言之，在整个1947秋天，国际复兴开发银行持续给波兰驻华盛顿大使馆留下这样一种印象：波兰非常有机会获得贷款。9月9日，该银行的新闻处长告诉波兰驻美大使馆官员，波兰政府将获得部分贷款，但具体数字取决于波兰保证向西欧提供煤炭的多少。④ 9月11日，该银行告知波兰驻美大使维尼威茨，波兰获得贷款的可能性已增加，因为如果没有波兰提高煤炭出口，欧洲复兴将会进入停滞。与此同时，维尼威茨也近距离观察到，美国国内一些共和党人已公开站出来反对国会召开讨论马歇尔计划的特别会议，而且美国国内民意对该计划也有相当大的抵触情绪。在他看来，如果马歇尔计划在美国国会遇阻，波兰获得国际复兴开发银行贷款的机会将大大增加。因此，他建议本国政府向美国施加更大压力，以便尽快得到贷款。⑤

同年9月下旬，波兰外长莫杰莱夫斯基访问美国。在访问期间，莫杰

① IBRD note to the Polish embassy, June 10, 1947, Central Planning Office Record, File 1930.

② *The New York Times*, June 11, 1947.

③ Note of Conversation between Burland and Minc, July 10, 1947, Ministry of Industry and Trade Records, File 51.

④ Winiewicz to Warsaw, September 9, 1947, Central Planning Office Records, File 1930.

⑤ Winiewicz to Warsaw, September 11, 1947, Central Planning Office Records, File 1930.

莱夫斯基向马歇尔国务卿重提贷款要求。他强调指出，波兰继续与东西两大阵营同时保持着良好关系，而波兰与苏联的友谊并不妨碍波兰与美国建立卓有成效的关系。[①] 他还告诉马歇尔，波兰期望在1949年出口3500万吨煤炭，但由于缺乏用于购买新机器的资金，眼前出口量只有2000万吨。其中，有三分之一出口到了苏联，而其余三分之二则出口到了其他欧洲国家。为了增加出口，波兰需要美国和国际复兴开发银行提供贷款。马歇尔大体上赞成给波兰提供一笔小额煤炭贷款，并答应跟国际复兴开发银行行长约翰·麦克洛伊通融通融。不过，马歇尔也明确指出，如果在此时向波兰提供贷款，可能会削弱美国政府在国会的游说策略，不利于马歇尔计划在国会的顺利通过。[②]

10月初，国际复兴开发银行行长麦克洛伊访问波兰西里西亚，再次给波兰政府提供了重提贷款的机会。针对波兰的贷款请求，麦克洛伊告诉波兰人，立马获得贷款的可能性不大。他的理由主要有两个：一是马歇尔计划的命运尚不确定；二是美国国务院反对向波兰提供贷款。对此，波兰工贸部长明兹提醒麦克洛伊，马歇尔国务卿在9月曾向维尼威茨大使表明，美国国务院并不反对提高国际复兴开发银行对波兰的贷款。[③] 为了证实明兹的说法，10月7日，美国驻波兰大使斯坦顿·格里菲斯致电国务院，要求对此做出澄清。副国务卿罗伯特·洛维特在一个星期后回复格里菲斯，称国务院仍在研究一项为波兰煤炭工业提供4700万美元贷款的提案，但尚未最后做出决定。[④]

10月15日，美国国务院要求格里菲斯大使就向波兰提供贷款一事谈谈自己的看法。格里菲斯认为，借钱给一个由苏联控制的国家是不明智的，因为苏联有可能迫使波兰人破坏贷款环境。他此前发给国务院的多份电报已证实了苏联正在"操纵和利用"波兰经济。他告诉马歇尔："很显然，给波兰一美元就等于是给苏联一美元。"不过，他还是建议批准此前答应给波兰煤炭工业的那笔贷款，理由是西欧重建需要波兰的煤。[⑤]

---

[①]　Jozef Winiewicz, *Co pamietam z dlugiej drogi zycia* [*What I Remember from the Long Trial of Life*] (Posen, 1985), pp.436–437.

[②]　U.S. Department of State, *Foreign Relations of the United States, 1947*, Vol.IV, pp.446–452.

[③]　Griffis to Marshall, October 7, 1947, RG 59, 860c.51/6385.

[④]　Lovett to Warsaw embassy, October 14, 1947, RG 59, 860C.51/6385.

[⑤]　Griffis to Marshall, October 15, 1947, RG 59, 860c.51/6385.

1948年2月，国际舞台风云突变。捷克斯洛伐克"二月事件"事实上终结了联合国国际复兴开发银行考虑向波兰煤炭行业提供贷款的可能，而这一时期波兰国内再次掀起的反美宣传最终断送了波兰从国际复兴开发银行获得贷款的机会。对此，美国驻华沙大使格里菲斯提醒马歇尔，从波兰媒体对美国的恶意攻击来看，一笔贷款不足以改变波兰对西方的态度。他说："我们感觉，不管有没有贷款，对美国进行恶毒、无耻的攻击都会继续下去……如果贷款规模很小（4700万美元），美国将会因为小气而受到抨击；如果数额较大，那会被指责为美国试图购买波兰人的灵魂。"格里菲斯再次重申了他此前的观点："给某个卫星国一美元，就是给苏联一美元。"[1]

随着1949年西欧共同防务和重新武装带来的压力以及1950年6月朝鲜战争的爆发，随着冷战局势的日趋紧张，美国新任国务卿迪安·艾奇逊对东欧阵营采取了更加严厉的遏制战略，包括开始实施更严格的物资禁运，并制定了一项新的煤炭出口政策，力图减少西欧对波兰煤炭的依赖。

总之，从1947年到1951年，尽管面对美国对苏联集团的贸易禁运、拒绝提供财政援助以及竭力让马歇尔计划参与国与美国出口许可计划保持一致，波兰政府仍继续寻求维持并扩大与西欧的经贸关系。波兰人认为，扩大东西欧贸易的必要条件之一是西方投资流向东欧。尽管美苏关系日趋紧张，但波兰人对东西欧商业交往仍感到乐观。[2] 在这一时期，波兰也是唯一一个倡议扩大东西欧之间贸易的苏东阵营国家。[3] 波兰煤炭向西欧的出口势头也并没有因美苏关系的紧张而减弱。从1948年到1952年，波兰每年平均出口煤炭超过3000万吨。其中，1951年，波兰有大约三分之一的煤炭出口到西欧。1952年，仍有大约四分之一的煤炭流向了西方。[4]

当然，这里有一个重要前提，即苏联最高领导人对包括波兰在内的东欧国家与西欧国家之间的商业往来采取了默许、宽容甚至是支持的态度。

还有一个重要前提，即战后的西欧对波兰存在着现实需求。正因为西欧国家存在着美元短缺以及被迫用为数不多的马歇尔计划对冲基金从美国

---

[1] U.S. Department of State, *Foreign Relations of the United States, 1948*, Vol.IV, pp.520–521.

[2] "Notes on the Present Matter of the International Economic Organization (ECE)," September 4, 1948, Ministry of Industry and Trade Records, File 3004.

[3] Paul Porter (U.S. Deputy Representative to the ECE) to State Department, May 27, 1949, RG 84, General Records, box 98; U.S. Department of State, *Foreign Relations of the United States, 1949*, Vol.V, pp.120–122.

[4] United Nations, ECE, Economic Bulletin, Vol.IV, 1952, p.3.

购买必需品，它们自然会转向东欧来填补这种贸易需求。根据联合国的有
关资料，在整个马歇尔计划实施期间（1948—1951年），西欧国家同波兰
的贸易不仅没有中断，反而在稳步增加。具体而言，1948年，西欧对波兰
的出口额为1.61亿美元；到1949年，这一数字增加到了2.18亿美元。尽
管西欧对波兰的出口额在1950年跌至1.64亿美元，但到1951年又反弹至
1.95亿美元。而且波兰从西欧进口的许多产品都是美国禁止出口的资本货
物。① 波兰对西欧的出口与波兰从西欧的进口过程类似，从1948年的2.96
亿美元增加到1949年的3.25亿美元；尽管在1950年下降到2.39亿美元，
但到1951年再次增加到3.05亿美元。导致东西欧贸易上升势头的最重要原
因是当时的西欧重新武装客观上造成了西欧对波兰煤炭的更大需求。②

与此同时，由于无法从美国进出口银行和由美国人把持的联合国国际
复兴开发银行获得贷款，波兰在与西欧国家保持商贸往来的同时，再次把
目光投向了苏联。1948年5月，经双方协商，苏联同意向波兰运送20万吨
粮食。同年12月，两国签署了另一项协议，规定在未来四年内双方贸易达
到5亿美元。苏联还答应在八年时间里向波兰提供4.5亿美元的信贷，用
于购买苏联的工业设备。③ 此外，苏联还在1950年向波兰提供了另一笔为
期八年的1亿美元贷款，用于购买苏联的投资货物。④ 当然，与美国通过马
歇尔计划对西欧国家提供的援助数额相比，苏联对波兰的财政援助相对要
少一些。然而，在苏联经济复苏同样急需资金和面对美国全面遏制的背景
下，这已经是非常难能可贵的了。

令美国政府大跌眼镜的是，在马歇尔计划实施前后，接受美国援助的
马歇尔计划参与国不仅维持并扩大了同波兰的贸易，同时还绕开美国，私
下与波兰签订了一系列信贷协议。例如，1948年春天，英国向波兰提供了
600万英镑的信贷，用于购买英国的资本货物。同时还有另一笔150万英镑
的信贷，用于波兰购买英国的羊毛和其他原材料。尽管这是英国私人银行

① 所谓资本货物，也称生产者货物，是指用于生产的经济货物，包括工厂建筑物、机器、机车、车辆、牵引机等。

② United Nations, ECE, Economic Bulletin, Vol.III, 1951, p.58.

③ Janusz Kalinski, *Plan Odbudowy Gospodarczej, 1947–1949* [*Economic Reconstruction Plan, 1947–1949*] (Warsaw, 1979), pp.271–272.

④ Thomas G. Paterson, *Soviet-American Confrontation: Postwar Reconstruction and the Origins of the Cold War*, pp.135–136.

与波兰政府签订的信贷协议，但英国政府却为其提供了担保。[①] 此外，英国还寻求与波兰进行不需要用美元结算的贸易。1949年初，波兰与英国同意在五年内交换价值6亿美元的货物。[②] 同年3月19日，法国与波兰签署了一项高达6千万美元的信贷协议，作为对法国在波兰财产被国有化的补偿。5月初，波兰还从瑞典、瑞士、意大利和丹麦分别获得了小额贷款。[③] 总之，截至1951年底马歇尔计划宣布结束时，波兰实际上已成为诸多马歇尔计划参与国的最重要和最可靠的东欧贸易伙伴，这显然也是出乎美国预料的。

综上所述，和欧洲其他国家一样，战后初期的波兰政局动荡不安，经济凋敝，百废待兴，急需来自国际社会的援助和贷款。在斯大林阻止包括波兰在内的东欧国家参与马歇尔计划后，尽管在政治宣传上必须与苏联保持一致，但在夹缝中求生存的波兰政府始终不气馁，采取积极灵活的外交策略和实用的经济政策，始终以发展经济、改善民生为第一要务，积极谋求美国和国际组织的贷款。尽管波兰与美国进出口银行以及由美国人把持的联合国国际复兴开发银行之间的贷款谈判最终无果而终，但波兰人的锲而不舍表明，波兰政府是有意愿与西方签订具有约束力的贷款及贸易协定的。总之，在整个1947年至1951年，面对美国对苏东阵营的贸易禁运、出口管制、拒绝提供贷款，波兰政府在继续与东欧阵营保持往来的同时，以煤炭资源为抓手，持续扩大与西欧国家的传统商业往来，间接地加入了马歇尔计划。此间，波兰不仅为自身经济重建争取到了难得的外援，而且为欧洲整体复兴作出了自己独特的积极作用。波兰的这一务实外交实践也成为马歇尔计划之外东西欧国家之间成功往来、各取所需的经典案例。

---

① Douglas (Counselor at London embassy) to Marshall, April 23, 1948, RG 59, 860c.51/6385.

② Lubomir Zyblikiewicz, *Polityka Stanow Zjednoczonych i Wielkiej Brytanii wobec Polski, 1944–1949* [*The Policy of the United States and Great Britain toward Poland, 1944–1949*] (Warsaw, 1984), p.363.

③ *New York Herald Tribune*, May 2, 1948.

# 结　语

马歇尔计划是二战后国际关系史上一个重大的历史事件，也是美国维护和巩固其全球霸权战略、与苏联争夺欧洲控制权的核心一环，更是美国对苏东阵营发动冷战的利器和支柱之一。战后初期，美国的政治、经济、军事、外交实力和国际影响力在全世界均处于压倒性优势地位。随着其在战时和战后综合国力的急剧提升，美国追求世界霸权的野心迅速膨胀，而美国追求世界霸权的野心是从在资本主义世界建立政治、经济、军事、文化霸权开始的。战后初期，面对纷繁复杂的国际局势，面对欧洲的经济困境以及美国国内因战时繁荣形成的生产过剩等一系列内外压力，美国政府适时地调整了其外交政策。这一外交政策的重大调整（美国学者威廉·卡尔顿称其为"美国外交政策革命"）对战后世界格局、国际局势以及对此后美国历届政府的外交政策均产生了重大、持久而深刻的影响。马歇尔计划就是这一特定历史背景下的产物。

长期以来，西方对马歇尔计划的研究多侧重于对其起源、作用和战略意义的研究，政治主题大于经济主题，政策研究多于具体实施过程的研究，涉及马歇尔计划的许多问题，尤其是一些隐性或敏感的问题并没有得到深入细致的研究。比如，战后西欧的困顿是否与美国有关联；美国国内的民意和利益集团对马歇尔计划进程的影响如何；战后初期美国国内的欧洲联合思想是如何影响美国决策层下决心援助西欧的；捷克斯洛伐克"二月事件"究竟与马歇尔计划之间是否存在关联；美国是如何从政治、经济、意识形态上实现西欧美国化的；美国中央情报局在马歇尔计划实施过程中究竟扮演了何种角色；隐含在马歇尔计划中的美国经济外交的实质是什么；如果没有马歇尔计划，西欧经济能否实现健康的恢复；东欧国家在多大程度上间接助推了欧洲整体复兴等。对于上述问题查漏补遗，并尽可能做出经得起历史检验的回答，无疑有助于还原马歇尔计划的历史真相，也无疑有助于对马歇尔计划进行整体的深入研究。

在文本研究的基础上，笔者认为：

一、尽管长期以来人们习惯上把马歇尔国务卿在哈佛大学发表的演讲视为马歇尔计划肇始的标志性事件，但作为一个计划而出现的马歇尔计划实际上是一个逐步形成的过程。它最早始于1946年春天的希腊、土耳其危机，渐次形成于1947年，真正定型并落地于1948年4月2日美国国会通过并在次日由杜鲁门总统签字生效的美国《1948年对外援助法》。由此开始，马歇尔计划（欧洲复兴计划）才真正进入有型阶段，才真正变得看得见，摸得着，有章可循，有法可依。而此前的种种努力，包括设想、酝酿、提交议案、国会听证和辩论等只能看作马歇尔计划的前期准备阶段，或可称为务虚阶段。

二、尽管战后西欧国家的经济困难、政治困顿和社会混乱主要是因战争、天灾和国内复杂的政治等诸因素交互叠加所致，但与战争后期和战后初期美国推行的外交和经济政策不无关系。此间，美国在西欧推行的一系列落井下石的利己主义政策，以及打压东西欧之间的传统贸易，客观上加重了西欧国家的收支困难，拖了西欧国家复兴的后腿。

三、战后初期的美国国务院不仅存在着一个具有共同理想的反苏精英团体，还存在着一股支持欧洲联合的强大力量。这股力量主要由美国国务院中下层官员组成，是战后初期美国最高决策层制定新的对欧政策的一个重要推动因素。他们在美国国内的宣传造势以及由此形成的民意共识为马歇尔计划的推出提供了重要的舆论基础和动力支持。

四、开拓国际市场，借以缓解、转移国内严重的生产过剩危机是美国启动马歇尔计划的重大诱因。马歇尔计划是战后美国推行经济扩张的重要手段，是一种特殊形式的国家资本输出和商品输出。[①] 通过实施马歇尔计划，美国以提供援助为谈判筹码和诱饵，成功打开了西欧市场，消除了种种不利于美国经济打入西欧市场的经济壁垒，为美国过剩产品和剩余资本开辟了倾销市场和投资场所，最终成功地转嫁了美国国内因生产过剩而造成的经济危机。

五、马歇尔计划帮助美国成功地实现了西欧政治的中右化。纵观战后美国史，美国推进霸权的手法可谓花样迭出，不断翻新，并不总是表现为赤裸裸的武力征服，而更多地表现为按照美国的价值观、政治理想、利益取向来打造以美国为主导的世界政治经济新秩序。换句话说，除了靠武力或武力威胁外，美国经常使用巧实力、软实力，通过软着陆，通过传播所谓美国制度的优越性、输出自己的生活方式和价值观、输出自己的制度模式等手段来攫取对战后世界的领导权。战后初期，美国就是高悬援助诱

---

① 李申:《杜鲁门主义的续篇——马歇尔计划的历史背景及作用》,《河北师范大学学报》1992年第1期, 第88页。

饵，高举所谓维护民主大旗，在西欧国家扶植亲美势力，排挤左翼势力，心满意得地在这些国家建立了亲美的中右翼政权，成功地强化了与西欧国家的同盟关系，最终打造了一个围堵东欧阵营的西方政治联盟。

六、马歇尔计划具有重塑欧洲均势的战略意图。战后，美国政府之所以把夺取和控制西欧视为其称霸全球的战略支点，首先是因为西欧特殊的地缘战略位置攸关美国的全球战略利益和国家安全利益，是决定美苏重塑战后均势的关键。基于冷战的现实需要以及与苏联争夺势力范围的战略需要，即使没有苏东因素，美国也会出手援助西欧国家，进而从战略上控制西欧。就此而论，鼓噪共产主义威胁、夸大意识形态分野只是杜鲁门政府的惯用伎俩，其真实意图则是与苏联争夺战后欧洲的控制权，最终重塑欧洲均势。

七、马歇尔计划为美国干预主义理论提供了一次绝佳的实践机会。在马歇尔计划实施过程中，美国诸多强力部门，包括国务院、陆军部、海军部、国家安全委员会、美国中央情报局、驻外使领馆都积极插手西欧政治。美国政府内的精英人士、诸多利益集团和非政府组织也纷纷参与其中。尤其是在干预意大利政治进程期间，美国上下其手，第一次动用了国家安全机制进行试验，并总结出了一套冷战对抗的办法，为日后美国对其他地区的干预提供了样板。

八、在国际规则体系中，居支配地位的行为体往往会竭力支配国际规则的制定权，并把规则强加于弱小成员。在马歇尔计划实施过程中，美国在西欧工业、农业、海运业、贸易和金融等领域的做派为此作了最好的注脚和诠释。在马歇尔计划实施期间，出于担心复兴后的西欧与自己展开竞争的利己主义动机和矛盾心理，美国政府以美国经济合作署为平台，通过采购专断、减少对西欧工农业设备的援助、限制西欧重工业发展、优先扶持登陆西欧的美国企业、倾销美国过剩农产品、追加出口农产品加工补贴、规定货运百分比、动辄罚款、限制东西欧传统贸易等一系列手段，极力挤压西欧工业、农业、海运业、国际贸易的生存空间，严重侵蚀了西欧国家的主权。

九、从经济后果讲，马歇尔计划在相当大程度上实现了援助方和受援方的双赢。当然，为了得到援助，西欧国家也在很大程度上牺牲了自己的主权和国家利益。就西欧而言，如果没有马歇尔计划，西欧的复兴进程可能会相对缓慢，但西欧复兴的步子肯定不会停步不前。战后西欧的困难主要是结构性危机,即缺乏启动复兴的硬通货——美元。而1946年夏秋的粮食歉收和继之而来的漫漫寒冬又使西欧各国在经济上雪上加霜,使得美国的援助显得尤为关键。马歇尔计划援助资金的及时到位,尽管只有区区124亿美元,却是雪中送炭,暂时缓解了西欧国家美元短缺的压力,消除了西欧国家复兴道路上的瓶颈,客观上促进了西欧的全面复兴,并为日后欧洲走向一体化奠定了基础。当然,美国通过马歇尔计划取得的最大收益是成功地拓展了西欧市场,缓解了国内经济危机。因此也可以说,马歇尔计划"实现了美国与各重要参与国利益和志向的和谐(迈克尔·霍根语)"。在此必须强调指出的是,美国不能把西欧国家此间取得的经济成就全算在自己头上,这一成就首先是欧洲人民共同不懈努力的结果。马歇尔计划的最大贡献是受援国及时利用美国提供的援助和由此生成的对冲基金解决了收支危机,从而使西欧国家得以继续其早已开始的复兴进程。

十、从严格意义上讲,马歇尔计划是一个经济纾困计划,但它同时又是一个包含诸多战略意图的综合计划,其政治、军事、战略、文化等意图是伴随着其经济意图而逐渐展开和放大的。其中,控制西欧是其核心战略。在向西欧国家提供经济援助的过程中,美国也将自己的政治理念、价值观、制度模式、生产模式、生活方式、文化帝国主义乃至意识形态偏见等夹带到了西欧国家,最终实现了对西欧的全面控制,成功打造并巩固了一个以美国为首的西方阵营。冷战因马歇尔计划而升级,并随之成为笼罩整个世界近半个世纪的梦魇。

# 参考文献

# 外文资料

## 一、回忆录、传记

1. Alan Bullock, *Ernest Bevin: Foreign Secretary, 1945–1951*, New York: W. W. Norton & Company, 1983.

2. Arthur Vandenberg, Jr., *The Private Papers of Senator Vandenberg*, Boston: Houghton Mifflin, 1952.

3. Charles E. Bohlen, *The Transformation of American Foreign Policy*, New York: W.W. Norton & Company, 1969.

4. Charles E. Bohlen, *Witness to History, 1929–1969*, New York: W. W. Norton & Company, 1973.

5. Clinton Anderson, *Outsider in the Senate: Senator Clinton Anderson's Memoirs*, New York: World Pub. Co., 1970.

6. Dean Acheson, *Present at the Creation: My Years at the State Department*, New York: W.W. Norton & Company, 1969.

7. Ellen Garwood, *Will Clayton: A Short Biography*, Austin: University of Texas Press, 1958.

8. Fredrick J. Dobney, *Selected Papers on Will Clayton*, Baltimore: Johns Hopkins University Press, 1971.

9. George F. Kennan, *Memoirs: 1925–1950*, Boston: Little, Brown and Company, 1967.

10. Gregory A. Fossedal, *Our Finest Hour: Will Clayton, the Marshall Plan, and the Triumph of Democracy*, Stanford: Hoover Institution Press, 1993.

11. Harry S. Truman, *Memoirs of Harry S. Truman: Years of Trial and Hope, 1946–1953*, Vol.II, New York: Da Capo Press, Inc. 1956.

12. John H. Backer, *Winds of History: The German Years of Lucius DuBignon Clay*, New York: Van Nostrand Reinhold, 1983.

13. Joseph M. Jones, *The Fifteen Weeks: February 21–June 5, 1947*, New York: The Viking Press, 1955.

14. Leonard Mosley, *Marshall: Hero for Our Times*, New York: Hearst

Books, 1982.

15. Lucius D. Clay, *Decision in Germany*, New York: Doubleday and Company, Inc., 1950.

16. Philip F. Dur, *Jefferson Caffery of Louisiana: Ambassador of Revolution, an Outline of His Career*, Lafayette, LA, 1982.

17. Tristram Coffin, *Senator Fulbright: Portrait of a Public Philosopher*, New York: E. P. Dutton and Co., 1966.

18. Walter Millis, *The Forrestal Diaries: The Inner History of the Cold War*, New York: The Viking Press, 1951.

## 二、专著

1. Arthur M. Schlesinger, Jr., *The Cycles of American History*, Boston: Houghton Mifflin Harcourt, 1986.

2. Arthur M. Schlesinger, Jr., *The Dynamics of World Power: A Documentary History of United States Foreign Policy, 1945-1973*, Vol.I, Part I, Western Europe, New York: Chelsea House, 1983.

3. Charles L. Mee, Jr., *The Marshall Plan: The Launching of the Pax Americana*, New York: Simon and Schuster, 1984.

4. Cyril E. Black, *Rebirth: A History of Europe since World War II*, Boulder: Westview Press, 1992.

5. David Horowitz, *From Yalta to Vietnam: American Foreign Policy in the Cold War*, Garden City: Penguin Books Ltd., 1969.

6. Denna W. Fleming, *The Cold War and Its Origins, 1917–1960*, New York: Doubleday and Company, Inc., 1961.

7. Ernst H. Beugel, *From Marshall Aid to Atlantic Partnership: European Integration as a Concern of American Foreign Policy*, New York: Elsevier Pub. Co., 1966.

8. Gale Stokes, *From Stalinism to Pluralism: A Documentary History of Eastern Europe since 1945*, Oxford: Oxford University Press, 1991.

9. George F. Kennan, *American Diplomacy, 1900–1950*, Chicago: Chicago University Press, 1951.

10. Gerhart Hoffmeister and Frederic C. Tubach, *German: 2000 Years*, New

York: Frederick Ungar Publishing Co., 1986.

11. Hadley Arkes, *Bureaucracy, the Marshall Plan and the National Interest*, Princeton: Princeton University Press, 1972.

12. Harry B. Price, *The Marshall Plan and Its Meaning*, Ithaca: Cornell University Press, 1955.

13. Henry Kissinger, *Diplomacy*, New York: Simon & Schuster, 1994.

14. Henry Pelling, *Britain and the Marshall Plan*, Houndmills: The Macmillan Press Ltd., 1988.

15. Imanuel Wexler, *The Marshall Plan Revisited: The European Recovery Program in Economic Perspective*, Westport: Greenwood Press, 1983.

16. Irwin M. Wall, *The United States and the Making of Postwar France, 1945–1954*, Cambridge: Cambridge University Press, 1991.

17. John Gimbel, *The Origins of the Marshall Plan*, Stanford: Stanford University Press, 1976.

18. John M. Blum, et al., *The National Experience: A History of the United States since 1865*, Troy: Harcourt Brace Jovanovich, Inc., 1977.

19. John Ruggie, *Winning the Peace: America and World Order in the New Era*, New York: Columbia University Press, 1996.

20. John W. Young, *Britain, France and the Unity of Europe, 1945–1951*, Leicester: Leicester University Press, 1984.

21. Kenneth Condit, *History of the Joint Chiefs of Staff: The Joint Chiefs of Staff and National Policy, 1947–1949,* Collegeville: Liturgical Press, 1976.

22. Klaus Hildebrand, *German Foreign Policy from Bismark to Adenauer: The Limits of Statecraft*, London: Unwin Hyman, 1989.

23. Lawrence Kaplan, *A Community of Interests: NATO and the Military Assistance Program, 1948–51*, Washington D.C.: Government Printing Office, 1980.

24. Maria R. De. Gasperi, *De Gasperi Scrive*, 2 vols., Brescia, 1974.

25. Michael J. Hogan, *The Marshall Plan: America, Britain, and the Reconstruction of Western Europe, 1947–1952*, Cambridge: Cambridge University Press, 1987.

26. Noam Chomsky, *On Power and Ideology*, Boston: South End Press,

1987.

27. Ray S. Cline, *Secrets, Spies, and Scholars: The CIA from Roosevelt to Reagan*, Washington D.C.: Acropolis Books, 1986.

28. Richard J. Walton, *Henry Wallace, Harry Truman, and the Cold War*, New York: The Viking Press, 1976.

29. Richard Lukas, *Bitter Legacy: Polish-American Relations in the Wake of World War II*, Lexington: University Press of Kentucky, 1982.

30. Richard Nixon, *1999: Victory without War*, New York: Simon & Schuster, 1988.

31. Robert A. Divine, et al., *America: Past and Present*, New York: Scott, Foresman & Company, 1990.

32. Sallie Pisani, *The CIA and the Marshall Plan*, Lawrence: University Press of Kansas, 1991.

33. Sara Steinmetz, *Democratic Transition and Human Rights: Perspectives on U.S. Foreign Policy*, Albany: State University of New York Press, 1994.

34. Seymour E. Harris, *Foreign Aid and Our Economy*, Washington, D.C.: Public Affairs Institute, 1950.

35. Stanley Hoffmann & Charles Maier, eds., *The Marshall Plan: A Retrospective*, Boulder: Westview Press, 1984.

36. Thomas G. Paterson, *Soviet-American Confrontation: Postwar Reconstruction and the Origins of the Cold War*, Baltimore: Johns Hopkins University Press, 1973.

37. Walter Lafeber, ed., *The Origins of the Cold War, 1941–1947*, New York: John Wiley & Sons, Inc., 1971.

38. William Brown and Redvers Opie, *American Foreign Assistance*, Washington D.C.: Brookings Institution, 1953.

39. William G. Carleton, *The Revolution in American Foreign Policy*, New York: Random House Inc., 1954.

40. William Taubman, *Stalin's American Policy: From Entente to Détente to Cold War*, New York: W. W. Norton & Company, 1982.

### 三、文章与报刊

1. Alan S. Milward, "Was the Marshall Plan Necessary?" *Diplomatic History*, Vol.13, No.2, 1989.

2. Claire Neikind, "The Communist Show of Strength," *New Republic*, No.117, December 1, 1947.

3. Fred H. Klopstock, "Western Europe's Attack on Inflation," *Harvard Business Review*, Vol.26, No.5, September 1948.

4. George C. Marshall, "Address by Marshall," Department of State *Bulletin*, No.16, May 11, 1947.

5. Harold E. Stassen, "Production for Peace," *Vital Speeches of the Day*, No.13, June 15, 1947.

6. Harold L. Hitchens, "Influences on the Congressional Decision to Pass the Marshall Plan," *Western Political Quarterly*, Vol.21, No.1, March 1968.

7. Harold V. B. Cleveland, "The United States and Economic Collaboration among the Countries of Europe," Department of State *Bulletin*, No.16, January 5, 1947.

8. James E. Miller, "The Search for Stability: An Interpretation of American Policy in Italy, 1943-46," *Journal of Italian History*, No.1, autumn 1978.

9. John Foster Dulles, "Europe Must Federate or Perish: America Must Offer Inspiration and Guidance," *Vital Speeches of the Day*, No.13, February 1, 1947.

10. John Foster Dulles, "We Cannot Let Ourselves Be Stymied: Report on Moscow Conference," *Vital Speeches of the Day*, No.13, May 15, 1947.

11. John Shattuck and Brian J. Atwood, "Defending Democracy: Why Democrats Trump Autocrats?" *Foreign Affairs*, March/April 1998.

12. Kimball Young, "Content Analysis of the Treatment of the Marshall Plan in Certain Representative American Newspapers," *Journal of Social Psychology*, Vol.33, May 1951.

13. Lincoln Gordon, "ERP in Operation," *Harvard Business Review*, Vol.27, No.2, March 1949.

14. Lorraine M. Lees, "The American Decision to Assist Tito, 1948–1949," *Diplomatic History*, Vol.2, No.4, Fall 1978.

15. Mark S. Steinitz, "The U.S. Propaganda Effort in Czechoslovakia, 1945–48," *Diplomatic History*, Vol.6, No.4, fall 1982.

16. Marshall's radio broadcast, April 28, 1947, Department of State *Bulletin,* Vol.16, 11 May 1947.

17. Melvyn P. Leffler, "The United States and the Strategic Dimensions of the Marshall Plan," *Diplomatic History*, Vol.12, No.3, summer 1988.

18. Michael J. Hogan, "The Search for a 'Creative Peace': The United States, European Unity, and the Origins of the Marshall Plan," *Diplomatic History*, Vol.6, summer 1982.

19. Michael Wala, "Selling the Marshall Plan at Home: The Committee for the Marshall Plan to Aid European Recovery," *Diplomatic History*, Vol.10, No.3, summer 1986.

20. Morris Janowitz and Dougherty Maurick, "U.S. Propaganda Efforts and the 1948 Italian Elections," in W. Dougherty and M. Janowitz, eds., *A Psychological Warfare Casebook*, Baltimore: Johns Hpokins University Press, 1958.

21. Richard M. Bissell Jr., "European Recovery and the Problems Ahead," *American Economic Review: Papers and Proceedings*, Vol.42, No.2, May 1952.

22. R. Robbins, "Letters to Italy: A Reconsideration," *Common Ground*, Autumn 1949.

23. Samuel P. Huntington, "The Erosion of American National Interests," *Foreign Affairs*, Sep/Oct, 1998.

24. Scott Jackson, "Prologue to the Marshall Plan: The Origins of the American Commitment for a European Recovery Program," *Journal of American History*, No.65, March 1979.

25. Walter Lippmann, "Cassandra Speaking," *The Washington Post*, April 5, 1947.

26. Walter Lippmann, "Policy or Crusade?" *The Washington Post*, March 16, 1947.

27. William Blum, "Italy 1947–1948 Free Elections, Hollywood Style," in William Blum ed., *The CIA: A Forgotten History*, Zed Books Ltd., 1986.

28. William C. Cromwell, "The Marshall Non-Plan, Congress, and the

Soviet Union," *Western Political Quarterly*, Vol.32, No.4, December 1979.

29. William Diebold, "East-West Trade and the Marshall Plan," *Foreign Affairs*, Vol.26, No.4, July 1948.

30. William Gomberg, "Labor's Participation in the European Productivity Program: A Study in Frustration," *Political Science Quarterly*, Vol.74, No.2, June 1959.

31. William Mallalieu, "The Origins of the Marshall Plan: A Study in Policy Formation and National Leadership," *Political Science Quarterly*, No.83, December 1958.

32. *The New York Times*, 1946–1948.

33. *The Washington Post*, 1947–1951.

## 中文资料（含译著、档案汇编）

1. 毕健康:《马歇尔计划对西欧经济的影响》,《美国研究》1992年第4期。

2. 迟萍萍, 李海龙:《近年来我国史学家关于"马歇尔计划"研究综述》,《历史教学》2003年第8期。

3. 国际关系研究所编译《戴高乐言论集》, 世界知识出版社, 1964。

4.〔德〕路德维希·艾哈德:《大众的福利》, 丁安新译, 武汉大学出版社, 1995。

5.〔法〕戴高乐:《戴高乐从政回忆录》, 尹国祥等译, 黎明文化事业公司, 1982。

6.〔法〕让·莫内:《欧洲之父——让·莫内回忆录》, 孙惠双译, 国际文化出版公司, 1989。

7. 金重远:《20世纪的世界——百年历史回溯》(上卷), 复旦大学出版社, 1999。

8. 李庆余:《美国外交史——从独立战争至2004年》, 山东画报出版社, 2008。

9. 李申:《杜鲁门主义的续篇——马歇尔计划的历史背景及作用》,《河北师范大学学报》1992年第1期。

10. 李昀:《马歇尔计划赴美考察团与美国企业文化在英国的传播》,

《南通大学学报》2011年第1期。

11. 李昀:《英美史学家关于马歇尔计划的研究》,《历史研究》2010年第4期。

12. 李昀:《"自由"话语与冷战初期美国国内政治动员——以欧洲复兴计划为中心》,《世界历史》2016年第4期。

13.〔美〕戴维·霍罗维茨:《美国冷战时期的外交政策:从雅尔塔到越南》,上海市"五七"干校六连翻译组译,上海人民出版社,1974。

14.〔美〕弗雷德里克·西格尔:《多难的历程:四十年代至八十年代初美国政治生活史》,刘绪贻等译,商务印书馆,1990。

15.〔美〕理查德·尼克松:《领导者》,尤勰等译,世界知识出版社,1983。

16.〔美〕约翰·艾肯伯瑞:《美国缘何要输出民主?》,载美国驻华大使馆新闻文化处编《交流》1999年第3期。

17. 沈志华等:《冷战时期美国重大外交政策案例研究》,经济科学出版社,2013。

18. 沈志华编《苏联历史档案选编》(第23卷),沈志华等译,社会科学文献出版社,2002。

19. 沈志华:《铁幕落下:马歇尔计划与欧洲共产党情报局——关于美苏冷战起源的经济因素》,《俄罗斯研究》2022年第4期。

20. 舒建中:《克莱顿:从"世界棉王"到贸易斗士》,北京大学出版社,2014。

21. 舒建中:《克莱顿与马歇尔计划》,《西南大学学报》2011年第5期。

22. 舒建中:《美国隐蔽行动研究》,中国社会科学出版社,2022。

23.〔苏联〕列昂节夫:《金元帝国主义》,葛辛译,三联书店,1953。

24. 苏联外交部编《1941—1945年苏联伟大卫国战争期间苏联部长会议主席同美国总统和英国首相通信集》(第二卷),宗伊群译,世界知识出版社,1963。

25. 王绍光:《美国中央情报局与文化冷战》,《读书》2002年第5期。

26. 伍贻康:《法德轴心与欧洲一体化》,《欧洲》1996年第1期。

27.〔西德〕安纳丽丝·波萍迦:《回忆阿登纳:1945—1963》,原上海外国语学院德语系译,上海人民出版社,1976。

28.〔西德〕彼特·本德尔:《盘根错节的欧洲》,马灿荣等译,世界知识出版社，1984。

29.〔英〕弗朗西斯·斯托纳·桑德斯:《文化冷战与美国中央情报局》，曹大鹏译，国际文化出版公司，2002。

30.〔英〕温斯顿·丘吉尔:《欧洲联合起来》，商务印书馆翻译组译，商务印书馆，1977。

31. 于群主编《新冷战史研究——美国的心理宣传战和情报战》，上海三联书店，2009。

32. 张盛发:《斯大林与冷战》，中国社会科学出版社，2000。

33. 张盛发:《苏联对马歇尔计划的判断和对策》，《东欧中亚研究》1999年第1期。

34. 张锡昌，周剑卿:《战后法国外交史》，世界知识出版社，1993。

35. 资中筠主编《战后美国外交史——从杜鲁门到里根》（上册），世界知识出版社，1994。

# 附　录

# 附录一　英汉缩写词对照表

AACP（Anglo-American Council on Production）英美联合生产委员会

BBC（British Broadcasting Corporation）英国广播公司

CCG（Committee for Constitutional Government）美国宪政委员会

CED（Committee for Economic Development）美国经济发展委员会

CEEC（Committee for European Economic Cooperation）欧洲经济合作委员会

CIA（Central Intelligence Agency）美国中央情报局

CMP（Committee for the Marshall Plan to Aid European Recovery）马歇尔计划援助欧洲复兴委员会（简称"马歇尔计划声援委员会"）

CPO（Central Planning Office）波兰中央计划署

DAFR（Documents on American Foreign Relations）美国外交档案

ECA（Economic Cooperation Administration）美国经济合作署

ECE（Economic Commission for Europe）联合国欧洲经济委员会

ECSC（European Coal and Steel Community）欧洲煤钢联营

EEC（European Economic Community）欧洲经济共同体

EPU（European Payments Union）欧洲支付同盟

ERP（European Recovery Program）欧洲复兴计划（即马歇尔计划）

ERP/TUAC（ERP Trade Union Advisory Committee）欧洲复兴计划工会咨询委员会

FAO（Food and Agriculture Organization of the United Nations）联合国粮农组织

FPA（Foreign Press Association）英国对外新闻协会

FRUS（Foreign Relations of the United States）美国外交文件

GATT（General Agreement on Tariffs and Trade）关贸总协定

GNP（Gross National Product）国民生产总值

IBRD（Interantional Bank for Reconstruction and Development）联合国国际复兴与开发银行

IMF（International Monetary Fund）国际货币基金组织

JCC（Joint Congressional Committee）美国国会联合委员会

JSPC（Joint Strategic Planning Committee）美国联合战略计划委员会

JCS（Joint Chiefs of Staff）美国参谋长联席会议

MDAP（Military Defense Assistance Program）军事防御援助计划

MPA（Motion Picture Association）美国电影协会

MSA（Mutual Security Agency）共同安全署

MSP（Mutual Security Program）共同安全计划

NA（National Archives of the United States）美国国家档案

NAC（National Advisory Council on International Monetary and Financial Problems）（美国）国际货币与金融问题全国咨询委员会

NAM（National Association of Manufacturers）美国全国制造商协会

NARS（National Archives and Records Service）美国国家档案局

NATO（North Atlantic Treaty Organization）北大西洋公约组织（简称"北约"）

NPA（National Publishers' Association）美国全国出版商协会

NSC（National Security Council）美国国家安全委员会

OEEC（Organization for European Economic Cooperation）欧洲经济合作组织

OMB（Office of Management and Budget）美国行政管理和预算局

OSR（Office of the U.S. Special Representative in Europe〈in Paris〉）美国经济合作署驻欧洲（巴黎）特别代表处

OSS（Office of Strategic Services）美国战略服务办公室（美国中央情报局前身）

PAB（Public Advisory Board）美国公共咨询委员会

PCFA（President's Committee on Foreign Aid〈The Harriman Committee〉）美国总统对外援助委员会（即哈里曼委员会）

PPS（Policy Planning Staff）美国国务院政策设计委员会

PSB（Psychological Strategy Board）美国心理战委员会

PSF（President's Secretary File）美国总统秘书卷宗

SWNCC（State-War-Navy Coordination Committee）美国国务院—陆军部—海军部协调委员会（简称"美国国务院部际协调委员会"）

UNRRA（United Nations Relief and Rehabilitation Administration）联合

国善后救济总署

VOA（Voice of America）美国之音

WB（World Bank）世界银行

# 附录二　大事记

### 1946年

2月22日，乔治·凯南从莫斯科向华盛顿发回"长电报"，即八千字电文，建议对苏联采取遏制政策。

3月5日，英国前首相丘吉尔在美国密苏里州富尔顿发表题为《和平的支柱》的演讲，号召全世界所有讲英语的国家反对共产主义，史称"铁幕演说"。

3月24日，在联合国干预下，苏联军队撤出伊朗。

### 1947年

1月21日，马歇尔接替贝尔纳斯，宣誓就任国务卿。

2月21日，英国发表《白皮书》并照会美国，英国将结束对希腊、土耳其的援助义务。

2月27日，白宫召开秘密会议，研究对希腊、土耳其援助事宜。

3月10日—4月24日，莫斯科外长会议召开。

3月11日，美国国务院—陆军部—海军部部际协调委员会（SWNCC）专门委员会成立。

3月12日，杜鲁门就美国援助希腊、土耳其在国会山发表国情咨文，史称"杜鲁门主义"。

4月21日，SWNCC专门委员会完成初步报告。

5月5日，以乔治·凯南为首的美国国务院政策设计委员会（PPS）成立。

5月8日，美国国务院副国务卿迪安·艾奇逊在密西西比州克利夫兰市议会发表美国对欧政策演讲，被视为马歇尔哈佛演讲的"序曲"。

5月16日，乔治·凯南提交"5·16备忘录"。

5月23日，美国国务院政策设计委员会提交《关于美国援助西欧的政策》最终报告。

5月27日，美国负责经济事务的副国务卿威廉·克莱顿欧洲之行后撰写的"5月备忘录"转交马歇尔国务卿，该备忘录后来成为马歇尔哈佛演讲的重要组成部分。

5月28日，美国国务院高层召开闭门会议，就美国新的对外援助政策达成共识，会议记录被整理成《五·二八会谈纪要》。

5月31日，意大利总理德·加斯贝利宣布组建没有共产党参加的一党政府。

6月2日，美国公开宣布支持意大利新政府。

6月5日，马歇尔在哈佛大学发表演讲，史称"哈佛讲话"。

6月11日，苏联共产党机关报《真理报》（*Pravda*）刊载《马歇尔主义》一文，猛烈抨击杜鲁门主义和马歇尔哈佛讲话。

6月13日，英国外交大臣贝文在英国对外新闻协会（FPA）发表演讲，对马歇尔在哈佛提出的倡议表示欢迎。

6月19日，英国外交大臣、法国外长发表联合公报，邀请苏联参加巴黎外长会议。

6月22日，美国总统对外援助委员会（哈里曼委员会）成立；苏联外长莫洛托夫突然宣布接受英、法的联合邀请，决定参加巴黎外长会议。

6月24日，威廉·克莱顿受命赶赴英国，就马歇尔建议与英国政府官员秘密沟通。

6月26日，莫洛托夫率领苏联代表团赶赴巴黎，出席巴黎外长会议。

6月27日至7月2日，巴黎外长会议如期召开。7月2日，苏联代表团愤然离会，巴黎外长会议宣告破裂。

7月8日，苏联拒绝东欧国家参与欧洲经济复兴磋商会议。

7月12日，欧洲十六国经济复兴磋商会议在巴黎召开。

7月16日，欧洲经济合作委员会（CEEC）在巴黎成立。

7月26日，美国中央情报局（CIA）成立。

9月7日，意大利共产党总书记陶里亚蒂在巴马发表讲话，威胁要以武力对付加斯贝利政府，史称"巴马讲话"。

9月22日，《欧洲经济合作委员会总报告》正式提交美国政府。

10月3日，SWNCC专门委员会最终报告完成并提交政府。

11月11日，美国国家安全委员会（NSC）通过题为《美国对意大利的立场》的NSC1/1号文件，决定干预意大利政治。

12月14日，美军如期撤出意大利。

12月17日，杜鲁门签署《临时援助法》和《临时援助法修正案》，合称《1947年对外援助法》。

12月19日，杜鲁门向国会发表《美国支持欧洲复兴计划》特别咨文，呼吁国会尽快通过马歇尔计划。

### 1948年

2月10日，美国国家安全委员会发布NSC1/2号文件，决定加强对意大利新政府的支持力度。

2月20日，捷克斯洛伐克"二月事件"爆发。

2月23日，美、英、法三国抛开苏联，在伦敦召开会议，讨论三占区合并等事宜。

2月25日，捷克斯洛伐克共产党夺取全国政权。

3月1日，美国国会参议院多数党领袖阿瑟·范登堡参议员在参议院发表讲话，为国会尽快通过马歇尔计划造势。

3月8日，美国国家安全委员会发布NSC1/3号文件，建议美国政府尽全力保证意大利民主势力在4月大选中胜出。

3月17日，杜鲁门再次以反对共产主义为借口向国会联席会议发表特别咨文。

4月2日，美国国会通过《1948年对外援助法》。

4月3日，杜鲁门签署《1948年对外援助法》，马歇尔计划进入实质性实施阶段。

4月5日，杜鲁门任命哈里曼委员会主席、商业部长艾夫里尔·哈里曼为大使级驻欧洲特别代表。

4月7日，欧洲复兴计划的管理机构经济合作署（ECA）成立，美国自由派共和党人保罗·霍夫曼出任署长。

4月16日，欧洲经济合作委员会十六国与美、英、法德国三占区军事长官签署《欧洲经济合作公约》，欧洲经济合作委员会更名为欧洲经济合作组织（OEEC）。

4月18日，意大利举行全国大选。

10月16日，欧洲经济合作组织《第一个年度计划》提交美国经济合作署。

### 1949 年

4 月 4 日，北大西洋公约组织（NATO，简称"北约"）成立。

4 月 13 日，美国国会通过《1949 年援外拨款法》。

9 月 23 日，苏联爆炸第一颗原子弹。

10 月 6 日，《1949 年共同防御援助法》出台。

### 1950 年

6 月 25 日，朝鲜战争爆发。

7 月 1 日，西欧国家成立了促进贸易和支付自由化的欧洲支付同盟（EPU）。

### 1951 年

4 月 4 日，美国成立心理战委员会（PSB）。

10 月 10 日，美国国会通过《共同安全法》，并授权成立共同安全署（MSA），取代美国经济合作署。

12 月 31 日，美国政府宣布马歇尔计划结束。

# 附录三　外国人名中英文对照表

Alan Bullock　艾伦·布洛克

Alben Barkley　阿尔本·巴克利

Alberto Tassiani　阿尔贝托·塔西安尼

Alcide de Gasperi　阿尔契德·德·加斯贝利

Aleksandrov　亚历山德罗夫

Alvin Roseman　阿尔文·罗斯曼

Andre Malro　安德烈·马尔罗

Andre Philip　安德烈·菲利普

Andrzej Wyszynski　安德烈·维辛斯基

Anne O'Hare McCormick　安妮·奥黑尔·麦考密克

Arthur Clock　阿瑟·克罗克

Arthur Kusteller　阿瑟·库斯特勒

Arthur Schlesinger, Jr.　小阿瑟·施莱辛格

Arthur Vandenberg　阿瑟·范登堡

Averell Harriman　埃夫里尔·哈里曼

Bella Kovax　贝拉·科瓦克斯

Ben Moore　本·穆尔

Benjamin Cohen　本杰明·科恩

Bill Malenbaum　比尔·马伦鲍姆

Bing Crosby　宾·克罗斯比

Brian Atwood　布赖恩·阿特伍德

Carl Hatch　卡尔·哈奇

Charles Bohlen　查尔斯·波伦

Charles Bonesteel　查尔斯·博恩斯蒂尔

Charles de Gaulle　戴高乐

Charles Eaton　查尔斯·伊顿

Charles Kindleberger　查尔斯·金德尔伯格

Charles Maier　查尔斯·梅尔

Charles Mee, Jr.　小查尔斯·米

Chip Bohlen　奇普·波伦

Clair Wilcox　克莱尔·威尔科克斯

Clark Cliford　克拉克·克利福德

Clement Attlee　克莱门特·艾德礼

Clinton Anderson　克林顿·安德森

Clinton Tyler Wood　克林顿·泰勒·伍德

Couve de Murville　顾夫·德莫维尔

Dave Beck　戴夫·贝克

David Bruce　戴维·布鲁斯

David Horowitz　戴维·霍罗威茨

Depreux　德普勒

Dean Acheson　迪安·艾奇逊

Dinah Shore　黛娜·肖尔

Donald Nielsen　唐纳德·尼尔森

Dwight Eisenhower　德怀特·艾森豪威尔

Edward Bridges　爱德华·布里奇斯

Edward Drozdiak　爱德华·德罗兹迪亚克

Edward Mason　爱德华·梅森

Edwin Nourse　埃德温·诺斯

Edmund Hall-Patch　埃德蒙·霍尔–帕奇

Elbert Thomas　埃尔伯特·托马斯

Elbridge Durbrow　埃尔布里奇·德布罗

Eleanor Roosevelt　埃利诺·罗斯福

Emanuel Shinwell　伊曼纽尔·欣韦尔

Emilio Corrado　埃米利奥·科拉多

Ernest Bovin　厄内斯特·贝文

Francis Sanders　弗朗西斯·桑德斯

Francois Mitterrand　弗朗索瓦·密特朗

Franklin Roosevelt　富兰克林·罗斯福

Fred Vinson　弗雷德·文森

Frederick Lawton　弗雷德里克·劳顿

I. Vincent　文森特

Jack Hickson　杰克·希克森

Jacob Beam　雅各布·比姆

James Byrnes　詹姆斯·贝尔纳斯

James Carey　詹姆斯·凯里

James Dunn　詹姆斯·邓恩

James Forrestal　詹姆斯·福里斯特尔

James Reston　詹姆斯·赖斯顿

James Webb　詹姆斯·韦布

Jan Masaryk　扬·马萨里克

J. E. Coulson　库尔森

Jean Monnet　让·莫内

Jefferson Caffery　杰斐逊·卡弗里

Jesse Jones　杰西·琼斯

J. H. Dickinson　迪金森

Joe Harsch　乔·哈施

John Balfour　约翰·鲍尔弗

John Blum　约翰·布鲁姆

John Dulles　约翰·杜勒斯

John Eikenberry　约翰·艾肯伯瑞

John Keynes　约翰·凯恩斯

John Lodge　约翰·洛奇

John McCloy　约翰·麦克洛伊

John Quinn　约翰·奎因

John Ruggie　约翰·鲁格

John Shattuck　约翰·沙特克

Joseph Alsop　约瑟夫·艾尔索普

Joseph Jones　约瑟夫·琼斯

Joseph Martin　约瑟夫·马丁

Joseph Stalin　斯大林

Josip Tito　铁托

Jozef Cyrankiewicz　约瑟夫·西伦凯维兹

Noam Chomsky　诺姆·乔姆斯基

Oliver Franks　奥利弗·弗兰克斯

Palmiro Togliatti　帕尔米罗·陶里亚蒂

Pat Claxton　帕特·克拉克斯顿

Patrick McMahon　帕特里克·麦克马洪

Paul Hoffman　保罗·霍夫曼

Paul Nitze　保罗·尼茨

Paul Potter　保罗·波特

Paul Ramadier　保罗·拉马迪埃

Philip Dur　菲利普·迪尔

Philip Jesup　菲力普·杰瑟普

Pope Pius XII　教皇派厄斯十二世

Prokop Dertina　普罗科普·德尔蒂纳

Putrament　普特拉门特

Raymond Aron　雷蒙·阿隆

Ray Cline　雷·克莱因

Rehowski　雷霍夫斯基

Rene Masili　勒内·马西利

Rene McColl　勒内·麦科尔

Revers　勒韦尔

Richard Birnberg　理查德·伯恩伯格

Richard Bissell, Jr.　小理查德·比斯尔

Richard Grossman　理查德·格罗斯曼

Richard Nixon　理查德·尼克松

Robert Divine　罗伯特·迪瓦恩

Robert Lovett　罗伯特·洛维特

Robert Marjolin　罗伯特·马若兰

Robert Mullen　罗伯特·马伦

Robert Murphy　罗伯特·墨菲

Robert Patterson　罗伯特·帕特森

Robert Schuman　罗伯特·舒曼

Robert Taft　罗伯特·塔夫脱

William Edy　威廉·埃迪

William Fulbright　威廉·富布赖特

William Salant　威廉·萨伦特

William Taylor　威廉·泰勒

Willy Brandt　威利·勃兰特

Winston Churchill　温斯顿·丘吉尔

Wladyslaw Gomulka　瓦迪斯瓦夫·哥穆尔卡

Yushkevich　尤什凯维奇

# 附录四 条约、文件中英文对照表

《北大西洋公约》 North Atlantic Treaty

《贝尔纳斯协定》 Byrnes Agreement

《波茨坦协定》 The Patsdam Agreement

《拨款法案》 The Appropriations Bill

《布鲁斯特修正案》 The Brewster Amendment

《联合国宪章》 Charter of the United Nations

《美国外交文件》 Foreign Relations of the United States（FRUS）

《美意商业协定》 America-Italy Commercial Agreement

《美英互助协定》 Mutual Assistance Agreement between the United States and Britain

《美国对意大利的立场》（NSC1/1号、1/2号文件） The Position of the United States with Respect to Italy

《美国对共产党合法加入意大利政府的立场》（NSC1/3号文件） The Position of the United States with Respect to Communist Participation in the Government of Italy by Legal Means

《苏德互不侵犯条约》 Molotov-Ribbentrop Pact

《1947年临时援助法》 Interim Aid Act of 1947

《1948年对外援助法》 Foreign Assistance Act of 1948

《1949年出口管制法》 Export Control Act of 1949

《1949年援外拨款法》 Foreign Aid Appropriation Act of 1949

《1949年援外预算法》 Foreign Aid Budget Act of 1949

《1951年第三次追加拨款法》（凯姆修正案） The Third Supplemental Appropriation Act of 1951

《1951年共同防御援助管制法》 Mutual Defense Assitance Control Act of 1951

《雅尔塔协定》 Yalta Agreement

《租借法》 Lend-Lease Act